物流中心规划设计

张　芮　编著

浙江工商大学出版社

图书在版编目(CIP)数据

物流中心规划设计 / 张芮编著. — 杭州 ：浙江工商大学出版社，2011.6

ISBN 978-7-81140-329-9

Ⅰ. ①物… Ⅱ. ①张… Ⅲ. ①物流—物资管理 Ⅳ. ①F252

中国版本图书馆 CIP 数据核字(2011)第 118031 号

物流中心规划设计

张　芮　编著

责任编辑　罗丁瑞

责任校对　周敏燕

封面设计　陈思思

责任印制　汪　俊

出版发行　浙江工商大学出版社

(杭州市教工路 198 号　邮政编码 310012)

(Email:zjgsupress@163.com)

(网址:http://www.zjgsupress.com)

电话:0571-88904980,88831806(传真)

排　　版　杭州朝曦图文设计有限公司

印　　刷　杭州广育多莉印刷有限公司

开　　本　880mm×1230mm　1/32

印　　张　9.5

字　　数　265 千

版 印 次　2011 年 6 月第 1 版　2011 年 6 月第 1 次印刷

书　　号　ISBN 978-7-81140-329-9

定　　价　25.00 元

目录

MU LU

第1章　物流中心概述

1.1　物流中心概述

1.1.1　物流中心的概念

物流中心(Logistics Center)与配送中心(Distribution Center)都是英译而来的,一般来说,两者在本质上没有太大的区别。因为,它们都是现代物流网络中的物流节点,也有人称其为物流据点、流通中心、分销中心、集配中心等。在现代物流网络中,这些节点不仅执行一般的物流职能,而且越来越多地执行指挥调度、信息处理、作业优化等类似神经中枢一样的职能,是整个物流网络的灵魂所在。因此,物流中心又被称为物流中枢或物流枢纽。

随着现代物流业的不断发展,人们对物流中心的认识也在不断提高。2001年,在国家质量技术监督局发布的国家标准《物流术语》中,对物流中心是这样定义的:物流中心是从事物流活动的场所或组织,应基本符合下列要求:主要面向社会服务,物流功能健全,完善的信息网络,辐射范围大,少品种、大批量,存储、吞吐能力强,物流业务统一经营、管理。《物流术语》对物流中心的定义是:从事配送业务的物流场所或组织,应基本符合下列要求:主要为特定的用户服务;配送功能健全;完善的信息网络;辐射范围小;多品种、小批量;以配送为主,储存为辅。由上述两则定义和其特点可以看出:物流中心是综合性、地域性、大批量的物资位移集中地,它集商流、物流、信息流和资金流为一体,成为产销企业间的中介。

物流中心是以组织配送或供应,执行实物配送为主要职能的流通型节点,它既有集货中心的职能,又有分货中心的职能。为了优质、高效地配送,它还有较强的流通加工能力,也可以说物流中心是集货中心、分货中心和加工中心的高度综合。由此可见,作为物流中心的一种主要形式,其称呼与物流中心等同也是很自然的。

除此之外,在国内还有一些人把物流中心用狭义和广义来区分,他们认为广义的物流中心应包括货运车站、港口和卡车终点站、商品集散中心、企业拥有的物流设施等,这些功能各异的事物都可被视为物流中心,其所涵盖的内容和范围十分广泛。而狭义的物流中心则排除了货运车站、港口设施和道路等物流基础设施部分,它是指为实施商品高效流通而建立的组织管理、控制、调配的物流中枢据点。狭义物流中心的主要概念是指物流的管理效能与行为。

按照现代物流观点来看物流中心,与其说是物流据点,倒不如说是一种"流通工厂"。但是流通工厂与生产工厂大不相同,生产工厂可根据生产计划使生产作业标准化、均衡化,做到生产作业标准化、流程化;而物流中心(流通工厂)要以对需求订单作出快速反应为首要条件,要确保对需求波动性的应变和与配送业务的联动性及同步化,减少对各种需求订单的错误处理和缺货,以提高物流服务水平为宗旨。因此,传统的物流仓库是以提高商品的保管效率为中心,而物流中心的主要着眼点却放在如何提高响应速度和分拣操作效率等方面。

1.1.2 物流中心的作用

在现代物流体系中,如果把物流网络用环和分支点来表示,那么,环主要是指运输,即汽车、火车、船舶及飞机等运输;分支点(连接点)主要是指工厂、店铺、物流中心等物流发生地和集中地。在物流网络中,物流中心所起的作用是作为商品周转、分拣、配货、保管和流通加工等活动的据点,克服在流通过程中所产生的时间和空间障碍,促进商品按顾客要求顺利转移。

一、商品集散中心的作用

将零星产品集中成批量商品，称其为“集货”。在生产厂数量很多，每个生产厂产量有限的地区，只要这一地区某些产品总量达到一定规模，就可以设置起聚集作用的物流中心。随着市场经营规模的扩大，生产与消费之间的距离越来越远。流通渠道也越来越复杂，特别是在强调差异化营销的时代，商品流通呈现出多批次、少批量的趋势，这样从整个运输过程来看，就必然分化为大量商品统一输送的干线运输和都市内终端配送，这两者在输送管理的方法和手段上都有差异。如此多样、复杂的物流体系显然是生产企业自身无法完全控制管理的。具体来看，在干线运输中，如果由单个企业直接承担小规模商品运输，不仅会因为平均运送商品量较少造成成本增加，而且由于运输次数频繁，造成过度使用道路、堵塞交通、污染环境等现象，同时也增加了社会成本。相反，如果在干线运输的源头或厂商集散地建立物流中心，在中心内统一集中各中小企业的商品，加以合理组合，再实施干线运输，既发挥了物流规模效益，使成本得以降低，又有效地抑制了社会成本的上升。同样，干线运输的商品再在运输消费地附近的物流中心统一进行管理，再安排相应的小型货车进行配送，这样可以大大提高物流的效率。

二、商品分拣、配货中心的作用

随着流通体系的不断完善和营销渠道的进一步细分，在商品、原材料进货或发货方面，越来越显现出多样化、差异化的趋势。在这种趋势下，商品的分拣、配货职能愈显得日益重要。商品分拣与配货对保证商品的顺利流动、建立合理、高效的物流网络系统具有积极的意义。而物流中心正是专门从事分拣、配货工作的机构或物流据点。例如，把各个不同工厂生产的商品调运至物流中心，通过对各用户订单的处理，按客户要求的种类、数量进行集中配置，然后再通过物流中心向各类用户（批发商或零售商）发货，这样可以大大节约商品分拣、配货的作业量。对于连锁形式的零售业来说，利用物流中心的分拣、配货功能直接配送到货架，同样可以节约大量的费用，并能提高整个连锁业的竞争力，有利于实施企业整体的发展战略。除此之外，物流中心的分拣、配送职能对整个社会的发展和产业的利益也有重要影响。因为商品的分拣和配货工作是集中在物流中心统一完成的，而非每个企业各自完成的，这就实现了商品配送的集约化，有效地避免了分散运输、迂回运输和不合理运输等现象，实现了总物流成本下降和社会效益最好的目标。

三、流通加工中心的作用

商品从生产地到消费地的过程中要经过很多流通加工作业，特别是在开展集中配送后，在消费地附近需要把大批量运达的商品按照用户要求进行细分，诸如小件包装、分割、计量、组配、价格贴付、标签贴付、商品检验等操作，这些作业都需要在物流中心内进行。除此之外，随着商品零售业的不断发展，特别是便利店的快速兴起及普及化，物流中心的流通加工功能，如蔬菜冷藏加工、食品速冻加工、食品保鲜及食品加工等功能，也得到了进一步的拓展。由此可见，物流中心的流通加工功能在市场需求差异化不断增强、现代零售业竞争日益激烈的今天，已经变得越来越重要，已成为现代物流的基本功能之一。

四、调节供需矛盾的作用

在现代经济社会中，由于社会生产与商品消费都按着各自的规律进行，所以商品生产与消费之间存在着各种矛盾。诸如有些商品生产是均衡的，而消费是不均衡的（如饮料的生产与消费）；而有些商品的生产是不均衡的，但消费却是均衡的（如粮食的生产与消费）。因此，在商品生产与消费之间存在着时间上的分离，即生产与消费不同步。同理，生产与消费在空间上也是分离的，即此地生产，彼地消费。此外还存在季节、地区间的供需矛盾等。物流中心就可以充分发挥时空的调节机能和价格的调整功能，消除时空差导致的矛盾与分离，有效地衔接产需，调节供求矛盾。

五、商品在库管理中心的作用

在当今世界上，任何一个有一定经济规模的国家，为了保证国民经济的正常运行，保证企业生产经营工作的正常开展，保证市场的正常运转，要以仓库为储备的形式是不可缺少的，总还有一批仓库或储备中心以储备为其基本职能。在我国这种类型的储备中心还占大部分。近年来，随着企业生产规模的不断扩大，产品成本的不断下降，很多企业都提出压缩库存和零库存管理的想法和做法。为了削减库存量并实现零库存管理，众多企业提出要建立能实现在库集约化管理的物流中心，这种物流中心在削减各企业库存量的同时，也使各企业节约大量仓储费用和存储空间。特别是连锁经营的快速发展，这种物流中心为各连锁店提供了强有力的支持，使批发商和零售商有可能实现零库存管理和商品集中在库管理。

1.1.3　物流中心的类型

物流中心按照功能、商品、服务范围与服务对象等进行划分，可分为以下几种形式。

一、按照功能分类

物流中心的主要功能有集散、周转、保管、分拣、配送和流通加工等，根据其侧重点不同，大致可分为如下几种：

(1)储存型物流中心

此类物流中心拥有较大规模的仓储设施，具有很强的储存功能，从而把下游的批发商、零售商的商品储存时间及空间降至最低程度，实现有效的库存调度。这样的物流中心多起源于传统的仓库。瑞士 GIBA-GEIGY 公司所属的物流中心，以及美国福来明公司的食品物流中心都是储存型物流中心的典型。中国物资储运总公司天津储运公司唐家口仓库即是储存型物流中心的雏形。

(2)流通型物流中心

一般情况下，流通型物流中心主要以随进随出方式进行分拣、配货和送货，其典型方式是“整进零出”，商品在物流中心仅作短暂停滞。近年来，在我国一些大中城市所建立或正在建立的商品流通中心多属于这种类型的流通中心。

(3)加工型物流中心

此类物流中心的主要功能是对产品进行再生产或再加工，以提高服务质量和服务水平，为消费者提供更多的便利。如，食品或农副产品的深加工，木材或平板玻璃的再加工，水泥、混凝土及预制件的加工等。我国上海地区六家造船厂共同组建的钢板物流中心就属于加工型物流中心。

(4)多功能物流中心

此类物流中心集储存、流通加工、分拣、配送、采购等多种功能于一体。从现代物流发展的实践来看，为加速商品流动，提高流通效率，更好地顺应市场需求，目前发达国家多功能物流中心所占的比例比其他类型物流中心比例高。

二、按商品分类

(1)综合型物流中心

综合型物流中心，是指那些储存、加工、分拣与配送多种商品的物流中心，这类物流中心的加工、配送品种多、规模大，适合各种不同需求用户的服务要求，应变能力较强。

(2)专业型物流中心

所谓专业型物流中心是指专门服务于某些特定用户或专门从事某大类商品服务的物流中心。例如，煤炭、钢材、建材、冷藏食品等。

三、按服务范围与服务对象分类

(1)区域型物流中心

此类物流中心是以较强的辐射能力和大量的库存商品，向省际、全国甚至国际范围的用户服务的物流中心。其物流设施齐全，库存规模较大，用户较多，配送量也较大，而且往往是配送给下一级的城市物流中心，也配送给批发商和大企业用户。这种物流中心在国外十分普遍，例如荷兰的 NedI-loyd 集团所属的“国际物流中心”、美国的马特公司物流中心和瑞典 DAGAB 公司所属乔鲁德市布洛物流中心，就属于这种性质，这种物流中心是物流网络中的支柱结构。

(2)城市型物流中心

这是以所在城市区域为配送范围的物流中心。由于城市范围一般处于汽车运输的经济里程，因此这种物流中心都采用机动性强、调度灵活的汽车进行运输，且直接配送到最终用户，实现“门到门”式的配送活动。如，北京的食品物流中心，无锡的物资物流中心都属于城市型物流中心。

上述物流中心类型的划分，在理论上简单明了，而实践中却要复杂得多，甚至无法实现上述划分。现代物流中心有可能是多功能、多种类商品的综合物流中心，也可能是区域性的“综合性多功能区域物流中心”。从现代物流发展的趋势来看，为加速商品的快速运动，更好地满足终端用户需求不断变化的特点，必须根据市场需求变化和物流发展的具体要求对现代物流中心进行具体分类。

1.2 物流中心的运作

1.2.1 物流中心基本作业运作流程

物流中心的作用在于“化零为整”和“化整为零”，使产品通过它迅速流转。无论是以人工作业为主的物流系统，还是机械化的物流系统，或者是自动化或智能化的物流系统，如果没有正确有效的作业方法配合，那么不论多么先进的系统和设备，也未必能取得最佳的经济效益。

总体上讲，物流中心的基本作业流程如图 1-1 所示。综合归纳为 7 项作业活动：①客户及订单管理；②入库作业；③理货作业；④装卸搬运作业；⑤流通加工作业；⑥出库作业；⑦配送作业。

一、客户及订单管理

物流管理的最终目标是满足客户需求，因此客户服务应该成为全局性的战略目标。通过良好的客户服务，不仅可以提高物流中心的信誉，增加物流中心对客户的亲和力并留住客户，而且可以通过客户服务获得第一手市场信息和客户需求信息，为企业的进一步发展打下基础。在本项作业活动中，主要完成客户合同的签订、客户管理、订单处理以及客户结算等工作。

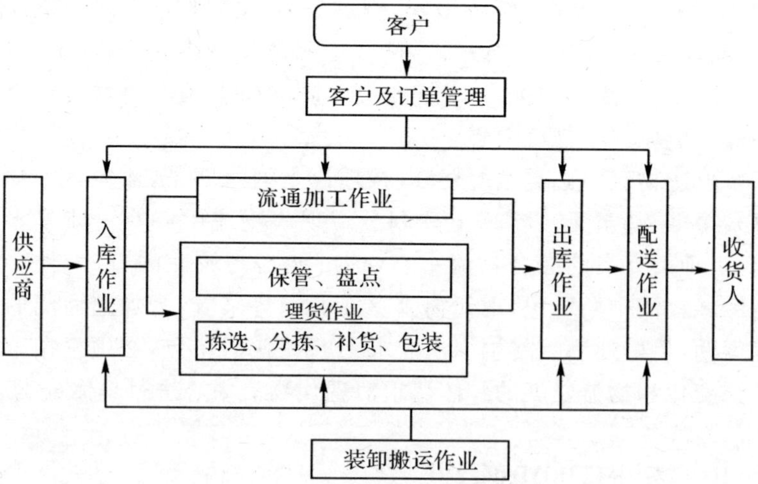

图 1-1 物流中心的基本作业流程图

二、入库作业

入库作业是指货物到达仓储区，经过接运、验收，码放至相应的货位，并完成交割手续的过程。入库作业的大致过程为：从送货车上将货物卸下，并核对该货物的数量及状态（数量检查、质量检查、开箱等），进行验收和分类，并搬运到物流中心的储存地点，然后将必要信息给予书面化等。在入库作业中，货物质量管理，即验收工作至关重要。

三、理货作业

理货是物流中心的基本作业活动，主要完成货物的储存保管、库存控制、盘点、拣选、分拣、补货、再包装等工作。

储存保管作业的主要任务在于根据货物属性、货物存储对环境的要求妥善保存货物；对货物进行不定期检查、保养，善用仓储空间，对环境因素进行调整，科学地确保货物质量和数量完整。

在物流中心的工作过程中，货物不断地进库和出库。在长期积累下理论库存数与实际库存数是不相符的。有些货物因长期存放，品质下降，不能满足客户的需要。为了有效地掌握货物数量和质量情况，必须定期对各储存场所进行清点作业，即盘点作业。

拣选是按订单或出库单的要求，从储存场所选出货物，并放置指定地点的作业。在物流中心内部所涵盖的作业范围中，拣选作业是极为重要的一环。其重要性相当于人体的心脏部分。拣选作业的目的在于正确而迅速地把客户所需的货物集中起来。

分拣是将货物按品种、出入库先后顺序进行分门别类堆放的作业。

补货作业是从保管区把货物运到另一个分拣选区的工作。补货作业的目的是确保货物能保质保量按时送到指定的分拣选区。

在物流中心的运作过程中，包装作业发挥了极其重要的作用，具有保护货物、方便物流、促进销售、方便消费四大功能，有力地促进了物流的合理化。

四、装卸搬运作业

装卸搬运作业是指装货、卸货、实现货物在物流中心不同地点之间的转移等活动。装卸、搬运是物流各环节连接成一体的接口，是配送运输、保管、包装等物流作业得以顺利实现的根本保证。装卸和搬运质量的好坏、效率的高低是整个物流快慢的关键所在。

五、流通加工作业

流通加工是指按照发货单或者客户订单需要将货物加工成所需的形状、大小等作业过程。这是货物从生产到消费的一种加工活动，或者说是一种初加工活动，是社会化分工、专业化生产的新形式，是使货物发生物理性变化（如大小、形状、数量等变化）的物流方式。通过流通加工，可以节约材料、提高成品率，保证供货质量和更好地为客户服务。所以，对流通加工的作用不可低估。流通加工是物流过程中“质”的升华，使流通向更深层次发展。

六、出库作业

出库是指货物离开货位，经过备货、包装和复核，装载至发货准备区，同时办理完交割手续的过程。

货物出库要根据“先进先出、推陈出新”的发货原则，做到先进的先出，保管条件差的先出，包装简易的先出，容易变质的先出，对有保管期限的货物要在限期内发出。

货物发运质量直接影响货物流通的速度和货物运输安全。按照“及时、准确、安全、经济”的货物发运原则，做到出库的货物包装牢固，符合运输要求，包装标志和发货标志鲜明清楚。要单证齐全，单货同行，单货相符；要手续清楚，货物交接责任分明，确保货物配送顺利进行。

七、配送作业

所谓配送作业，就是利用配送车辆把客户订购的货物从物流中心送到客户手中的工作。

在单个客户配送数量不能达到车辆的有效载运负荷时，就存在如何集中不同客户的配送货物，进行搭配装载以充分利用运能、运力的问题，这就需要配装；和一般送货不同之处在于，通过配装送货可以大大提高送货水平及降低送货成本，所以，配装也是配送系统中有现代特点的功能要素，也是现代配送不同于以往送货的重要区别之处。

配送运输由于配送用户多，一般城市交通路线比较复杂，如何组合成最佳路线，如何使配装和路线有效搭配等，是配送运输的特点，也是难度较大的工作。如何集中车辆调度，组合最佳路线，采取巡回送货方式，是运输配送活动中送货组织需要加以解决的主要问题。

交货是配送活动最后的作业，它是把客户的货物，按客户要求，在指定地点进行卸车，办理核查、移交手续等作业活动。

1.2.2 物流中心的若干典型作业流程

一、储存型物流中心的作业流程

这种物流中心以中、小件杂货配送为主。由于货物较多，为保证配送，需要有一定储存量，因此这种物流中心属于有储存功能的物流中心。它对理货、分类、配货、配装功能要求较强，很少有流通加工的功能。这一类型物流中心的作业流程如图 1-2 所示。这种流程也可以说是物流中心的典型流程，其主要特点是有较大的储存、分货拣选、配货场所，作业装备也较大。

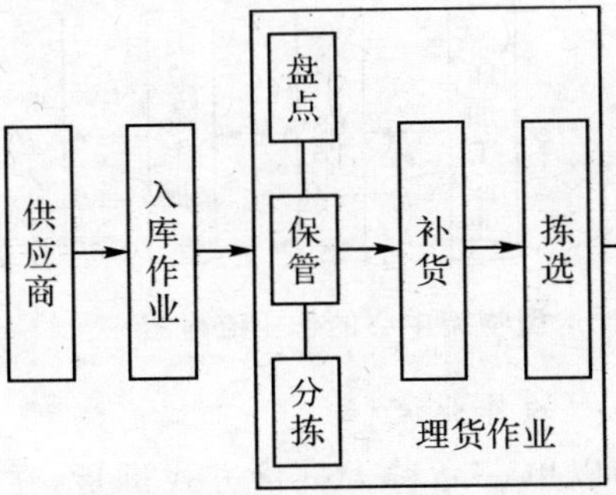

图 1-2 储存型物流中心的作业流程图

二、不带储存库的物流中心作业流程

在这种流程中，专以配送为职能，只有为一时配送备货的暂存，而无大量储存。暂存区设在配货场地中，物流中心不单设储存区。这种物流中心又称流通型物流中心，其作业流程如图 1-3 所示。它的主要场所都用于理货和配货。

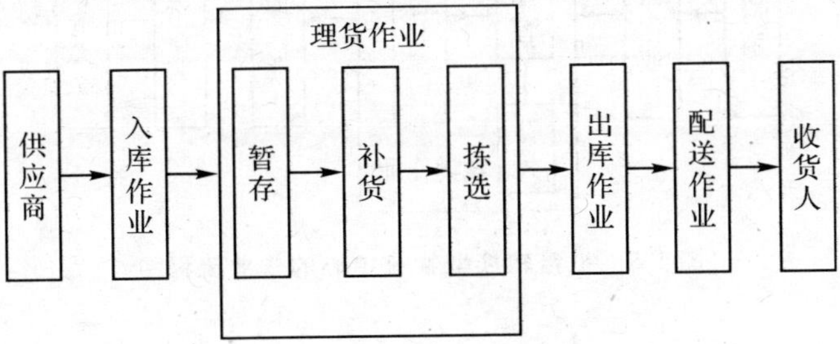

图 1-3 流通型物流中心的作业流程图

三、加工配送型物流中心的作业流程

加工配送型物流中心有多个模式，随加工方式不同而有所区别。典型的加工配送型物流中心的作业流程如图 1-4 所示。在这种流程中，货物按少品种或单一品种大批量进货，货物很少或无需分类存放。加工一般是按客户要求进行加工后，直接按客户要求配货。所以，这种物流中心有时不单设分货、配货或拣选环节，而加工部分及加工后分放部分是主要作业环节，占较多空间。

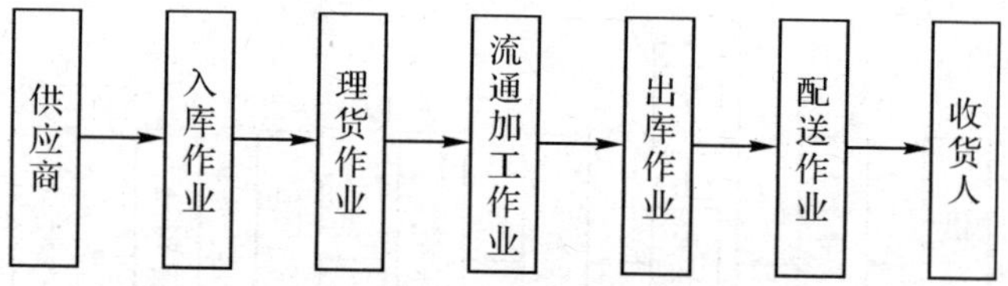

图 1-4 加工配送型物流中心的作业流程图

四、批量转换型物流中心的作业流程

在这种物流中心，货物以单一品种大批量方式进货，在物流中心转换成小批量。如图 1-5 所示。这种物流中心的流程十分简单，基本上不存在分类、拣选、分货配货、配装等工序。但是，由于是大量进货，储存能力较强，所以储存及装货作业最为重要。

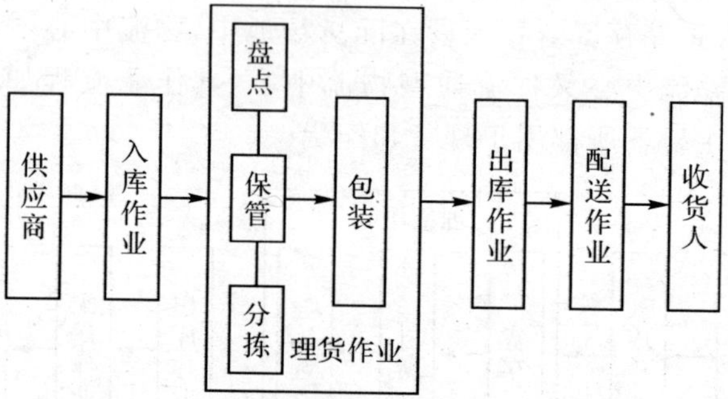

图 1-5 批量转换型物流中心的作业流程图

1.3 物流中心的建设与发展

1.3.1 美国物流中心的类型和管理特点

从 20 世纪 60 年代起，商品配送合理化在发达国家普遍受到重视。为了向流通领域要效益，美国企业采取了以下措施：一是将老式的仓库改为物流中心；二是引进电脑管理网络，对装卸、搬运、保管实行标准化操作，提高作业效率；三是连锁店共同组建物流中心，促进连锁店效益的增长。美国连锁店的物流中心有多种，主要有批发型、零售型和仓储型三种类型。

一、美国物流中心的类型

①批发型。美国加州食品物流中心是全美第二大批发中心，成立于1982年，建筑面积10万平方米，工作人员2000人左右，共有全封闭型温控运输车600多辆，1995年该中心销售额为20亿美元。它经营的商品均为食品，共有43000多个品种，其中98%的商品由该公司组织进货，另有2%的商品由该中心开发加工，主要是牛奶、面包、冰淇淋等新鲜食品。该中心实行会员制，各会员超市因店铺的规模大小不同，所需商品的配送量不同，而向中心交纳不同的会员费。会员店在日常交易中与其他店不一样，不享受中心的任何特殊的待遇，但可以参加该中心定期的利润分红。该物流中心本身不是经营单位，可以不缴营业税。该物流中心获得利润时，采取分红的方式，将部分利润分给会员店。会员店得红利的多少，将视在物流中心的订货量和交易额的多少而定，多者多分红。

该物流中心主要靠计算机管理。业务部通过计算机获取会员店的订货信息，及时向生产厂家和储运部发出要货指示单；厂家和储运部再根据要货指示单的先后缓急安排配送的先后顺序，将分配好的货物放在待配进出口等待发运。物流中心24小时运转，配送半径一般为50公里。

该物流中心与制造商、超市协商制定商品的价格，主要依据是：商品数量与质量；付款时间，如在10天内付款可以享受2%的价格优惠；物流中心对各大超市配送商品的加价率，根据商品的品种、档次不同以及进货量的多少而定，一般为29%～85%。

②零售型。美国沃尔玛公司的物流中心是美国典型的零售型物流中心。沃尔玛的全球采购战略、配送系统、天天低价策略在零售业中都是非常出色的。沃尔玛利用信息技术整合优势资源，将信息技术战略与传统物流整合，打造出独具特色的物流体系。沃尔玛独特的配送体系，大大降低了成本，加速了存货周转，成为沃尔玛“天天低价”策略最有力的支持。

沃尔玛公司1945年诞生于美国。在其创立之初，由于地处偏僻小镇，几乎没有哪个分销商愿意为它送货，于是沃尔玛不得不自己向制造商订货，然后再联系货车送货，效率非常低。在这种情况下，沃尔玛的创始人山姆·沃尔顿决定建立自己的配送组织。1970年，沃尔玛的第一家物流中心在美国阿肯色州的一个小城市本顿维尔建立，这个物流中心供货给4个州的32个商场，集中处理公司所销商品的40%。

沃尔玛物流中心的运作流程是：供应商将商品的价格标签和UPC条形码（统一产品码）贴好，运到沃尔玛的物流中心；物流中心根据每个商店的需要，对商品就地筛选，重新打包，从"配区"运到"送区"。

由于沃尔玛的商店众多，每个商店的需求各不相同，这个商店也许需要这样一些种类的商品，那个商店则有可能又需要另外一些种类的商品，沃尔玛的物流中心根据商店的需要，把产品分类放入不同的箱子当中。这样，员工就可以在传送带上取到自己所负责的商店所需的商品。那么在传送的时候，他们怎么知道应该取哪个箱子呢，传送带上有一些信号灯，有红的，绿的，还有黄的，员工可以根据信号灯的提示来确定箱子被送往的商店，据此决定应拿取哪些箱子。

在物流中心内，货物成箱地被送上激光制导的传送带，在传送过程中，激光扫描货箱上的条形码，全速运行时，只见纸箱、木箱在传送带上飞驰。红色的激光四处闪射，将货物送到正确的卡车上，传送带每天能处理20万箱货物，配送的准确率超过99%。

20世纪80年代初，沃尔玛物流中心的电子数据交换系统已经成熟。到了20世纪90年代初，它购买了一颗专用卫星，用来传送公司的数据及其信息。这种以卫星技术为基础的数据交换系统的物流中心，使沃尔玛与供应商及各个店面进行了有效连接，沃尔玛总部及物流中心任何时间都可以知道每一个商店现在有多少存货，有多少货物正在运输过程当中，有多少货物存放在物流中心等；同时还可以了解某种货品上周卖了多少，去年卖了多少，并能够预测将来能卖多少。沃尔玛的供应商也可以利用这个系统直接了解自己昨天、今天、上周、上个月和去年的销售情况，并根据这些信息来安排组织生产，保证产品的市场供应，同时使库存降到最低限度。

由于沃尔玛采用了这项先进技术，其配送成本只占销售额的3%，其竞争对手的配送成本则占到销售额的5%。仅此一项，沃尔玛每年就可以比竞争对手节省下近8亿美元的商品配送成本。20世纪80年代后期，沃尔玛从下订单到货物到达各个店面需要30天，现在由于采用了这项先进技术，这个时间缩短到2～3天，大大提高了物流的速度和效益。

沃尔玛的每个物流中心都非常大，平均占地面积大约有11万平方米，相当于23个足球场。配送中心一般不设在城市里，而是在郊区，这样有利于降低用地成本。沃尔玛的物流中心虽然面积很大，但它只有一层，之所以这样设计，主要是考虑到货物流通的顺畅性。有了这样的设计，沃尔玛就能让产品从一个门进，从另一个门出。如果产品不在同一层就会出现许多麻烦，如电梯或其他物体的阻碍，产品流通就可能无法顺利进行。

在沃尔玛的物流中心，大多数商品停留的时间不会超过48小时，但有部分产品会有一定数量的库存，这些产品包括化妆品、软饮料、尿布等各种日用品，物流中心根据这些商品库存量的多少自动补货。

在美国，沃尔玛投资建设一个物流中心大约要8000万～1亿美元，物流中心辐射的范围大约为100家店。只有店面达到了一定的数量，物流中心才起作用。到现在，沃尔玛在美国已有30多家物流中心，分别给美国18个州的3000多家商场供货。

对任何一家零售商来说，减少送货时间都是非常重要的。沃尔玛的供应商可以把产品直接送到众多的商店中，也可以把产品集中送到物流中心，两相比较，显然集中送到物流中心可以使供应商节约更多成本。有了“集中物流中心”，供应商就节省了大量时间，免去了千里跋涉、挨家挨户向上百家商店送货之苦。集中物流中心成为沃尔玛配送体系的心脏，它们与更小的、功能更为单一的物流中心连成一体。

沃尔玛的供应商根据各分店的订单将货品送至沃尔玛的物流中心，物流中心则负责完成对商品的筛选、包装和分拣工作。沃尔玛的物流中心具有现代化的机械设备，送至此处的商品85%都采用机械处理，这就大大减少了人工处理商品的费用。同时，由于购进商品数量庞大，自动化机械设备得以充分利用。沃尔玛物流中心的一端是装货月台，可供30辆卡车同时装货，另一端是卸货月台，可同时停放135辆大卡车。每个物流中心有600—800名员工，24小时连续作业；每天有160辆货车开来卸货，150辆车装好货物开出。

所以，在沃尔玛销售的商品中，有87%左右是经过物流中心配送的，每个物流中心离最远的零售店不超过500英里(1英里=1.609 344公里，下同)，只有一天的路程，从零售店下订单到货物上架的响应时间为48小时，保证了送货的及时性，大大提高了物流的速度和效益。而沃尔玛的竞争对手相应的货物配送响应时间至少为120个小时。

③仓储型。福来明公司的食品物流中心是典型的仓储式物流中心。该中心的主要任务是接收美国独立杂货商联盟加州总部的委托业务，负责该联盟在加州的350家加盟店的商品配送。该物流中心建筑面积7万平方米，其中冷库、冷藏库4万平方米，杂货库为3万平方米，经营8.9万个品种，其中有1200个品种是由独立杂货商联盟开发的，必须集中配送。在服务对象经营的商品中，有70%左右的商品由该中心集中配送，一般鲜活商品和怕碰撞商品，如牛奶、面包、炸土豆片、瓶装饮料和啤酒等，从当地厂家直接进货到店，蔬菜等商品从当地的批发市场直接进货。

二、美国物流中心的经营特点

①一流的服务。一流的服务体现在以下三个方面：一是在观念上的变革。美国的一些物流中心不但将供货方和购货方看做是服务对象，而且是执行任务的经营伙伴。如，USCO配送公司专门

设立一个服务部门，负责签订业务合同，以客户名义承接订单，接受电话咨询等，并制作了厚厚的一本服务手册，详尽地介绍了物流中心所提供的各项服务内容、达到的标准及各项承诺。他们把顾客满意摆在首位，力争提供百分之百优质服务，并在手册中要求必须满足顾客的需求。一旦出现问题，必须在 4 小时之内解决。

二是即进制。每个物流中心均向客户承诺，客户要求什么时间送到，物流中心就保证什么时候送到。例如，Giant 公司是以经营食品为主的连锁超市公司，该公司经营的商品品种有 6500 种，其中 98％有库存。物流中心非常重视商品的库存周转，70％的商品采用计算机控制的选货系统配货，每小时选货 3600 箱，每天按预先规定的时间对 165 家连锁店分别配送 5 次，从而把库存周期由 3 周压缩到 5 天，使资金周转大大加快，原先使用的仓库面积相应缩减，物流成本大幅度下降。特别值得一提的是，目前美国许多物流中心正在试行与生产商结成伙伴关系，尤其是在节日大减价促销活动中，由各生产厂家按照超市公司提供的订单花色包装，物流中心不点数直接送零售店，这种做法被称为“诚实”销售，减少了环节，节约了费用。

三是千方百计地提高配送正确率，以取得客户的信赖。在物流中心作业过程中，一般要经过 10 个环节：收货，验货，输入收货记录，归档，发货，编制装运单，高速库存记录，装车，配送，交货。每个环节的人员必须将外包装上的条形码与货架条形码同计算机储存的信息核对，同时每半个月部门经理要对其所管辖区域的存货进行一次全面盘点，以提高配送的正确率。大的物流中心配送精确率一般为 99.04％，运输精确率为 99.94％，按时到达率为 99.42％。

②确定合理的价格。美国公共配送的收费价格是按配送商品的服务项目、难易程度和商品的销售金额来确定的，一般按配送货物销售额的 3％～5％来收取。如，1992 年在拉斯维加斯建设的 Vallen 食品物流中心，建筑面积为 1.6 万平方米，投入 1300 万美元；拥有冷冻库、冷藏库和常温库，35 辆大型送货车和 34 辆大型运

输车。作为批发商，物流中心从全美各地采购各类食品，并根据当地宾馆、饭店的订货情况进行配送。一般情况下，24 小时内可送到拉斯维加斯的任何地方；特殊情况下，上午订货下午到。该物流中心建立了 EDI 系统，客户可利用与物流中心联网的终端，直接订货；而在价格上，不会由于设备昂贵、装备精良而出现高于当地其他物流中心的情况。

③ 降低作业成本。美国的物流中心主要从以下三个途径来降低成本。

自动化管理、条形码技术在物流中心的广泛应用。美国的物流中心广泛使用了电脑、条形码和激光扫描技术，并运用于配送的全过程，安装在每台叉车、牵引车、托盘车上，从而大大减少了人员的开支，提高了工作效率和准确率，保证了配送的速度；一些大型的物流中心甚至使用卫星通信、识别装置来指挥在公路上运行的车辆。由于使用完善的计算机管理系统，企业降低了成本，提高了经济效益，减少了库存量，延迟交货的情况减少了，采购期缩短了，管理人员减少了，经营作业能力提高了。

合理选择和使用机械设备。美国物流中心的管理十分讲究实效，而不是一味地追求机械化、自动化。如，在 Giant 物流中心，一条 20 世纪 70 年代安装的自动化分拣系统被拆除，而替代的是人工分拣，原因是这些设备比较陈旧，目前尚未有更先进的设备替代，维修它需要一批工程师，与人工分拣相比成本更高，所以采用人工分拣。在使用的各种机械中，叉车、托盘车、手推车、牵引车、运输机、立体货架等各尽其能，达到最优配置。如，叉车只用于货位的堆高，平面运输则交给托盘车或牵引车完成，配送商品放在立体货架上，而储存性商品则直接用托盘堆高。这样做可以节约资金，最大限度地利用设备的功能，决不让机械设备闲置和浪费。

选择合理的配送线路。在美国，一个较大的物流中心往往在国内外拥有几十个分公司，分布在全美及周边商家的交通枢纽、经济中心城市，这样就可以利用这些分散的物流中心来设计合理的输送线路。

1.3.2 日本物流中心的类型和管理特点

近二十年，日本的物流配送业发展很快，其物流中心实现了自动化管理，制定了严格的规章制度和配备了比较先进的物流设施，在确保商品配送准确、及时的同时，降低了流通成本，加快了商品流转速度，提高了经济效益，促进了连锁超市的经营和发展。

一、日本物流中心的类型

日本物流中心的总体发展趋势是：系统内的"自有自方便"的物流中心逐步缩小，而商品配送社会化、物流设施共同享用、物流配送共同化的趋势日趋明显。

目前日本的物流中心大致有以下三种类型。

①大型商业企业自设的物流中心。一般由资金雄厚的商业销售公司或连锁超市公司投资建设，主要为本系统的零售店配送，同时也受理社会中小零售店的商品配送业务，这部分为社会配送的业务正在发展扩大。例如，设立在日本东京都立川市的菱食立川物流中心，拥有冷冻仓库、恒温仓库、常温仓库共约11000平方米，其中冷库约7000平方米，主要配送食品、酒类、冰淇淋等。配送商品品种数为冷冻食品(除冰淇淋)1500种、酒类1000种、冰淇淋200种等。主要配送到关东地区的12个物流中心，然后由12个分中心再配送到各零售店铺。这12个分中心分为两种类型，一种是"通过中心"(如川口、桐生、市川等)，另一种是"在库型通过中心"(如湘南、桶川、静、极木、茨城等)。通过中心是指收到商品，经分拣后再配送到中小超市，不保持库存；在库型通过中心是指对A级商品有一定的库存量，其他商品分拣后直接配送出去。

系统内的店铺和系统外的食品店或超市，通过EOS(electronic order system，电子自动订货系统)向菱食情报中心订货，由立川中心承担物流配送。

②批发商投资，小型零售商加盟组建的物流中心。为了与大型连锁超市竞争，一些小型零售企业和连锁超市加盟合作，自愿组合，接受批发商投资建设物流中心。这种以批发商为龙头，由零售

商加盟的物流中心，实际是商品的社会化配送。这样的配送形式，既可解决小型零售商因规模小、资金少而难以实现低成本经营的难题，也提高了批发商自身的市场占有率，同时实现了物流设施的充分利用。如由批发商 CGC 投资的枥木集配中心即属此类。CGC 总部设在东京新宿，在关东地区由其投资建设了 8 个这样的物流中心（枥木中心是其中规模最小的一个，于 1996 年 11 月 1 日建成开业），加盟合作对象是一些小型零售商店和连锁超市。CGC 负责集中进货和配送，这样，这些小型零售商店和连锁超市就能和大公司一样集中进货和配送，一方面便于工厂送货，工厂愿意让利给集配中心；另一方面小公司不必自己再购买物流配送设备。枥木集配中心负责配送周围 30 公里以内 7 个株式会社的 37 家店铺，其中每天供配的有 5 个株式会社的 19 家店铺，这些店铺 25％的商品由该中心配送。

③接受委托，为连锁超市服务的物流企业物流中心。此类物流中心在完成对本系统的配送后，还接受其他企业的委托进行配送服务。其主要配送对象为大量的小型化便利店或超市，以合同约束双方，开展稳定的业务合作。如西友座间物流中心，由西友总部投资建造，该中心除了为本系统的店铺配送商品外，主要配送对象是便利店。座间物流中心负责配送关东地区的部分便利店（最远 50 公里，平均 25～30 公里）。座间物流中心向西友总部承包经营，专门从事物流配送业务。西友总部、座间物流中心、便利店三者之间以合同为约束手段，开展稳定的业务合作。

以上三种类型的物流中心，实际上都不同程度地承担着社会配送功能，并且还有进一步扩大的趋势。

二、日本物流中心的管理特点

①普遍实现计算机网络管理，使商品配送及时。日本的物流中心大都有相当成熟的电脑网络管理系统，从商品订货进入 EOS 开始，信息进入中央信息中心后，立即通过网络传送到物流中心。采用计算机联网订货、记账、分拣、配货等，使得整个物流过程衔接紧密、准确、合理，零售门店的货架存量压缩到最小限度，直接为零

售店服务的物流中心基本上做到零库存，大大降低了缺货率，缩短了存货周期，加速了商品周转，给企业带来了可观的经济效益。

②严格的规章制度使商品配送作业准确有序，真正实现了优质服务。日本的物流中心都有一套严格的规章制度，各个环节的作业安排周密，严格按规定的时间完成，并且都有严格的作业记录。例如，菱食立川物流中心主要配进的商品是冷藏食品，对送货的时间和途中冷藏车的温度要求很严格。在送货的冷藏车上安装他们自己研制的记录仪，冷藏车司机送货到各个点都必须严格按计算机安排的计划执行，并且每到一个点，都必须按规定按一下记录仪按钮。如 1997 年 3 月 6 日该物流中心某车配送 5 个门店，从上午 6 点开始到下午 4 点 42 分结束，共运送 94 票商品，价值 64 万日元，整个运输时间 4 小时 46 分钟，卸货时间 4 小时 47 分钟，休息 1 小时 9 分钟。此外，记录仪还记下温度和最高时速。仅从这一辆车一个司机一天的作业过程可见执行制度的严格程度。

③采用先进的物流设施，节约了劳动力成本，并保证提供优质的商品。日本物流中心的物流设施一般都比较先进，一是自动化程度高，节约人力；二是对冷藏保鲜控制温度要求高，保证商品新鲜。

物流设施高度自动化。日本物流中心的物流设施非常先进。如卡世美物流中心，笼车在规定的运行路线上可随时插入埋在地下的自动链条中，可将各笼车中的商品从卸车点自行运送到各集配点，空笼车也可自行返回；又如，在东京青果株式会社的大由批发市场，面积与一般托盘相仿的厚度为 2～3 毫米的塑料薄片，取代传统的木质托盘，用专用的叉车与之配套操作，在水泥地上使用十分方便，大大节约了成本。

增加投资，保质保鲜。为了食品类商品的保鲜，日本的物流中心在温控设施上很舍得花钱投资，如立川物流中心有 6000 平方米冷冻库，最低温度可达零下 20℃，有冷藏库 6000 多平方米，最低温度为零下 5℃，有恒温仓库 300 多平方米，其温度在 18℃。在该物流中心的冷冻库中高 7～8 米的钢货架可以在轨道上移动，使用相当方便，大大提高了冷冻库的面积利用率和高度利用率。进货冷冻车上可同时容纳3种温度的商品，适应各类商品的不同温度要求，并在整个物流过程中都能调控温度。

1.3.3 我国物流中心的发展状况与趋势

一、我国物流中心的发展状况

(1)我国物流中心形成的历史原因

物流中心的形成及发展是有其历史原因的。很多学者认为，物流中心是在仓库的基础上发展起来的。仓库的基本功能就是保管、储存各种物资，随着经济的发展、生产总量的逐步扩大，仓库的功能也在不断的演变和分化。

在我国，明代就曾出现过有别于传统仓库功能的转运仓库，叫做“搬转仓”。新中国成立后，出现了大量以衔接流通为职能的“转运仓库”，又由于中转仓库的进一步发展和仓库业务能力的增加，出现了相当规模和数量的“储运仓库”。现阶段，我国一部分物流企业和物流中心就是由储运仓库通过功能拓展而发展起来的。

(2)我国物流中心的发展现状

长期以来，由于受计划经济的影响，我国物流社会化程度低，管理体制混乱，机构多元化，导致社会化大生产、专业化流通的集约化经营优势难以发挥，规模经营、规模效益难以实现，设施利用率低，布局不合理，重复建设、资金浪费严重。由于利益冲突及信息不通畅等原因，余缺物资不能及时调配，大量物资滞留在流通领域，造成资金沉淀，发生大量库存费用。另外，我国物流企业与物流组织的总体水平较低，设备陈旧，损失率大、效率低，运输能力严重不足，形成了“瓶颈”，制约了物流的发展，物流配送明显滞后。商流与物流分割，严重影响了商品经营和规模效益。实践证明，市场经济需要更高程度的组织化、规模化和系统化，迫切需要尽快加强建设具有信息功能的物流中心。发展信息化、现代化、社会化的新型物流中心是建立和健全社会主义市场经济条件下新型流通体系的重要内容。我国是发展中国家，要借鉴发达国家的经验和利用现代化的设施，但目前还不可能达到发达国家物流中心的现代化程度，只能从国情、地区情况、企业情况出发，发展有中国特色的新型物流中心。

(3)现阶段我国物流中心发展的主要问题

①物流中心设施利用率低，发展缓慢

长期以来，我国物流配送的基础设施投入较少，发展比较缓慢，尽管近几年也新建了一些较先进的仓储物流设施，但总体上仍较陈旧落后，20世纪五六十年代建造的仓库还有较多仍在使用，而且仓储物流设施结构不合理，货场、低档通用库多，适合当前社会要求的冷藏、调温等专用库少。应当加快我国物流配送基础设施的建设和技术改造，鼓励和吸引社会各方投资物流行业，国家也应增加这方面的投入，对物流配送设施的建设给予一些低息或贴息贷款支持。

②物流中心总体配送比率较低，采购成本难以降低

从我国现有商业零售企业来看，除了一些中大型、知名的商业企业以外，一般的商业“连锁”企业大多没有建立自己的物流中心或利用第三方物流中心。这些企业虽然也建立了一些自己的“连锁”分店，但实际上并没有做到“统一采购、统一配送、统一结算”，这使得“连锁经营”显得有名无实。而在其他已经建立自己的物流中心或利用第三方物流中心实现商品配送的商业企业中，物流中心的效用也未能得到有效发挥，这进而影响到了连锁企业综合采购成本优势的发挥，导致物流中心配送的比率非常低，采购成本难以降低。

③物流的社会化、组织化、专业化程度不高

我国物流配送业的发展水平低，还表现在物流配送企业的小和散，社会化、组织化程度低，在物流配送的各环节上衔接配套差，服务功能不完善，能做到“一站式”服务的企业少。生产企业、流通企业和物流储运企业中的“大而全”、“小而全”现象仍然存在。物流企业大多数规模较小，缺乏覆盖面较广的物流配送服务网络。

④现代化程度低、信息化水平不高

随着信息技术的快速发展,国内外各种商业物流中心利用信息技术提升管理水平的已经越来越多。例如目前采用较多的信息管理技术包括产品识别条码(BC)、企业资源计划系统(ERP)、管理信息系统(MIS)、电子数据交换系统(EDI)、地理信息系统(GIS)、自动分拣系统(ASS)、柔性物流系统(AGV)、全球定位系统(GPS)、仓库管理系统(WMS)等。从国内外商业物流中心的信息化程度来看,美国的连锁商业物流中心普遍采用了机械化、自动化设备配合信息系统使用的整合作业模式,如电动叉车、传送带、装卸搬运、吊车等机械设备配合各种信息系统使用,大大提高了管理效率、节约了人力成本。美国立体化的商业物流中心很多都建有专业通讯网,货物的入库、移动、配装等都通过计算机控制托盘、货架铲车和吊车进行。日本采用的机器人物流作业模式已广泛存在。相比而言,我国商业物流中心的现代化程度就相对落后了。据零点研究集团的一项调查显示,目前我国实行物流配送的商业企业中,有超过58%的企业至今没有采用过信息技术或信息系统来进行物流作业,而在已经采用信息技术进行物流管理的企业中,72%的企业仍然以传统手工作业为主,信息技术只作为其辅助性的管理手段。例如,物流中心内部基本上是手工辅以叉车和托盘作业;到货分拣、商品组配、商品盘点等无专业电子扫描装置;计算机应用仅限于物流中心的事务性管理(如商品进、销、存、配、送信息的记录与存档等);商业物流信息技术的采用仍然以互联网、仓库管理系统、管理信息系统等为主,对于供应链管理、企业资源计划的应用还处于起步阶段。

(4)我国物流中心发展的对策

①加快现代物流基础设施建设,提高整体物流配送能力

国家实施"八五"、"九五"计划以来,我国的物流基础设施开始得到显著的发展。例如:政府对铁路、公路建设投资力度的加强;各地物流园区建设数量和规模的增加;中重型卡车产销量的上升;现代化物流营运设备的逐渐采用等,这些都标志着我国的物流配

送业进入了快速发展期，但相对于我国商业物流中心的发展要求来说，这些基础设施建设还显得相对滞后。主要表现为区域物流基础设施建设的不平衡，例如，我国进行的西部大开发，对于我国以及外资商业零售企业来说都是发展契机，而西部地区现有的物流基础设施显然不能满足连锁企业在当地的物流配送，因此从完善物流基础设施、提高物流配送能力的角度出发，当前需要进一步加快发展主要是西部地区以及其他物流业发展相对缓慢地区的高速公路建设、高速铁路建设；提高城市内部交通的通畅性，减少交通"堵塞"现象；加快开发和引进高科技的物流设备，如集装箱、散装专用船、各种装卸器具、移动运输器具等，提高商业企业本身物流现代化管理水平，进而从外部发展环境和内部运营硬件方面为我国商业物流中心的发展创造条件。

②大力推动"共同物流中心"的发展

我国商业物流中心的发展，多集中在百货公司、超级市场、大型卖场、折扣店等领域。每个商业连锁企业由于各自的主营业态差异较大，因此他们建设物流中心的思路也不完全相同。一般而言，百货公司由于自营商品比重较低，采用第三方物流的可能性较大；超级市场以企业经销或代销商品为主，因此它们选择自建物流中心的可能性较大；当然其他不同业态的物流配送模式都会存在一定差异，但不管是何种零售业态，随着企业门店的不断增加，他们必须考虑的一个问题是：选择怎样的物流模式，是建立自己的物流中心、利用第三方物流还是与其他零售企业共建物流中心。而在进行物流中心规划决策中，企业往往会遇到这样的问题：企业的连锁门店数量较少，如果自建物流中心投资成本太大，资金流量出现困难；如果利用第三方物流，从企业长期发展来看，也并非一种特别有效的战略，而且会分流企业的利润。从这两个层面进行分析，共建物流中心便是一种既经济又能实现利润共享的选择思路。共同物流中心不仅能有效解决企业资金不足的问题，同时也能通过不同零售企业之间的联合增强企业联盟的集团竞争力，对于中小型投资主体而言都是非常有利的一种物流配送模式。

③提高物流配送的社会化、网络化程度

一是大力发展社会化物流服务体系，支持社会化物流企业的发展，提高物流配送的规模化效益。二是提高物流网络化、组织化程度，通过适当方式将物流相关企业组织起来，形成较为完善的物流服务网络。物流企业更要注意网络建设，不断完善网络服务功能。三是充分利用全社会物流配送设施资源，鼓励兼并、重组、联合，优先进行技术改造，尽量避免物流设施的重复建设和资源浪费。

④更新传统观念，为我国物流中心发展提供人才保障

在推动我国物流中心的发展方面，由于受传统观念的影响，人们对于物流中心不够重视，因此，多年来我国物流尤其是物流中心的理论研究和实践探索都发展较慢。人才已经成为我国物流中心建设发展的瓶颈，为改变这种现状，首先要从观念上进行更新，同时通过具体的行动来引起社会各界对物流中心的重视，鼓励社会化物流管理培训工作的开展和推进，学习国际先进的物流管理经验和管理方法；行业协会可以组织国内大中型物流配送企业、商业连锁企业的有关人员进行集中培训和实地考察等；各地区政府部门应投入一定的人力、物力、财力，提高劳动者素质，充分利用各种手段和教育途径，建立高素质、专业配套、层次合理的物流中心信息化人才队伍。通过高素质物流人才的培养，加快对我国物流中心的深入研究和实践经验的探索，从而为我国物流中心的发展奠定基础。

二、我国物流中心的发展趋势

配送是在激烈的市场竞争环境下诞生的一种新型物流模式，物流中心是进行配送活动的基础设施。目前，世界五百强企业已有三百多家进入中国市场，中国加入世界贸易组织后，物流市场随后开放，今后必将有更多的跨国公司、大企业进入中国的制造业和流通业，这些企业对物流有着很大的需求，无疑会加速和带动中国物流业的发展。同时，大量外国的物流企业也会抢滩中国的物流市场，因此我国物流业也面临着激烈的市场竞争。这对我国物流业的发展，既是很好的机遇，又是严峻的挑战。

因此，如何建设有中国特色的物流中心成为我国物流业发展的当务之急。其应对的措施是：

(1)改造重组传统企业

主要是通过改组、改造传统批发企业、储运企业，建立单体物流中心或建立以物流配送为主体功能的物流配送经营企业，走社会化配送的路，使现有社会仓储资源得到重新配置和充分利用。批发、储运企业拥有地域、设施、管理及技术、组织网络等各方面的优势，而目前又正处于低谷时期，走现代物流配送的路，不但是谋求脱困的现实途径，也代表着其行业发展趋势。我国现有仓库多为平房，可以在此基础上进行现代技术改造，实现少投资金多出效益，加快物流中心的建设和发展。同时，将改组商业企业和传统储运企业结合起来，重点建设现代化配送网络，将集货、分货、仓储、运输、包装、咨询等服务功能结合起来，尤其应当重视发展先进的信息处理功能。因此，改造途径是现在应提倡与鼓励的，从市场方面看，目前我国流通领域企业规模普遍偏小，迫切需要提升社会化配送服务功能。

(2)企业自营物流中心

主要是有实际能力及需要的物流企业、企业集团或连锁企业投资兴建自己的物流中心。这类物流中心，包括原材料库和成品库在内的各种物流设施和设备归属一家企业或企业集团拥有，作为一种物流组织，它是企业或企业集团的一个组成部分。通常，这类物流中心只服务于集团内的企业，不对外提供配送服务。例如，美国大型零售企业沃尔玛公司的物流中心就属这一类，由沃尔玛独资建立，专为本公司所属的连锁店提供商品配送服务。物流中心建设耗资大、困难多，创业之际的企业应慎重选取自营途径。

(3)联合经营共同化配送

北京粮食局系统的八百佳物流中心即为系统内联合的一例，上海市政府、流通主管部门所规划发展的百货、粮食、副食等四大物流中心为区域内联合的一例。联合途径有多种，可以是企业之间联合发展，如中小型零售企业联合投资兴建，实行配送共同化；

也可以是系统或地区规划建设，达到本系统或本地区内企业的共同配送；或是多个企业、系统、地区联合共建，形成辐射全社会的配送网络。另外，还可以对原有不规范、无规模、无效率的物流中心进行联合重组，向规模化发展，赋予其新的生命力。

共同化配送可削减企业间的竞争，从整体上提高从供方取得价格优惠的能力，降低采购成本。并可实现优势互补，促使企业走向联合的规模经济之路，有助于改善我国物流企业“小、散、差”的结构状况。因此，联合途径也应予以提倡和推广。

第 2 章　物流中心规划设计

2.1　物流中心规划设计概述

2.1.1　物流中心规划设计

物流中心是一个精密复杂的系统，其规划设计包括许多方面的内容。物流中心投资对很多零售企业来说都是一笔巨大的投资，因此物流中心投资具有高风险特征。

为避免由于规划错误而产生的投资风险，规划者必须遵循正确的规划程序对物流中心建设进行项目规划，图 2-1 是物流中心规划流程和主要规划内容，对物流中心规划人员有一定的参考意义。

从物流中心的功能及结构角度看，应从物流系统规划、信息系统规划、运营系统规划等三个方面进行规划。物流系统规划包括设施布置设计、物流设备规划设计和作业方法设计；信息系统规划也就是对物流中心信息管理与决策支持系统的规划；运营系统规划包括组织机构、人员配备、作业标准和规范等的设计。通过系统规划，实现物流中心的高效化、信息化、标准化和制度化。

2.1.2　物流中心规划设计的一般流程

物流中心规划设计的流程主要分为五个阶段，包括筹建准备阶段、系统规划设计阶段、方案评估阶段、详细设计阶段、系统实施阶段，下面分别说明各阶段的主要工作。

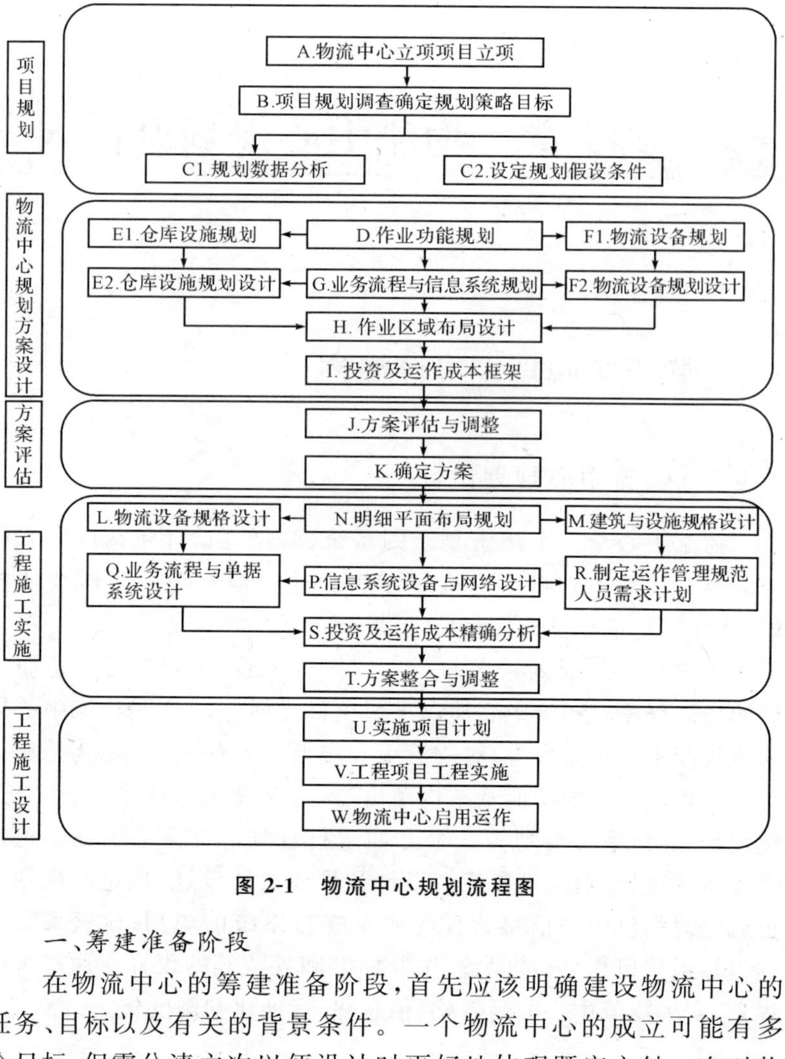

图 2-1　物流中心规划流程图

一、筹建准备阶段

在物流中心的筹建准备阶段，首先应该明确建设物流中心的任务、目标以及有关的背景条件。一个物流中心的成立可能有多个目标，但需分清主次以便设计时更好地体现既定方针。在对物流中心建设的必要性和可行性有了初步结论后，可建立筹建小组（或委员会）进行具体规划。为了避免片面性，筹建小组应该吸收多方面成员参加，包括本公司、物流设备制造厂、土建部门的人员及一些经验丰富的物流专家或顾问。筹建小组应根据企业经营政策的基本方针，进一步确认物流中心建设的必要性。例如，物流中心的设置地点，在物流网络中是采取集中型物流中心还是分散型物流中心，和生产工厂以及仓库的关系，物流中心的规模以及物流中心的服务水平基本标准（如接受顾客订货后供货时间的最低期限，能满足多少顾客需要，储存商品量有多少等）。

在本阶段，还应确认配送系统的背景条件，包括配送对象的地点和数量、物流中心的位置和规模、配送商品的类型、库存标准、物流中心的作业内容，等等，应进行实际调研或具体构思，把握物流系统的状况以及商品的特性。如，商品的规格、品种、形态、重量，各种商品进出库数量，每天进货、发货总数量，以及供货时间要求，订货次数，订货费用和服务水平等。在背景条件中还要考虑将来的发展，两年、五年甚至十年以后可能发生的变化，对与物流中心所处的环境以及法规方面的限制也应有所考虑。概念设计阶段也是项目的详细论证阶段，将为以后的设计打下一个可靠的基础。这一阶段所进行的工作如果证明原先决策有误，可能导致项目终止，或有方向性的变更。本阶段要进行大量的调研，同时也要对资料数据进行科学分析，因此，必须给予足够的重视，投入必要的人力和物力。

二、系统规划设计阶段

本阶段要对物流中心的基本流程、设施配备、运营体制、项目进度计划以及预算等进行全面的规划和设计。

(1)基本流程设计。将物流中心的作业流程如进货、保管、流通加工、拣取、分货、配货等作业按顺序做好流程图，初步设定各作业环节的相关作业方法。如，进货环节，是用铁路专用线，还是卡车进货；卸货环节，是用人力，还是机械；机械卸货要考虑用传送带，还是用叉车；根据卸货点到仓库的距离，确定搬运作业方法，在库内和保管设施相应的作业方法等。又如保管环节，是用巷道堆垛机或自动高架仓库还是普通货架以人力搬运进行人工存储，或是采用高架叉车作业配合中高货架存放等。

(2)物流中心的要素和能力设计。根据物流中心各作业环节的功能要求，选定各作业环节的设备类型，并根据设定条件，初步确定各类设备应具备的能力。如选定叉车为系统要素之一，应进一步确定叉车类型，并初步根据其应具备的能力决定叉车的规格型号。

(3)运营系统设计。包括作业程度与标准，管理方法和各项规章制度，对各种票据处理及各种作业指示图，设备的维修制度和系统异常事故的对策设计以及其他有关物流中心的业务规划与设计等。

(4)平面布置。确定各业务要素所需要的占地面积及其相互关系，考虑物流量、搬运手段、货物状态等因素，做成位置相关图。在平面设计中还要考虑将来可能发生的变化，留有余地。

(5)建筑规划。在位置相关图的基础上进行建筑规划，即确定建筑物的类型，采用平面或是多层建筑，还应对车辆的行驶路线、停车场地等因素进行规划。最后结合有关法规限制与周围环境，决定建筑物的最终形态与配置。

(6)制订进度计划。对项目的基本设计、详细设计、土建、机器订货与安装、系统试运转、人员培训等都要制定初步的进度计划。

(7)建设成本的概算。以基本设计为基础，对于设计研制费、建设费、试运转费、正式运转后所需作业人员的劳务费等做出费用概算。

三、方案评估阶段

在基本设计阶段往往产生几个可行的系统方案，应该根据各方案的特点，采用各种系统评价方法或计算机仿真的方法，对各方案进行比较和评估，从中选择一个最优的方案进行详细设计。

四、详细设计阶段

对所有使用的设备类型、能力等做出规定以及决定作业场所详细配置，办公及信息系统的设施规格与数量，制订设计施工计划等。包括：

(1)设备制造厂的选定。设备制造厂的选定一般通过投标竞争的方式选择。选定制造厂后，应和制造工厂一起对基本设计的指导思想进行认定，取得共识，并考虑和采纳厂方的新方案和意见，制订下一步的计划。

(2)详细设计。在详细设计阶段要编制具体的实施条目和有关设备形式的详细计划，主要有以下各点：①装卸、搬运、保管所用的机械和辅助机械的型号规格；②运输车辆的类型、规格；③装卸搬运用的容器形状和尺寸；④物流中心内部详细的平面布置与机械设备的配置方案；⑤办公与信息系统的有关设施规格、数量等。

大规模的物流中心是由许多参加单位共同进行系统规划与实施的。为了保证系统的统一性，要制定共同遵守的规则，如通讯和信号的接口、控制方式等。

五、系统实施阶段

为了保证系统的统一性和系统目标与功能的完整性，应对参与设计施工各方所涉及的内容从性能、操作、安全性、可靠性、可维护性等方面进行评价和审查。在确定承包工厂前应深入现场，对该厂生产环境、质量管理体制以及外协件管理体制等进行考察，如发现问题应提出改善要求。在设备制造期间也需进行现场了解，对质量和交货日期等进行检查。

2.1.3 物流中心规划设计的步骤

物流中心规划设计是一件复杂的工作，其大体步骤如图 2-2 所示。

一、前期准备

前期准备工作是为物流中心规划设计提供必要的基础资料，常采用调研的方法，包括网上调研、图书资料调研与现场调研等，其主要内容包括：

(1)收集物流中心建设的内部条件、外部条件及潜在客户的信息；

(2)分析物流中心经营商品的品种、货源、流量及流向；

(3)调查物流服务的供需情况、物流行业的发展状况等。

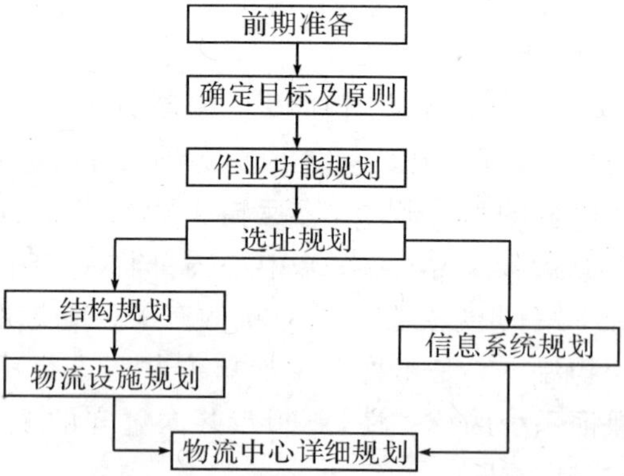

图 2-2 物流中心规划设计步骤

二、确定目标

确定物流中心建设的目标是物流中心规划设计的第一步，主要是依据前期准备工作的资料，确定物流中心建设的近期、中期和远期目标。

三、作业功能规划

作业功能规划是将物流中心作为一个整体的物流系统来考虑，依据确定的目标，规划物流中心为完成业务而应该具备的物流功能。物流中心作为一种专业化的物流组织，不仅需要具备一般的物流功能，还应该具备适合不同需要的特色功能。物流中心的作业功能规划，首先需要针对不同的物流中心确定相应的作业流程，进而完成作业区域的功能规划，最后对工作区的作业能力进行规划。

四、选址规划

物流中心拥有众多建筑物、构筑物以及固定机械设备，一旦建成很难搬迁，如果选址不当，将付出长远代价，因而对于物流中心的选址规划需要予以高度重视。选址规划主要包括以下内容：分析影响因素，如自然环境、经营环境和基础设施状况等；初选选址方法，根据实际情况，一般采用定性和定量相结合的方法；筛选选址方案，确定选址结果。

五、结构规划

物流中心作业功能规划完成后，根据各作业流程、作业区域的功能及能力规划进行区域的布置规划和作业区域的区块布置以及表示各作业区域的面积和界限范围，以及其他建筑设施的规划设计。这部分工作主要包括以下内容：区域布置规划、库房设计、装卸货平台设计、货场及道路设计和其他建筑设施规划。

六、物流设施规划

物流中心的设施设备是保证物流中心正常运作的必要条件，设施设备规划涉及建筑模式、空间布局、设备安置等多方面的问题，需要运用系统分析的方法求得整体优化，最大限度地减少物料搬运、简化作业流程，创造良好、舒适的工作环境。在传统物流企业的改造中，设施设备规划要注意企业原有设施设备的充分利用和改造等工作，这样可以尽可能地减少投资。物流中心的物流设施规划一般包括以下工作：原有设施设备分析（改造型物流中心）、物流中心的功能分区、设施的内部布局、设备规划、公用设施规划。

七、信息系统规划

信息化、网络化、自动化是物流中心的发展趋势，信息系统规划是物流中心规划的重要组成部分。物流中心的信息系统规划，既要考虑满足物流中心内部作业的要求，有助于提高物流作业的效率；也要考虑同物流中心外部的信息系统相连，方便物流中心及时获取和处理各种经营信息。一般来讲，信息系统规划包括两部分：物流中心管理信息系统的功能设计；物流管理信息系统的关键技术与应用。

2.1.4 物流中心规划设计的分析方法

物流中心规划首先要确定物流中心的建设目标，即物流中心要达到什么规模，具备哪些功能，为哪些客户服务等。物流中心的规划必须将它的作业能力与业务需求相匹配。

为了确定物流中心的业务需求和规模，必须考虑许多方面，如目前的物流量需求、未来的物流量需求等，这就需要对相关资料进行分析。在分析中，建立计划性的分析步骤并有效地运用分析数据，是规划成功的关键。图 2-3 表示物流中心规划设计时资料收集和分析阶段的工作流程。

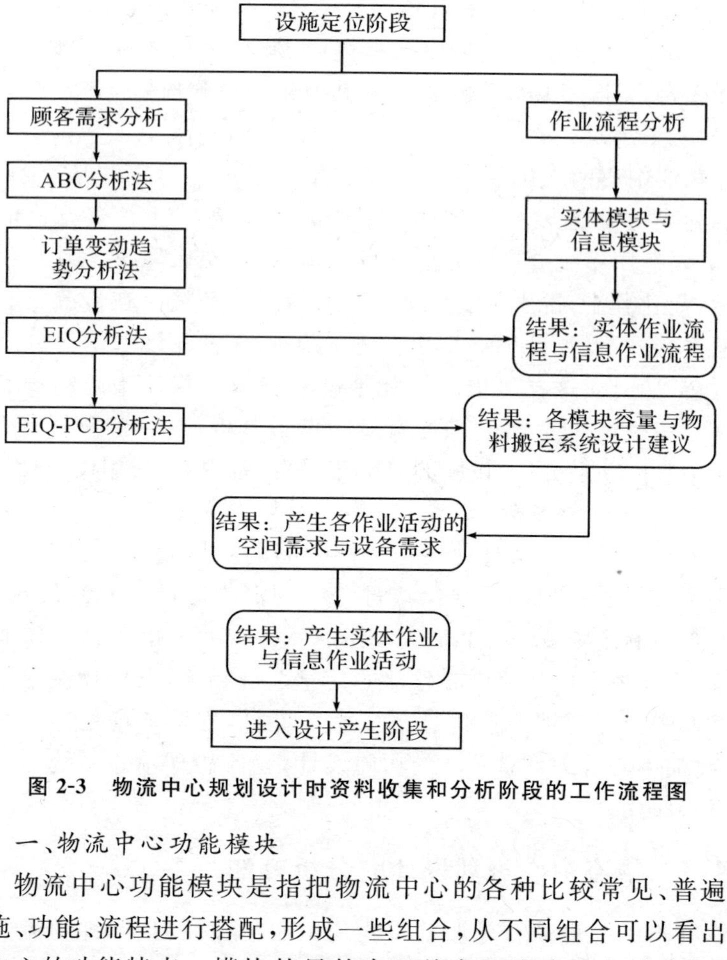

图 2-3　物流中心规划设计时资料收集和分析阶段的工作流程图

一、物流中心功能模块

物流中心功能模块是指把物流中心的各种比较常见、普遍的设施、功能、流程进行搭配，形成一些组合，从不同组合可以看出物流中心的功能特点。模块的目的在于从实地访谈和文献收集中，整理出一套具有普遍性的作业流程类别，进而使用不同的组合以表达不同形态物流中心的作业特性。我们可以把物流中心模块比作“套餐”，不同的模块反映出不同的物流中心的功能特性。

物流中心模块原来只是特指一些实体模块，就是那些可以看得见的流程设施。随着信息流程在物流中心运作中的作用越来越大，信息系统将对物流中心能否成为一个顾客导向服务设施具有重大影响，因此，信息作业也被纳入物流中心模块，发展成信息模块。作业流程特性由实体模块和信息模块所提供，企业主可借由设计者对两类模块的应用和组合，来检验设计者对物流中心作业流程的认知是否正确。设计者可对其目标设施划分为实体作业流程和信息作业流程，观察作业在合理化、标准化和简单化三方面有无改善的可能性。

1. 实体功能模块

根据物流中心的一般功能特性，其实体作业一般可划分为以下几个模块（见图 2-4）。

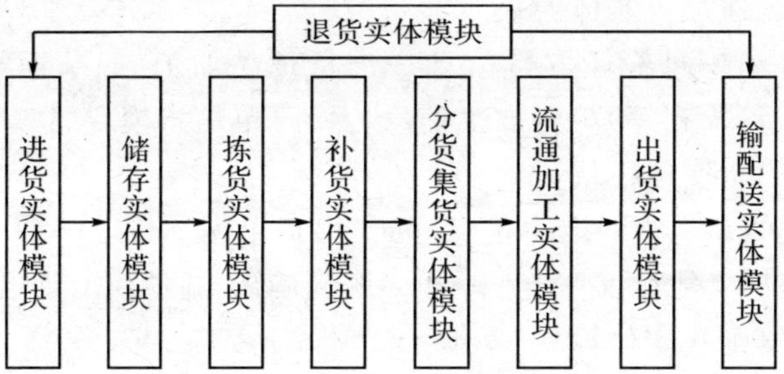

图 2-4　实体功能模块流程示意图

（1）进货实体模块

由进货信息模块取得进货信息，并进行分析→到货→卸货→拆装→货品验收等作业，最后传送进货记录至进货信息模块。

（2）储存实体模块

由库存储位信息模块取得信息，进行货物入库上架、储位管理、库存盘查及容器管理等作业。

（3）拣货实体模块

从订单信息模块取得拣货信息→移动到指定储位→进行拣取作业→将拣取之后的物品库存信息传回库存储位信息模块→将货

品移至分货/集货区、出货区或流通加工区，并通知订单信息模块，此笔订单已被拣取。

(4)补货实体模块

由库存储位信息模块显示补货信息→补货人员到拣货区取得空容器，再到保管储区→确认储位并取货→移动货品到拣货区，并确认储位号码后将货品置入→将补货信息传回库存储位信息模块，并更改库存资料。

(5)分货/集货实体模块

从订单信息模块取得信息，列印分货/集货单→将拣取的货物作分类的工作→依客户类别或配送路线类别进行集货工作→集货完成后移动至出货暂存区→集货完毕后，必须通知出货信息模块或得到订单信息模块确认。

(6)流通加工实体模块

从订单信息模块取得信息→进行货品加工(如贴标签、包装、品质或数量检查等)→将加工信息传回订单信息模块。

(7)出货实体模块

从出货信息模块取得信息，列印出货单据→检验→包装→将货品搬运至出货暂存区→装车→出货资料确认，并传回出货信息模块。

(8)输配送实体模块

从输配送信息模块取得信息，进行配送区域划分、配送批次划分、配送路径选择、配送顺序决定、配送车辆安排、车辆装载方式等作业。

(9)退货实体模块

由退货信息模块获知顾客退货或资源回收信息，列印退货单交与配送人员→配送人员确认货品数量及种类，将退货货物取回→将货物置于退货暂存区，等待检验。若产品损坏或不能再使用，则置于报废区等待处理；若产品为合格品，则归入进货作业；若产品为资源回收物品，则置于资源回收区等待处理。

上述每一个功能模块的作业内容都是以“由信息功能模块发出作业信息→产生实体作业→实体作业完成，并将信息传送至信息功能模块，完成资料更新作业”的方式进行，由此可见，实体操作与信息模块是高度衔接的。

2．信息功能模块

信息功能模块在现代物流中心是不可缺少的，它基本上贯穿了实体功能模块的整个流程。良好的信息管理系统可提高各项实体作业的正确性和及时性，提高物流中心的运作效率。

信息功能模块包括订单信息模块、采购信息模块、进货信息模块、库存储位信息模块、出货信息模块、运输配送信息模块、退货信息模块、设备管理信息模块、财务会计信息模块和营运绩优信息模块等十个模块。

表 2-13　各个信息模块的主要工作内容

信息模块	工　作　内　容
订单信息模块	客户资料建档维护，订单资料处理，订单状态查询，缺货处理，退货处理，拣货处理，分货/集货信息，流通加工需求信息，订单财务会计信息
采购信息模块	供应商基本资料建档与维护，供应商产品资料建档与维护，采购资料处理，维护与列印，货源规划，货品编码，采购及催、退货处理
进货信息模块	进货进程安排，进货单输入与维护，进货单与入库验收单列印，进货的后续作业查询，进货后退回供应商的处理
库存储位信息模块	储区、储位编码与维护，商品储位指派与储位状态查询，商品及库存资料查询与维护，补货信息，盘点资料
出货信息模块	出货时间安排，订单品项及数量核查，出货单据列印，出货资料异动，包装方式查询
运输配送信息模块	司机基本资料维护，车辆路径资料维护，车辆排班与路线规划，车辆追踪管理，出货单据资料维护
退货信息模块	下游退货信息，上游退货信息，资源回收物品处理
设备管理信息模块	自动化设备管理，搬运设备管理，栈板及容器管理，栈板装卸方式规划及叠栈方式设计，车辆管理，燃料耗材管理，信息系统维护

续　表

信息模块	工　作　内　容
财务会计信息模块	应收账款管理,会计总账管理,票据管理,发票管理,固定资产管理,税务成本管理,人事薪金管理,营运费用管理
营运和绩优信息模块	营运决策管理,绩优评估管理

二、顾客需求分析

在物流中心规划设计中,顾客需求分析是一个主要部分。通过顾客需求分析可以决定物流中心的规模、特性等,这就好比分析市场需求对于某个企业开发一个新产品那样关键。物流中心规则中有许多顾客需求分析方法,以下讲述几种主要的分析方法,包括ABC分析法、销售额变动趋势分析法、EIQ分析法和EIQ-PCB分析法。

1. ABC分析法

ABC分析法是物流中心管理中常用的分析方法,也是经济工作中一种基本工作和认识方法。它着重在将物流中心货物种类,依其重要性程度加以分类为A群组、B群组和C群组。一般物流中心的货物种类数少则数百种,多则上万种,若要应对采集个别货物的顾客需求变化,将耗费极为庞大的人力和物力,而其效益可能与付出的成本不成比例。如何将有限的管理资源集中于可产生最大效益的需求分析中,将是对管理者的一大挑战,也是ABC分析法用于物流中心管理的一个根本动机。

ABC分析法所要进行的步骤如下:

(1)将可能收集的货物类别数、出货量、货物采购次数或客户订购次数等资料,分别由大至小予以排序。需要注意的是,在分析之前应该将有关数量值转化成相同单位表示。

(2)排序种类可以包括各项资料的数量、相对百分比、累计数、累积百分比大小等,并绘制统计图以协助了解排序的分布状况及所呈现结果的差异程度。

(3)可以80/20法则为基础,划定某一百分比,将订单、产品及客户划分为主要与次要群组。

(4)采用销售额变动趋势分析法、EIQ 分析法及 EIQ-PCB 分析法即可对各群组中的代表性项目进行分析。

(5)运用 ABC 分析法产生统计图表。如图 2-5 所示为货物订购数量分布图,图 2-6 所示为将订购数量加总后,得出的货物 ABC 分类群组图。

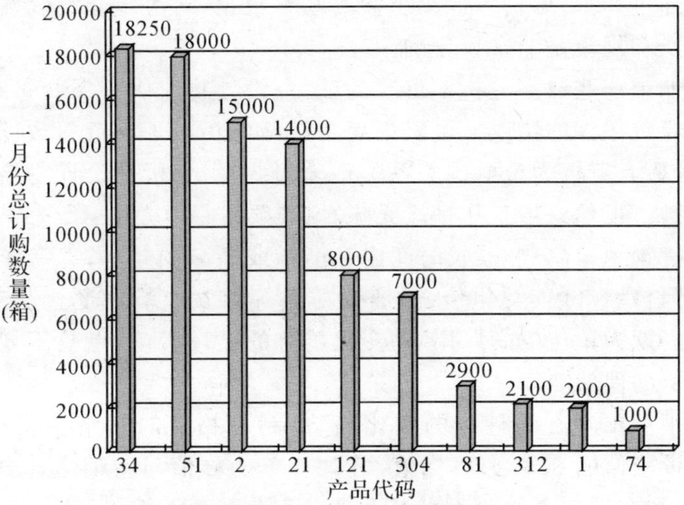

图 2-5　货物订购数量分布图

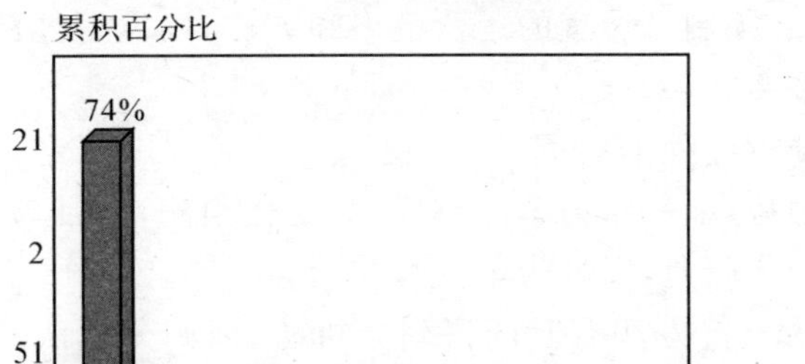

图 2-6　货物 ABC 分类群组图

2. 销售额变动趋势分析法

销售额的大小是决定新建物流中心规模的基本条件。对于任何企业,最关心的是销售额和利润。

在物流中心的规划过程中,首先要收集与总结历史销售与发货资料数据,并对其进行分析,从而了解销售趋势的变化情况。若能求出有关的变化趋势,则有利于对后续资料的分析。

通过调查、分析掌握销售额的基本数据,对决定建设物流中心的性质和规模是非常重要的。

如果这些数据分析不可靠的话,在设计物流中心系统过程中,将会导致很大的错误。可以说规划设计成功与否和资料数据的收集、分析有着极为重要的关系。正确的调查、分析是设计物流中心的关键。虽然这项工作枯燥无味,但必须耐心地去做。

货物销售趋势有:长时间内是渐增或渐减的趋势;以一年为周期的因自然气候、文化传统、商业习惯等因素影响的变化趋势;以固定周期为单位(如月、周)的变化趋势的循环变动;以及不规则变化趋势的偶然变动。

根据预测不同种类的变化趋势,制订相应的对策和目标值。通常设峰值的80%为目标值,若某订单的峰值与谷值之比超过3倍时,如在同一个物流系统内处理,将使效率降低,运营将更为困难。此时,必须制订适宜的运营策略和方法,以取得经济效益和运营规模的平衡。

关于分析过程的时间单位,视资料时间范围而定。对于预测未来发展趋势,以一年为单位;对季节变化预测,以月为单位;分析月或周内变化倾向,以日为单位。

常用的分析方法有时间序列分析法、回归分析法和统计分析法等。

这里仅运用时间序列分析法对销售量进行分析和预测。时间序列分析法是指根据某一事物的纵向历史资料,按时间进程组成动态数列,并进行分析和预测未来的方法。时间序列分析是基于历史的继承性这一原则而进行的,就是说,某个事物的发展趋势是过去历史的延伸。由此寻找事物的变化特征和趋势，并通过选择适当的模型形式和参数来建立预测模型。在外部影响基本不变的情况下，进行趋势外推预测。这种方法比较适用于市场预测，如市场资源量、采购量、需求量、销售量和价格的预测。

例如，若分析一个年度销售量的变化，选月份为时间单位，取为横轴，而纵轴代表销售量，对此按时间序列进行分析，包括长期趋势变化、季节变化、循环变化和偶然变化等四种情况。根据不同的变化趋势，预测市场情况，从而制订销售计划。

(1)长期渐增趋势如图 2-7 所示。此外，还应结合更长周期的成长趋势加以判断。规划时以中期需求量为依据，若需考虑长期渐增的需求，则可预留空间或考试设备的扩充弹性，以分期投资为宜。

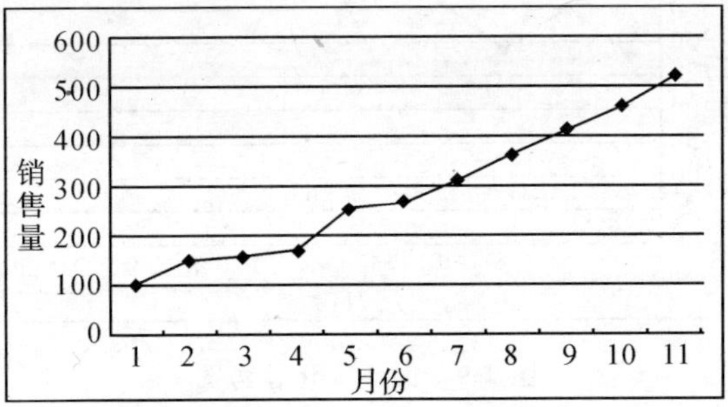

图 2-7　长期渐增趋势图

(2)季节变化趋势如图 2-8 所示。如果季节变动的差距超过 3 倍，可考虑部分物品外包或租赁设备，以避免过多的投资造成淡季的设备闲置。此外，在淡季应争取互补性的业务，以增加设备的利用率。

(3)循环变化趋势如图 2-9 所示。其变化周期以季度为单位，若峰值与谷值差距不太大，可以峰值进行规划，后续分析仅以一个周期为单位进行。

(4)偶然变化趋势如图 2-10 所示。这类系统较难规划，宜采用通用设备，以增加设备的利用弹性。

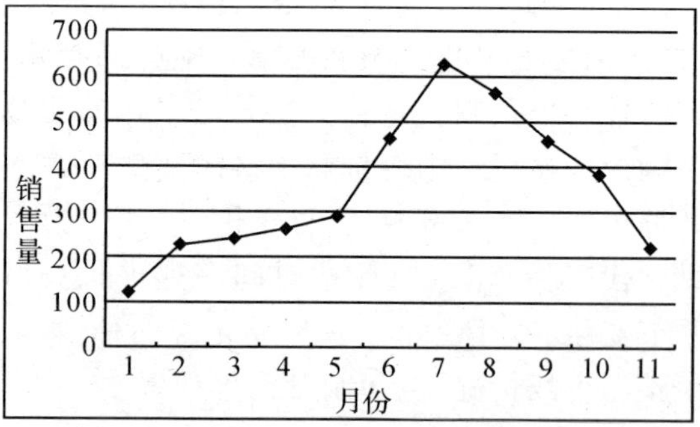

图 2-8 季节变化趋势图

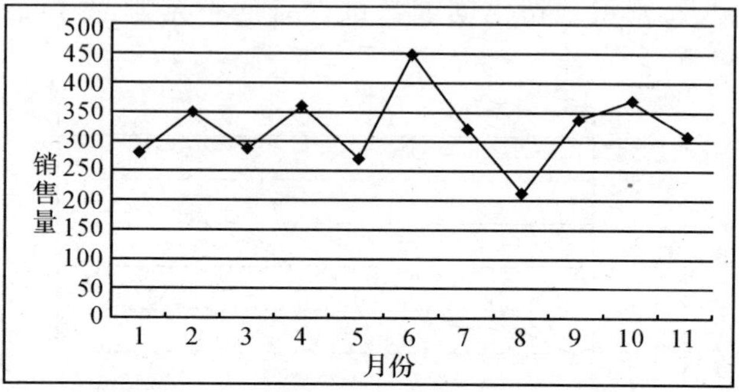

图 2-9 循环变化趋势图

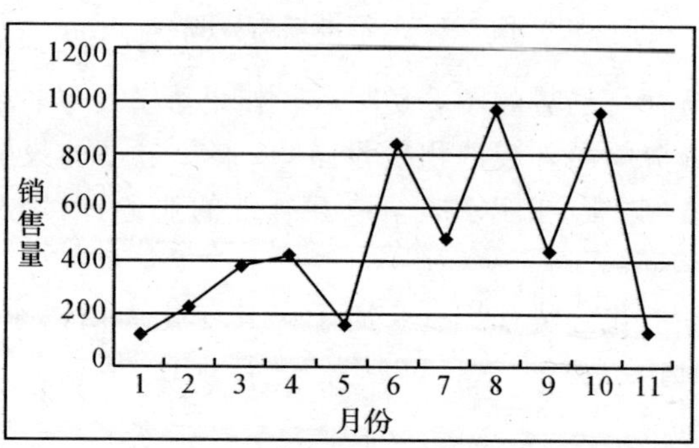

图 2-10 偶然变化趋势图

3. EIQ 分析法

物流中心在进出货物时具有出货时间不确定、出货量变化大等特点。面对这些繁多、数量庞大的订单，一般分析者都用平均值估计相关需求条件，其结果往往与实际的需求变动有很大的差异。如果能掌握数据分析的原则，通过有效的资料统计和进一步的相关分析，就会使物流中心的规划设计更具有科学性和实用性，也确保经营单位的投资回报率最大化。EIQ 分析法就是这样一个有效的分析工具。

(1)EIQ 分析法概述

EIQ 分析法是以顾客导向为主，且针对具有不稳定或波动条件的物流中心作业系统的一种分析方法，目的是协助设计者掌控物流作业特性，探讨其运作方式，从而规划作业系统、拣货方式和储位划分等事项。EIQ 分析法的功能是为了了解物流作业特性，如从订单内容了解订货特性、接单特性、作业特性等；进而利用 EIQ 系统进行物流中心系统的基础规划，或者利用 EIQ 系统进行模拟分析；最后配置相应的物流设备。

EIQ 分析法是日本权威物流专家铃木震先生通过四十多年的实战经验积累所独创的一种分析方法。该法利用 E、I、Q 这三个物流关键要素，所谓 EIQ，就是指订单件数(Entry)、品项(Item)和数量(Quantity)。

①E(Entry)是指订单件数。分析订单件数时，必须注意以下几点：

- 每一笔接收的订单具有同时拣货，且同时配送至同一地点的特性；
- 在订单截止时间内，数笔追加的订单均可合并成单一订单，在物流作业过程中可视为同一订单；
- 对同一批量的订单，要求以不同时间或者不同地点配送货物，对物流中心而言既视为多个订单，必须进行订单分割。

②I(Item)是指货物品项或种类。只要是不同质、量、包装单位、包装形式等的货物，都视作不同的类别，原则上以各供应商的

商品号为区别依据。

③Q(Quantity)是指每一笔订单、每一类货物所订购的数量资料，是结合订单与类别的桥梁。物流中心的作业特性有赖于订单与类别间数量的分布状态而显现。

(2) EIQ分析步骤

EIQ分析步骤如下2-11所示。

收集资料、取样 → 资料分析与图表制作 → 分析、解读图表 → 进行规划、应用

图 2-11 EIQ分析步骤

①出货资料的取样

根据作业周期和其波动幅度确定资料的收集范围。若各周期内出货量大致相似，则可对较小周期内的资料进行分析；若周期内趋势相近但作业量有很大的差异，则对资料进行分组，找出代表性的资料进行分析。

②出货资料的分析

最好能从企业信息系统的数据中取得计算机档案，这有利于档案格式转换和借助计算机运算功能处理大量的分析资料。资料分解时还要注意保持数量单位的一致性。资料分解主要用于EQ、EN、IQ、IK四个类别的分析，其意义及资料统计格式见表2-12。

表 2-12 EIQ资料分解格式

发货订单	发货种类						订单发货数量	订单发货品项
	1_1	1_2	1_3	1_4	1_5	…		
E1	Q_{11}	Q_{12}	Q_{13}	Q_{14}	Q_{15}	—	Q_1	N_1
E2	Q_{21}	Q_{22}	Q_{23}	Q_{24}	Q_{25}	—	Q_2	N_2
E3	Q_{31}	Q_{32}	Q_{33}	Q_{34}	Q_{35}	—	Q_3	N_3
⋮	—	—	—	—	—	—	—	—
发货量	$Q_{.1}$	$Q_{.2}$	$Q_{.3}$	$Q_{.4}$	$Q_{.5}$	—		N_N
发货次数	K_1	K_2	K_3	K_4	K_5	—		K_N

注：Q_i(订单Ei发货量)$=Q_{i1}+Q_{i2}+Q_{i3}+Q_{i4}+Q_{i5}+\cdots$

$Q_{.i}$（品项 Ii 的发货量）$= Q_{1i} + Q_{2i} + Q_{3i} + Q_{4i} + Q_{5i} \cdots$

N_i（订单 Ei 的发货项数）= 计数（$Q_{i1}, Q_{i2}, Q_{i3}, Q_{i4}, Q_{i5}, \cdots$）$>0$ 者

K_i（品项 Ii 的发货次数）= 计数（$Q_{1i}, Q_{2i}, Q_{3i}, Q_{4i}, Q_{5i}, \cdots$）$>0$ 者

N.（所有订单的发货总项数）= 计数（$K_1, K_2, K_3, K_4, K_5, \cdots\cdots$）$>0$ 者

K.（所有产品的总发货次数）$= K_1 + K_2 + K_3 + K_4 + K_5 + \cdots\cdots$

a. 订单量（EQ）分析：单张订单出货数量的分析。

b. 订货品项数（EN）分析：单张订单出货种类数的分析。

c. 货物种类数量（IQ）分析：每单一货物出货总数量的分析。

d. 货物种类受订次数（IK）分析：每单一货物出货次数的分析。

③资料统计分析

EIQ 分析以量化分析为主，常用的统计手法包括平均值、最大/最小值、总数、柏拉图分析、次数分布及 ABC 分析法等。

表 2-13　EIQ 分析法的统计方法

方　法	目　　　的
柏拉图	取订单、单一货物累积量
算数平均值	取一个平均值
最大/最小值	取上、下限
总数	取总数
全距	最大值与最小值的差距
众数	出现次数最多的数值
次数分布	各组资料出现次数统计
相对百分比	将个别值加以排列并计算其百分比
ABC 分析法	将数值按大小排列，并累计其百分比

柏拉图分析：将订单或单一货物出货量经排序后绘图（EQ、IQ 分布图），并将其累计量以曲线表示出来，即为柏拉图。

次数分布：将出货量范围作适当分组，并计算各类货物出货量在各分组范围内的出现次数，可进一步了解货物出货量的分布情形。ABC 分析法：用 ABC 分类法将一特定百分比内的主要订单或

货物找出，以作进一步的分析及重点管理。通常先以出货量排序，以占前20%～50%的订单件数(或货物类别数)计算所占出货量的百分比，并作为重点分类的依据。

交叉分析：在进行EQ、IQ、EN、IK等ABC分析后，再对其ABC的分类进行组合式的交叉分析。如，先将两组分析资料经ABC分类后分为3个等级，交叉汇编后产生3×3的9组资料分类，再分别就各资料分类进行分析探讨，找出分组资料中的意义及其代表的产品簇群。

④图表数据判读与分析

这是量化资料分析过程中最重要的步骤，通常要配合交叉分析和其他相关资料作出综合判断分析。

订单量(EQ)分析：通过了解单张订单中订购量的分布情形，从而可以决定订单处理的原则、拣货系统的规划、出货方式及出货区的规划。通常以单一营业日的EQ分析为主。当订单量分布趋势越明显，分区规划的原则越易运用，否则应以弹性化较高的设计为主。

品项数量(IQ)分析：针对众多货物作分类并予以重点管理，也就是观察多少百分比的出货货物，占多少百分比的出货量。IQ分析可以了解各类产品出货量的分布状况，分析产品的重要程度与运量规模。从IQ-ABC分析中，管理人员易于了解主要产品的状况及需加强管控的货物。IQ分析也影响货物储区的规划弹性，甚至影响拣货系统的设计。

订单货物类别数(EN)分析：了解订单所订购品项数的分布，对于订单处理的原则、拣货系统的规划、出货方式及出货区的规划有很大影响。通常配合总出货类别数、订单出货类别累计数及货物总类别数三项指数综合参考。

品项受订次数(IK)分析：即统计各种货物被不同客户重复订货次数。分析产品类别出货次数的分布，了解产品类别的出货频率，可配合IQ分析决定仓储与拣货系统的选择。当储存、拣货方式已决定后，有关储区的划分及储位配置也可利用IK分析的结果作为规划参考的依据。

IQ 及 IK 交叉分析：将 IQ 及 IK 以 ABC 分析法分类后，可为拣货策略提供参考的依据。依其品项分布的特性，可将物流中心规划为以订单类别拣取或批量拣取的作业形态，或者以分区混合处理方式运作。

(3)EIQ 分析应用及发展

在以顾客及下游通路需求为主的流通环境中，订单需求零星而多变。因此，以需求为导向的规划方法才能真正符合实际作业的需求。EIQ 分析正是从企业订单出发，根据客户的需求特性，结合 PCB(托盘、周转箱、单品等储运单位)及 ABC 分类的交叉分析方法，进行订单不同层面的分析，得出货物在物流中心的接收、储存、拣选、出货特征，有效掌握物流特性，并提供规划过程宏观角度的切入点，最终成为物流中心规划设计的决定性因素。

通过 EIQ 分析，企业可以得到许多有用的信息，包括了解物流特性、得出配合物流系统特性的物流系统模块、选择物流设备、仿真分析，以及进行物流系统的基础规划等。EIQ 分析法对企业建立物流中心裨益良多，企业还可以活用 EIQ 法来解决物流的各项问题，如降低物流成本、降低库存、销售量预估等。

4. EIQ-PCB 分析法

考虑物流系统的各项作业活动时，可以看出这些作业都是以不同包装单位作为作业基础，而不同包装单位可能产生不同的设备与人力需求。因此，掌握物流作业的单位转换相当重要。物流作业单位采用托盘 P(pallet)、箱 C(case)、单件 B(box)为单位。在进行 EIQ 分析时，利用统一的计量单位可以将订单内容转换成整托盘、整箱或单件形态分析(见图 2-12)。

EIQ-PCB 分析法有很大的功用，包括：

· 可了解出货状态及区域销售的数量和包装特性；

· 可作为计算拣货/出货的人力需求和搬运/运输配送设备的选用依据；

· 作为整体拣货系统及储存方式和设备的设计参考(见表 2-14)；

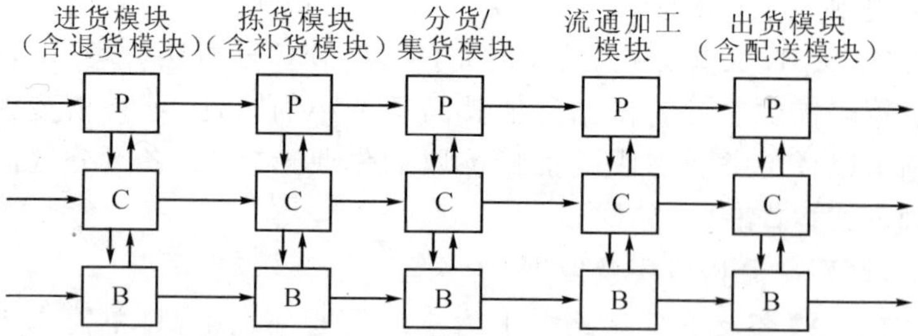

其中:P 表示以托盘(pallet)为单位;

C 表示以箱(case)为单位;

B 表示以单品(box)为单位。

图 2-12 物流中心商品包装作业单位变化图

· 在作 EIQ-PCB 分析时,I-PCB 表的建立也是分析过程的必要参考数据;

· 可比较不同拣货单位的效率表现。

表 2-14 不同拣货出库模式适用的保管设备及拣货方式

拣货/出库模式	保管设备	拣货方式
C→C	自动流力储架、箱用立体自动仓库、流力储架、回转储架	自动仓储/自动流力储架 人工+输送带
C→B	附显示器的流力储架、回转储架、电子拣货合车	人工+附显示器流力储架 人工+回转储架
B→B	拣料机	自动拣料机 人工+回转储架

2.2 物流中心规划目标与策略

在对物流中心进行总体规划前,首先需要对物流中心的基础资料进行分析,确定物流中心的规划目标,规划目标决定了物流中心预期的功能与基本限制条件。

物流中心的目标规划包括两个层次,首先要确定物流中心的定位与物流策略,其次要确定物流中心的规划目标与限制,如图

2-13所示。物流中心的定位与策略是一些策略性的方针，而规划目标则是在物流中心规划过程中可量化的指标，以保证计划的有效执行及进度要求。

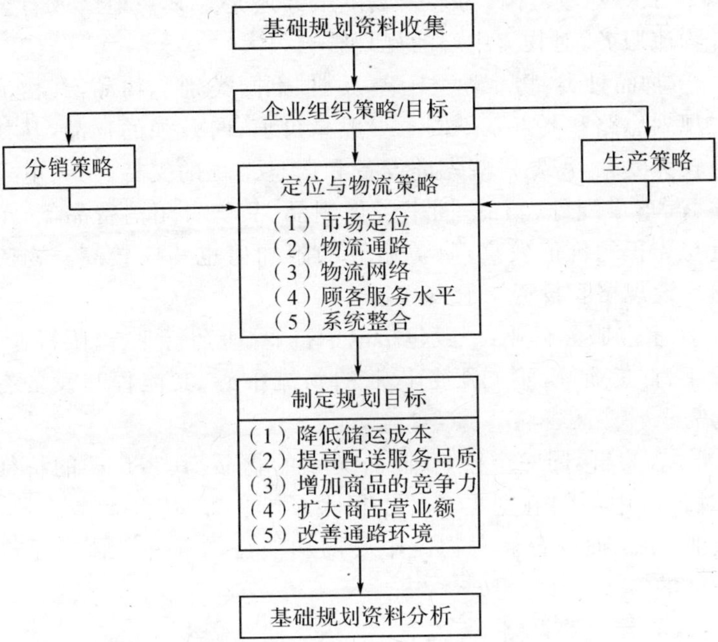

图 2-13　物流中心的目标规划图

2.2.1　物流中心的定位与策略

物流中心的物流策略与一般企业内的分销与生产策略相类似，分销提供了物流的外在环境需求，而生产则是提供内部环境的需求，而物流管理一方面需直接面对下游客户的挑战，另一方面则需兼顾生产（或上游供应源）的状况。而物流中心要在市场中取胜，也必须确定一个最合理的定位与物流策略。

物流中心的主要策略要素包括：

(1)物流中心定位

在进行物流中心的规划时，首先必须确定物流中心的市场定位和客户群。不同类型的物流中心其规划的重点和方法会有很大区别。一般需明确以下几个问题：

① 服务内容：物流中心为客户提供的服务项目及其具体内容。

② 服务地域范围：为某一城市服务还是为某一地区或者全国提供物流服务，对物流中心的规划影响很大。

③ 物品种类：物品种类千差万别，不同类别的物品，其物流中心的规划思路和要点就不同。一般高价值、时效强的物品，其物流中心较为复杂，需要一些先进设备和信息系统的支持。如，电子元器件、汽车零配件、药品、图书音像制品、品牌日用消费品等，单位重量与体积的价值较高，物流服务的附加值也相应较高。物流中心的建设规格和投资一般较高。

④ 重点服务行业：一般包括电子行业、医药行业、出版行业、汽车行业、百货业等，不同服务行业的物流中心，其流程和设备有不同的需求。

⑤ 客户群：同一个行业、同一类别的物品，其客户群的特征不同，对物流中心的规划也会产生很大影响。如，生产制造企业、流通企业、电子商务企业对物流中心的功能需求和配送流程是全然不一样的。

(2)物流通路策略

明确物流中心的市场定位和客户群后，需要对物流中心的物流通路进行分析，明确物流中心在产销物流通路结构中的位置，分析上游供应源及下游配送点的特征。一般需进行以下几个方面的分析：

① 客户对象是属于企业体系内的单位还是其他企业；

② 客户偏向于制造业、中间批发商、经销商还是末端的零售业；

③ 配送客户之间属于独立经营的企业还是具有连锁性质；

④ 上、下游企业属于开放性的还是封闭性的；

⑤ 是否随时会有新客户产生。

上述类型均将影响物流中心在通路中的作用与经营特性，也间接限制了物流中心区位的选择和内部规划。

一般物流中心的类型与上、下游点数的分布有一定的关系，如图 2-14 所示。制造企业发货中心的服务对象就是企业本身，属于最单纯的物流中心，但随着厂内生产线数增加或外围作业的增加，其上、下游点数的分布也相应增加；委托配送型的物流中心，上、下游点数分布具开放特性，随时可能增加或减少，而点数也多；快递货物物流中心，上、下游点数与分布可能均以个人为单位，上、下游点数分布最为分散。但是由于企业特性与规模的差异，故一般不易明确区分，必须进行仔细分析，并根据企业的组织策略与目标，来确定物流中心在通路结构中的功能定位。

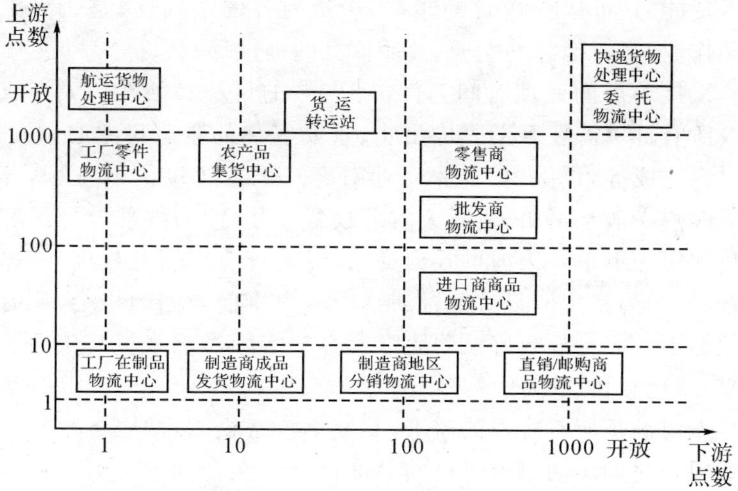

图 2-14 物流中心类型与上下游点数分布关系图

(3)位置网络策略

位置网络策略就是确定物流中心的网点数量及布局。

就地理区位而言，在整个供应链物流通路的运作过程中，越接近末端消费者的通路一般较多且分散，储运配送成本相对也较高，因此一般物流中心若以末端消费通路为主，则应设在接近消费者的地区为宜；相反地，若以上游原料或半成品的供应为主，则以接近生产厂为宜。若以末端消费通路为主，由于距离与配送量分散，将使物流管理协调困难度增加，反应速率降低，因此当各区营运量足够大时，可考虑分区设立物流中心以提高储运效率，但是若据点太过分散使各区均无足够的营运规模，则效率又将递减。

在评估整个配送网络成本时，对各种成本与效益组合的方案中，配送网络的分布与据点配置之间必须取得平衡，并决定主要的区位与范围，以发挥最大的效益。

(4)顾客服务水平

一般客户较为关心的物流服务项目主要以服务内容、时效、品质、成本、弹性、付款方式等项目为主，包括接单后的处理时间、及时送货能力、可接受送货的频率、送货内容的正确性、是否可配合上架作业、客户抱怨的响应、商品信息的提供等。

以接单后的处理时间为例，如 90％的订单必须在一天完成出货或所有订单需在 5 天完成出货、重要客户的紧急订单必须在 12 小时内完成等目标。据一家企业对客户满意程度的调查，其部分地区客户一般在下单 1～3 天内可收到货品，而另外部分地区客户则较固定为下单 4 天内可收到货品，经调查客户满意程度后，以后者较高，因为稳定的订货前置期给予客户事前规划的机会，比时间虽短但不一定可靠要好。因此掌握客户实际需求来提高该项服务水平，要比盲目改善效率来得有意义。

若要满足所有客户的需求，其成本势必很高，即服务水平是与成本成正比的。而物流策略的最终目标是在合理的成本下提高顾客的满意度，以达到最具竞争力的服务水平。因此在制定物流中心顾客服务水平的策略目标时，应把握主要的客户群，以其物流服务需求水平为目标。若满足中、小量的需求则可考虑折中方案或以部分外包方式作业，以取得物流成本与服务水平的平衡。而取得平衡的关键则是客户及产品资料的有效分类。通过对客户贡献度及产品贡献度的分类分析，找出主要的服务客户与产品类型，并据此制定相应的服务水平。

(5)系统整合策略

物流中心主要实现从上游供应源到下游客户的流通服务过程,如果只是单纯作为储运连接的角色,则失去了整合功能。信息技术的应用与系统整合,应该是一个现代化的物流中心最重要的关键。因此,设置物流中心时需对系统整合的层次及范围作一界定,主要包括:

① 作业层次:如储运作业的整合与标准化(托盘、储运箱与容器共同化)、配送运输作业整合(车辆共同化)、作业信息输入整合(条形码化)、采购作业与订单信息传递(EDI、EOS)等。

② 作业管理层次:如库存管理、存货管理(MRP、ABC分级)、分销信息反馈(POS)与分析、出货订单排程、拣货工作指派等作业的规划管理。

③ 决策支持层次:如配派车系统、配送区域规划、物流成本分析与计费定价策略等。

④ 经营管理层次:策略联盟、联合采购、共同配送等企业间的资源整合。可由产业垂直整合、水平整合,或异业间的整合方向进行。流通行业通路整合的方向整理如图2-3所示。

一个物流中心除了内部管理系统的整合功能外,如能向整合客户及供货商的系统发展,并配合业务范围的整合,加强客户化及垂直化的服务功能(如部分代工、贴印条形码、分装、容器流通回收、联合促销、信息共享与销售信息实时反馈等),将可大大提高物流中心的物流服务附加价值,从而提高企业的竞争优势。而在企业整合与策略联盟过程中,如能有效降低作业成本,提高企业间互惠互利的基础,也能增加物流中心运转规模与经济效益,这也是在建设物流中心前必须把握的原则。

2.2.2 物流中心规划条件及影响因素

1. 物流中心规划条件

物流中心规划条件是指进行物流中心规划的基本参数或要求,主要包括以下几个方面:

(1)基本储运单位的规划

经 EIQ-PCB 的物性分析,应可决定物流中心内基本储运的单元负载单位,其目标即在使储运单位易于量化及转换,并且使不同作业阶段的装载单位逐一确认。通常各区域的储运单位不尽相同,如进货时为托盘进货、储存时以箱储存、出货时则以箱或单品出货等。在此需强调在进行后续分析及物流中心各项设备规划时,必须先确定基本储运单位的规划。

(2)基本运转能力的规划

包括进货区、仓储区、拣货区、出货区的基本运转能力的估计及规划。除需考虑基本作业需求量以外,也需配合作业弹性及未来成长趋势,而在此处所估计的运转能力为一个初估的参考值,当进入各区域的详细规划时,则将逐步修正至比较实际的数值。

(3)自动化程度的规划

在对自动化需求、作业时序及基本运转能力分析的基础上,确定物流中心各类设备的自动化策略。应该根据实际需求及改善效益而引入自动化设备,才可发挥自动化整合的效果。因此在制定未来设置物流中心的自动化水平时,规划者仍应作出慎重的考虑。

2. 物流中心规划的影响因素

在决定物流中心的执行目标、基本定位与策略功能后,还需考虑在实际规划时的限制因素,因为有许多因素均将影响系统规划运作的方向,包括:

(1)预定时间进程。

(2)预期可使用的人力资源。

(3)预期使用年限。

(4)计划预算资金限制及来源。

(5)预定的设置地点及土地取得的可行性。

(6)预期投资效益的水平。

在物流中心的规划分析过程中,相关的考虑因素及决策条件均应以本节所提出的物流策略、规划目标和限制因素为依据,它决定了物流中心预期的功能与规划方向。

2.3　物流中心作业区域设置与布置

2.3.1　物流中心的一般作业流程

在一般生产工厂形态的布置规划过程中，基本上必须先进行制造程序的规划，从而决定生产设备的型号和数量，而后着手厂房布置规划的程序。而在物流中心的作业活动中，由于没有生产制造形态的作业，因此有关进出货、仓储、订单拣取、配送作业等活动，则成为物流中心里的主要活动，必须在布置规划前先确定主要的物流活动及其程序。部分物流中心企业尚需处理流通加工、贴标、包装等作业，而当退货发生时也需处理退货品的分类、保管及退回等作业。图 2-15 即为物流中心的一般流程。

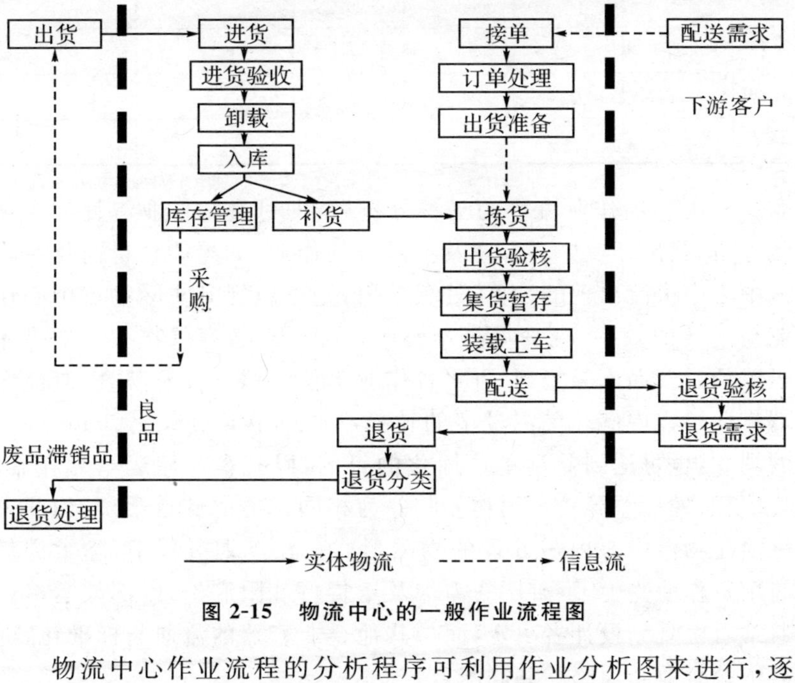

图 2-15　物流中心的一般作业流程图

物流中心作业流程的分析程序可利用作业分析图来进行，逐步将操作、搬运、检验、暂存、储存保管等不同性质的工作加以分类，并将各作业阶段的储运单位及作业数量加以整理统计，并标出该作业所在区域，即可得知各项物流作业的物流量大小及分布。其分析表格可参考表 2-5。

表 2-5 物流中心作业流程分析表

项次	作业程序	作业性质	储运单位	作业数量	作业内容说明	作业所在区域
1						
2						
3						
4						
5						
⋮						
⋮						
⋮						
n－1						
N						

经由各项作业流程的基本分析后，即可进行作业流程的合理化分析，找出作业中不合理及不必要的作业，如果能尽量简化在物流中心中可能出现的计算、处理单位，则可以提升实际物流中心作业与运转的效率，减少重复堆码搬运、翻堆、暂存等作业。如果储运单位过多而不易规划，可将各作业单位予以归并及整合，避免内部作业过程中储运单位过多的转换。透过单元负载化（Unitload）的观念，也可达到储运单位简化的目的，以托盘或储运箱为容器，将体积、外形差异较大的物品归并为相同标准的储运单位，如此可以简化物流中心内需处理的物品形式。在规划过程中，除了进货与出货作业受上、下游厂商需求及送货特性限制外，内部储运单位通常可由规划设计者决定，而与其他企业容器的流通与标准化，则需依赖企业间通路的共同配合。

2.3.2 作业区域设置与布置

1. 基本作业区域

经作业流程规划后即可针对物流中心的营运特性规划所需作业区域,各区域包括物流作业以及外围辅助活动区,物流作业区如装卸货、入库、订单拣取、出库、出货等,通常具有流程性的前后关系;而外围辅助活动区如办公室、计算机室、维修间等,则与各区域有作业上相关性的关系,可逐一探讨建立其活动间的相关分析。基本上将物流中心各类作业区区分为以下类型:

(1) 一般性物流作业区域。

(2) 退货物流作业区域。

(3) 换货补货作业区域。

(4) 流通加工作业区域。

(5) 物流配合作业区域。

(6) 仓储管理作业区域。

(7) 厂房使用配合作业区域。

(8) 办公事务区域。

(9) 计算机作业区域。

(10) 劳务性质活动区域。

(11) 厂区相关活动区域。

2. 作业区域规划程序

作业区域规划的程序如图 2-16 所示。在流程分析的基础上,首先确定各类作业区域的功能和能力需求,然后对各区域进行细分,确定各子区域的功能和能力。

3. 作业区域分析

物流作业区域的规划可利用表 2-6 的物流中心作业区域分析表,逐一探讨各作业项目与性质,进行详细流程的分析。其他外围支持活动所需作业区域,则可参考表 2-7 的物流中心外围作业区域分析表,建立其活动关联性的分析。

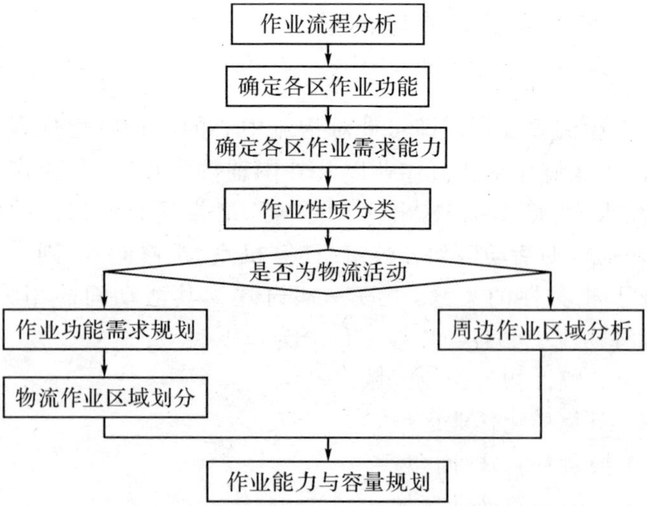

图 2-16　作业区域功能与需求规划流程图

表 2-6　物流中心作业区域分析表

作业类别	作业项目	作业性质说明	作业区域规划
一般物流作业	1. 车辆进货	物品由运输车辆送入物流中心并停靠于卸货区域	进出货口
	2. 进货卸货	物品由运输车辆卸下	
	3. 进货点收	进货物品清点数量或品检	
	4. 理货	进货物品拆柜拆箱或码盘以便入库	
	5. 入库	物品搬运送入仓储设备区域储存	
	6. 调拨补充	配合拣取作业物品移至拣货区域或调整储存位置	
	7. 订单拣取	依据订单内容与数量拣取出货物品	
	8. 分类	在批次拣取作业下依客户别将物品分类输送	
	9. 集货	在订单分割拣取后集中配送物品	
	10. 流通加工		

续　表

作业类别	作业项目	作业性质说明	作业区域规划
一般物流作业	11.品检		
	12.出货点收		
	13.出货装载		
	14.货物运送		
退货物流作业	1.退货		
	2.退货卸载		
	3.退货点收		
	4.退货责任确认		
	5.退货良品处理		
	6.退货瑕疵品处理		
	7.退货废品处理		
换货补货作业	1.退货后换货作业	客户退货后仍需换货补货的处理作业	□办公区□其他
	2.误差责任确认	物品配送至客户产生误差短少情形的处理	□办公区 □其他
	3.零星补货拣取	对于订单少量需求或零星补货的拣取作业	□散装拣货区 □拣货区 □其他
	4.零星补货包装	对于订单少量需求货零星补货所需另行包装的处理作业	□流通加工作业区 □散装拣货区 □其他
	5.零星补货运送	对于订单少量需求货零星补货所需另行配送的运送作业	□出货暂存区 □装货平台 □其他

续 表

作业类别	作业项目	作业性质说明	作业区域规划
流通加工作业	1.拆箱作业	配合单品拣货需求的拆箱割箱作业	□流通加工作业区 □散装拣货区 □其他
	2.裹包	配合客户,将物品另行裹包	□流通加工作业区 □集货区 □其他
	3.多种物品集包	配合客户需求将数件数种物品集成小包装货附赠品包装	□流通加工作业区 □集货区
	4.外部外箱包装	配合运输配送需求将物品装箱或以其他方式外部包装	□流通加工作业区 □集货区 □其他
	5.出货物品秤重	配合运输配送需求或运费计算时所需的出货物品秤重作业	□流通加工作业区 □出货暂存区 □秤重作业区 □其他
	6.打印条形码文字	配合客户需求在出货物品外箱或外包装物印制有关条形码文字	□流通加工作业区 □分类区 □其他
	7.印贴标签	配合客户需求印制条形码或文字标签并贴附于物品外部	□流通加工作业区 □分类区 □其他
物流配合作业	1.车辆货物出入管制	进货或出货车辆出入物流中心的管制作业	□厂区大门 □其他
	2.装卸车辆停泊	进出货车辆在没有装卸载站台可临时停车与回车	□运输车辆停车场 □一般停车场 □其他
	3.容器回收	配合储运箱或托盘等容器流通使用的作业	□卸货平台 □理货区 □容器回收区 □其他
	4.空容器暂存	空置容器的暂存及存取使用的作业	□容器暂存区 □容器储存区 □其他
	5.废料回收处理	拣取配送与流通加工过程产生的废料及空纸箱处理	□废料暂存区 □废料处理区

续　表

作业类别	作业项目	作业性质说明	作业区域规划
仓储管理作业	1.定期盘点	定期对整个物流中心物品盘点	□库存区 □拣货区 □散装拣货区
	2.不定期抽盘	不定期依照物品种类轮流抽盘	□库存区 □其他
	3.到期物品处理	针对已超过使用期限物品作业的处理作业	□库存区 □废品暂存区 □其他
	4.即将到期物品处理	针对即将到期物品所作的分类标示或处理作业	□库存区 □其他
	5.移仓与储位调整	配合需求变动与品项变化调整仓储区域储位分配	□库存区 □调拨仓储区 □其他

表 2-7　物流中心外围作业区域分析表

作业类别	作业项目	作业性质说明	作业区域规划
厂房使用配合作业	1.电气设备使用	电气设备机房的安装与使用	□变电室 □配电室 □电话交换室 □其他
	2.动力及空调设备使用	动力与空调设备机房的安装与使用	□空调机房 □动力间 □空压机房 □其他
	3.安全消防设施使用	安全消防设施的安装与使用	□安全警报管制室 □其他
	4.设备维修工具器材存放	设备维修保养作业区域与一般作业所需工具及器材的存放	□设备维修间 □工具间 □器材室 □其他
	5.一般物料储存	一般消耗性物料、文具用品的储存	□物料存放间 □其他

续 表

作业类别	作业项目	作业性质说明	作业区域规划
厂房使用配合作业	6. 人员出入	人员进出物流中心的区域	□大厅 □走廊
	7. 人员车辆通行	人员与搬运车辆在仓库区内通行的通道	□主要通道 □辅助通道 □其他
	8. 楼层间通行	人员或物料在楼层间通行或搬运的活动	□电梯间 □楼梯间
	9. 机械搬运设备停放	机械搬运设备非使用时所需的停放空间	□搬运设备停放区 □其他
办公事务	1. 办公活动	物流中心各项事务性的办公活动	□主管办公室 □一般办公室 □总机室
	2. 会议讨论与人员训练	一般开会讨论的活动及内部人员进行教育训练的活动	□会议讨论室 □训练教室 □其他
	3. 资料储存管理	一般公文文件与数据文件的管理	资料室 □收发室
	4. 计算机系统使用	计算机系统运作与处理的活动及相关计算机档案报表存盘与管理	□计算机作业室 □档案室
劳务活动	1. 盥洗	员工盥洗如厕使用	□盥洗室 □其他
	2. 员工休息及康乐活动	员工休息时间及提供员工一般康乐健身休闲使用	□休息室 □吸烟室 □康乐室 □其他
	3. 急救医疗	适应紧急工作伤害与基本救护	□医务室 □其他
	4. 接待厂商来宾	接待厂商来宾与客户	□接待室 □其他
	5. 厂商司机休息	厂商司机等待作业的临时休息区	□司机休息室 □其他
	6. 员工膳食	提供员工用餐的区域	□餐厅 □厨房 □其他

续　表

作业类别	作业项目	作业性质说明	作业区域规划
厂区相关活动	1. 警卫值勤	警卫值勤与负责门禁管制的作业	□警卫室 □其他
	2. 员工车辆停放	提供员工一般车辆停放的区域	□一般停车场 □其他
	3. 厂区交通	厂区人员车辆进出与通行	□厂区通道 □厂区出入大门 □其他
	4. 厂区扩充	厂区内预留扩充的预定地	□厂区扩充区域 □其他
	5. 环境美化	美化厂区环境的区域	□环境美化绿化区 □其他

2.3.3　作业区域功能规划

确认所需的作业区域后，建立完整的作业区域汇总表，并依据各项基础需求分析资料，考虑各区域的规划要点，来确定各区域的功能及作业能力，完成作业区域的基本需求规划。区域规划考核表如表 2-8 及表 2-9 所示。

表 2-8　物流中心物流作业区域需求规划考核表

项次	作业区域	规 划 要 点	作业区域功能设定	作业需求运转能力
1	卸载货平台	□进出货口共享与否 □进出货口相邻与否□装修货车辆进出频率□装卸货车辆形式 □有无装卸货物配合设施 □物品装载特性 □装卸货车辆回车空间 □每车装卸货所需时间 □供货厂商数量 □配送客户数量 □进货时段 □配送时段		
2	进货暂存区	□每日进货数量 □托盘使用规格□容器流通程度 □进货点收的作业内容 □进货等待入库时间		

续 表

项次	作业区域	规 划 要 点	作业区域功能设定	作业需求运转能力
3	理货区	□理货作业时间□进货品检作业内容□品检作业时间□容器流通程度□有无拆码盘配合设施		
4	库存区	□最大库存量需求□物品特性基本资料□产品品项□储区划分原则□储位指派原则□存货管制方法□自动化程度需求□产品是使用期限□储存环境需求□盘点作业方式□物品周转效率□未来需求变动趋势		
5	拣货区	□物品特性基本资料□配送品项□每日拣出量□订单处理原则□订单分割条件□订单汇总条件□客户订单数量资料□订单拣取方式□有无流通加工作业需求□自动化程序要求□未来需求变动趋势		
6	补货区	□拣货区容量□补货作业方式□每日拣出量□盘点作业方式□拣取补充基准□拣取补充基本量		
7	散装拣货区	□物品特性基本资料□单品拣货需求量□每日拣出量		
8	分类区	□出货频率□客户配送资料□每日拣出量□平均配送客户数量□配送点形式□配送时段		
9	集货区	□出货频率□集货等待时间□每日拣出量□平均配送客户数量□配送点形式□配送时段		

续　表

项次	作业区域	规划要点	作业区域功能设定	作业需求运转能力
10	流通加工区	□流通加工作业项目□流通加工作业时间□流通加工作业数量		
11	出货暂存区	□出货等待时间□出货品检作业内容□品检作业时间□每日出货量□配送对象□平均配送客户数量□配送点形式□配送时段		
12	秤重作用区	□秤重作业项目□秤重作业单位□秤重作业时间		
13	退货卸货区	□退货送回方式□退货车辆形式□退货频率□退货数量		
14	退货处理区	□退货种类□退货数量□退货处理原则□脱货处理时间□退货处理周期		
15	退货良品暂存区	□脱货良品比例□退货良品处理办法		
16	瑕疵品暂存区	□退货瑕疵品比例 □退货瑕疵品处理方式		
17	废品暂存区	□退货废品比例□退货废品处理方式□退货废品处理周期		
18	容器回收区	□流通中容器使用量□容器规格与种类□容器回收处理时间□容器流通程度		
19	容器暂存区	□容器存量□每日进出货容器用量□容器规格与种类		
20	容器储存区	□容器总使用量□流通中容器使用量□空容器存量□容器规格与种类		

续 表

项次	作业区域	规 划 要 点	作业区域功能设定	作业需求运转能力
21	废纸箱暂存区	□每日废纸箱产生量□废纸箱种类		
22	废料处理区	□废料处理方法□废料处理量		
23	调拨仓储区	□调拨作业需求内容 □调拨品项与数量□储区划分原则□调拨作业周期□盘点作业内容		

表 2-9 物流中心外围设施区域需求规划考核表

项次	作业区域	规 划 要 点	作业区域功能设定	作业需求运转能力
1	厂区大门	□出入车辆形式□车辆进出频率□门禁管理制度□厂区联外道路的方位□对外出入口是否同处□厂区入门口与出门口是否区分		
2	警卫室	□警卫值勤项目□门禁管制作业□员工差勤记录□保全需求		
3	厂区通道	□出入车辆形式□车辆进出频率		
4	一般停车场	□员工机车位使用人数□员工汽车位使用人数□实际可用面积与长宽比例□停车角度与形式		
5	运输车辆停车场	□运输车辆临时停车需求数□进出车辆频率□实际可用面积与长宽比例□进出货车辆形式		
6	环境美化区域	□厂区营业规模□企业标志与形象□厂区照明考虑□厂区建筑屏蔽率□厂区用地与营业性质		

续　表

项次	作业区域	规划要点	作业区域功能设定	作业需求运转能力
7	厂房扩充区域	□厂商营业规模□未来成长趋势□实际厂地可用面积□厂区配置的形式		
8	厂房大门	□搬运设备形式□搬运进出频率□物品保管与管制需求□进出货月台布置形式□空调与通风的考虑		
9	大厅	□通行人数□外宾来访需求		
10	走廊	□通行人数□人员行走速度		
11	电梯间	□楼层数□楼层通行人数□行人与物料是否共享		
12	楼梯间	□楼层数□楼层通行人数		
13	主要通道	□每日进出货流量□搬运车辆形式□搬运物料种类□进出货口的位置		
14	辅助通道	□搬运车辆形式□搬运物料种类□作业特性□通行人数□人员行走速度		
15	主管办公室	□主管级人数□组织架构		
16	一般办公室	□办公人员数□办公桌椅排列形式□组织架构与管理模式		
17	总机室	□配合大厅入口位置		
18	会议室	□会议室使用人数□演示文稿设备的需求程度		
19	训练教室	□训练教室使用人数□训练教室设备需求程度		

续 表

项次	作业区域	规 划 要 点	作业区域功能设定	作业需求运转能力
20	计算机室	□计算机系统规模与功能□网络与通讯界面需求功能□计算机设备数量		
21	档案室	□计算机档案储存量□报表保管量□计算机档案保存周期		
22	资料室	□数据量□数据存取频率		
23	收发室	□文件收发数量□收发作业时间		
24	设备维修间	□维修设备的种类与数量□维修保养的作业内容		
25	工具室	□使用的工具形式与数量□工具储存方法		
26	器材室	□使用的器材形式与数量□器材储存方法		
27	物料存放间	□物料种类与存量□办公事务用品种类与数量		
28	搬运设备停放区	□搬运设备形式□搬运设备数量□作息时间安排		
29	机房与动力间	□压缩空气消耗量□压缩空气需求位置分布□压力管线口径需求□动力使用形式□动力需求量		
30	配电室	□电压相位需求规格□厂区供电总能力□电力消耗量□电力需求分布		
31	空调机房	□温湿度需求范围□设备发热量□作业人数		
32	电话交换室	□电话网络需求数量□电话需求分布		

续 表

项次	作业区域	规划要点	作业区域功能设定	作业需求运转能力
33	安全警报管制室	□安全管制范围□自动警报系统项目□保全需求		
34	盥洗室	□各区男女员工人数□各区作息时间安排		
35	休息室	□作息时段规划□员工福利水平□休息康乐设施项目□休息室使用人数		
36	医务室	□紧急救护的项目		
37	接待室	□接待厂商或客户的需求□与主管办公室的配合		
38	司机休息室	□厂商司机使用休息室人数□是否需管制厂商司机进入仓库区		
39	厨房	□员工福利水平□作息时间安排□用餐人数		
40	餐厅	□员工福利水平□作息时间安排□用餐人数		

2.3.4 作业能力规划

在对物流中心进行区域规划时，一般应以物流作业区域为主，再延伸至相关外围区域。一般物流作业区的规划，可按流程入出顺序逐区规划，即如表2-4所列的物流作业区进行即可。而当相关的信息不够完备，而无法逐区进行分析规划时，建议可针对仓储及拣货区进行较详细的需求分析，再按仓储及拣货区规划的运转能力向前后作业区域扩展进行规划。以下分别介绍仓储及拣货区的作业能力确定方法。

1. 仓储区的储运能力规划

仓储区储运能力的估算有两种方法：

(1)周转率估计法

利用周转率来进行储存区储存量估计，为简便而快速的初估方法，可适用于初步规划或储量概算的参考。其计算公式为：

$$库容量=\frac{年仓储运转量}{周转次数}\times 安全系数$$

其计算步骤如下：

① 年运转量计算：将物流中心的各项进出产品依单元负载单位换算成相同单位的储存总量(如托盘或标准箱等单位)，此单位为现况或预期规划使用的仓储作业基本单位，经加总各品项全年的总量后，可得到物流中心的年运转量。实际计算时如果产品物性差异很大(如干货与冷冻品)或基本储运单位不同(如箱出货与单品出货)，可以分别加总计算。

② 估计周转率：定出未来物流中心仓储存量周转率目标，目前一般食品零售业年周转次数约 20～25 次，制造业约 12～15 次。企业在建设物流中心时，可针对经营品项的特性、产品价值、附加利润、缺货成本等因素，确定仓储区的周转次数。

③ 估算库容量：以年仓储运转量除以周转次数计算库容量。

④ 估计安全系数：估计仓储运转的变动弹性，以估算的库容量乘以安全系数，求出规划库容量，以满足高峰时期的高运转量，如增加安全系数 10%～25%。如果物流中心商品进出货有周期性或季节性的明显趋势时，则需探讨整个仓储营运策略是否需涵盖最大需求，或者可经由采购或接单流程的改善，来达到需求平均化的程度，以避免安全系数过高增加仓储空间过剩的投资浪费。

实际在规划仓储空间时，可按商品类别分类计算年运转量，并按产品特性分别估计周转次数及总库容量，然后加总得到规划库容量，如表 2-9 所示。

表 2-9　仓储区周转率、库容量计算表

商品名称	年运转量	周转次数	估计库容量	安全系数	规划库容量

(2) 商品送货频率估计法

在缺乏足够的分析信息时,可利用周转率来进行储存区储量的估计,如果能搜集产品的年储运量及工作天数,针对上游厂商商品送货频率进行分析,或进一步制定送货间隔天数的上线,则可以此估算仓储量的需求。计算公式为:

$$库容量=\frac{年仓储运转量}{年出货天数}\times送货频率\times安全系数$$

其计算步骤如下:

① 年运转量计算:将各类产品依单元负载单位换算成相同单位的年储运总量。

② 估计工作天数(出货天数):依各类产品估计年出货天数。

③ 计算平均出货单日的储运量:将各产品年运转量除以年出货天数。

④ 估计送货频率:依产品估计厂商送货频率。

⑤ 估算库容量:以平均单日储运量乘以送货频率。

库容量=平均单日储运量×送货频率

⑥ 估计安全系数:估计仓储运转的变动弹性,以估算的库容量乘以安全系数,求出规划库容量,以满足高峰时期的高运转需求。

如果可按产品送货频率进行 ABC 分类,则不同的产品群可设定不同送货频度水平,并个别计算所需的库容量再予以加总求得总需求量。实际上工作天数的计算可采用两种基准:一为年工作天数，另外可以各产品别的实际出货天数为单位，若有足够的信息反映各产品别的实际出货天数，则以此计算平均单日的储运需求量较接近真实状况，但是需特别注意，当部分产品出货天数很少并集中于很少几天出货时，易造成仓储量计算偏高，使储运空间闲置或库存积压。建议以平均出货天数出货量进行 ABC 分析，再与实际年出货量进行交叉分析，对于年出货量小但是单日出货量大者，基本上不适用上述估算法，建议可将归纳为少量机动类商品，以弹性储位规划，而其订货时机应采用机动形式，视订单需求发生时再予订货，以避免平时库存积压。

2. 拣货区的储运量规划

物流中心拣货区的运转量估算方法与仓储区估算方法类似。但要注意，仓储区的容量是维持一定期间（厂商送货期间）内的出货量需求的，因此对进出货的特性及出货量均需加以考虑；而拣货区则以单日出货货品所需的拣货作业空间为主，故以品项数及作业面为主要考虑因素，一般拣货区的规划不需包含当日所有的出货量，在拣货区货品不足时则由仓储区进行补货。其规模计算的原则及方法说明如下：

(1)年出货量计算：将物流中心的各项进出产品换算成相同拣货单位的拣货量，并估计各产品品别的年出货量，如果产品物性差异很大（如干货或冷冻品）或基本储运单位不同（如箱出货与单品出货），可以分别加总计算。

(2)估计各产品别出货天数：依各类产品估计年出货天数。

(3)计算各产品平均出货天数的出货量：将各产品年出货量除以年出货天数。

(4)ABC 分析：依产品品别进行年出货量及平均出货天数的出货量 ABC 分析，并定出出货量高、中、低的范围，在后续规划设计阶段，可针对高、中、低类的产品组作进一步的物性分析，以适当地分类及分组。基本上若欲求得初步的拣货区拣货单位估算，可依照出货高、中、低类别，制定不同的拣货区存量水平，再乘以各类别的产品品项数，即可求得拣货区储运量的初估值。

(5)ABC 交叉分析：如需进一步考虑产品出货的实际情形，需将年出货量配合单日出货量加以分析。针对年出货量及平均出货天数出货量的高、中、低分类，进行组合交叉分析，则可得到九组出货类型组，依其出货特性作适当的归并，再作不同存量水平的规划，其程序与本书第二部分介绍 IQ 分析的交叉分析相同，所得出货量分类表如表 2-10 所示。由该五种产品分类建议采用的拣货区规划、存量水平及补货频率如表 2-11 所示。

表 2-10　出货量特性分类表

年出货量 \ 平均出货天	高	中	低
高	A	B	B
中	A	E	E
低	C	C	D

表 2-11　拣货区按出货类型分类的规划原则

年出货量 \ 平均出货天	拣货区储位规划	存量水平	补货频率
A	固定储位	高	高
B	固定储位	高	高
C	弹性储位	低	低
D	弹性储位	低	低
E	固定储位	中	中

(6)ABC 组合交叉分析：出货特性的分析过程，如有足够的分析数据并配合计算机化的作业进行，可建议将各类产品出货天数加入平均单日出货量及年出货量三项因素综合考虑，进行交叉分析与综合判断，以更有效掌握产品出货特性(见表 2-12)。针对各类产品出货天数进行高、中、低群的分类，再与上述年出货量及平均出货日出货量的五种产品群进行组合交叉分析，依其出货特性的不同作适当的归并后，再作不同存量水平的规划。

表 2-12 综合出货天数的产品出货量分类

出货天数 / 出货类型	高（＞200 天）	中（30～200 天）	低（＜30 天）
A. 年出货量及平均出货日出货量均很大	1	1	5
B. 年出货量大但平均出货日出货量较小	2	8	—
C. 年出货量小但平均出货日出货量大	—	—	6
D. 年出货量小且平均出货日出货量也小	3	8	6
E. 年出货量中等但平均出货日出货量较小	4	8	7

假设一般物流中心年工作天数为 300 天，则定义出货天数范围分 200 天以上、30～200 天及 30 天以下三个等级，将各类产品依出货天数区分为高、中、低三类，实际上天数分类范围需视企业现况出货天数分布范围而定。建议其出货分类的产品分组性质说明如下：

(1)分类 1：年出货量及平均日出货量均很大，且出货天数很高，为出货最多的主力产品群，仓储拣货区系统的规划应以有固定储位，并有较大的存量水平。

(2)分类 2：年出货量大、平均日出货量较小，但是出货天数却很多，因此虽然单日出货量不大，但出货日数频繁仍需妥善规划，以固定储位方式为主，但存量水平可较低。

(3)分类 3：年出货量小、平均日出货量也小，虽出货量不高，但是出货天数超过 200 天以上，是处理最繁琐的少量产品，通常可能为单品出货。

(4)分类 4：年出货量中等、平均日出货量较小，但是出货天数却很多，与第 3 类相似，处理上较繁琐。

(5)分类 5：年出货量及平均日出货量均很大，但出货天数很少，可能集中于少数几天内出货，可视为出货特例，应以临时储位方式处理，避免全年占据储位。

(6)分类 6：年出货量小而出货天数很少，通常品项数很多，可以临时储位或弹性储位方式处理，避免占据过多储位。

(7)分类7:年出货量中等,平均日出货量较小,出货天数也很少,可视为特例以临时储位方式处理,避免全年占据储位。

(8)分类8:出货天数在30～200天,出货量为中等,以固定储位方式为主,但存量水平也为中等。

以上所述分类为参考性的指针,实际规划过程仍需视企业经营及出货特性来调整分类范围及类型的分组,以掌握实际出货的动态特性。

订单出货资料经分类完成后,可将各类别产品订一存量需求水平,配合各类产品平均单日出货量,来调整规划的需求单位,如分类为1的产品,存量水平较高,估计所需拣货空间时则需提高其安全系数;而分类2的产品,存量水平较低,估计所需拣货空间时则可减少其安全系数,减少多余的拣货空间,当实际拣货作业发生缺货时通过补货方式补足拣货区的存量。对于年出货量较小的商品,在规划中拣货区往往予以省略,并与仓储区一并规划,即仓储区兼拣货的作业方式,因此可配合仓储区的储存量需求模式进行估算。当系统加入拣货的作业方式,因此可配合仓储区的储存量需求模式进行估算。当系统加入拣货策略的判断时,拣货量的估算必须进一步探讨及修正。上述计算程序可适用于以订单拣货的作业形态,但是若采用批量拣货,则批量处理的品项应加以考虑,原则上以上述分类中的第1类较适合以批量拣取配合分类系统方式运行,因为配合自动化的分类输送设备需有足够的规模量来进行较合适。而第3、4类型较适于以批量拣取时分类式处理,因其种类多数量少,易于在拣货台车上一次拣货完成及分货处理。但是需注意批量拣取时估计存量水平的安全系数及补货频率均需增加,以免在拣货时因缺货而增加困扰。因同时处理躲避订单,也易增加缺货时几率的错误率。

3. 能力平衡分析

在完成相关作业程序、需求功能及其需求能力的规划后,可依照作业流程的顺序,整理各环节的作业量,将物流中心内由进货到出货各阶段的物品动态特性、数量及单位表示出来。因作业时序安排、批次作业的处理周期等因素，可能产生作业高峰及瓶颈，因此需调整原先规划的需求量，以适应实际可能发生的高峰需求，而由于主要物流作业均有程序性的关系，因此也需考虑前后作业的平衡性，以避免因需求能力规划不当而产生作业的瓶颈。一次原先整理的物流量资料应进一步进行物流量平衡分析，确定各作业的调整值，来修正实际的合理需求量，在此确定调整值的参数为频率高峰系数。其计算程序如表 2-13 所示。

表 2-13 物流中心作业流程物流量平衡分析

作业程序	主要规划指针参数	平均作业频率	规划值	频率高峰系数	调整值
进货	进货货车台数	10 台/日	7	1.3	9
	进货厂家数				
	进货品项数				
储存	托盘数				
	箱　数				
	品项数				
拣货	托盘数				
	箱　数				
	品项数				
	拣货单数				
	出货品项数				
	出货家数				
集货	出货家数				
	托盘数				
	箱　数				
	出货货车台数				
	出货家数				

2.3.5　活动相关性分析

物流中心内除了与物流有关的功能区域(或区域)外,还有许多与物流无关的管理或辅助性的功能区域(或区域)。这些区域尽管本身没有物流活动,但却与其他区域有密切的业务关系,故还需要对所有区域进行业务活动相关性分析,确定各区域之间的密切程度。

各作业区域间的活动关系可以概括为:

(1) 程序性的关系:因物料流、信息流而建立的关系。

(2) 组织上的关系:部门组织上形成的关系。

(3) 功能上的关系:区域间因功能需要形成的关系。

(4) 环境上的关系:因操作环境、安全考虑上需保持的关系。

活动相关性分析的内容见表 2-14 所示,基本上将区域间的相关程度分为六个等级,如 A、E、I、O、U、X 等六级,包括绝对重要、重要到不可接近等。评定接近程度的参考因素包括人员往返接触的程度、文件往返频度、组织与管理关系、使用共享设备与否、使用相同空间区域与否、物料搬运次数、配合业务流程的顺序、是否进行类似性质的活动、作业安全上的考虑、工作环境改善、提升工作效率及人员作业区域的分布等因素。确定各区域接近程度的登记后,以权重分数计算两区域间的重要相关程度。

表 2-14　活动相关性分析的内容

相关程度等级		A	E	I	O	U	X
接近程度说明		具有绝对重要性	特别重要	重要	一般性的接近程度	不重要	不可接近
评分比例等级	I	5	4	3	2	1	−1
	H	16	8	4	2	7	−32

续 表

相关程度等级		A	E	I	O	U	X
接近程度评定的参考因素		1	2	3	4	5	6
		人员往返接触程度	文件往返频度	组织与管理架构	使用公用设备	配合业务流程顺序	使用相同空间区域
		7	8	9	10	11	12
		进行类似性质活动	物料搬运的次数	作业安全上的考虑	提升工作效率	工作环境的改善	人员作业区域分布

一般相关程度高的区域在布置时应尽量紧临或接近，如出货区与秤重区，而相关程度低的区域则不宜接近，如库存区与司机休息室。在规划过程中应由规划设计者根据使用单位或企业经营者的意见，进行综合的分析和判断。

基于不同的关系程度需加以分析，以作为布置参考的依据，在物流中心的布置规划中，可区分为物流作业区域、辅助作业区域与厂区活动区域等三部分。在进行布置规划时应先对规划区域的特性及活动的相关性作分类，再进行活动相关性分析。

2.3.6 作业区域空间规划

作业空间需求规划在整个物流中心的规划设计中占有重要位置，将是营运成本与空间投资效益的关键，如何在保证效率下使物流作业空间发挥最大效益应是着重的要点。空间需求规划需针对作业流量、作业活动特性、设备形式、建筑物特性、成本与效率等因素加以分析，以决定适合的作业空间大小及长、宽、高度比例。而由于相关物流仓储设备具有整数单位的特性，在面积的估算下，通常需作部分的调整，可能增加设备及作业量的需求，或者修改部分设备的规格。但是在区域布置规划的阶段，相关的设计参数均为参考值，需在详细布置时以明确的设备规格尺寸资料来修正正确的面积需求及配置方案。

在物流设备与外围设施规划选用完成后，已决定各项设备的基本形式与数量，由此可完成各作业区域的设备需求表，并提出区域内相关设施的概略配置图，如表 2-15 所示。而配合各区活动关系的分析后，则可进一步估计各区域的需求面积(若厂房面积已固定则为分配可用面积)。部门区域性质不同，其空间计算的标准也不同，应合理设置安全系数，以求得较合理的部门面积分配。其空间规划程序如表 2-16 所示。

表 2-15　物流中心设备规划选用汇总表

<table>
<tr><th colspan="4">作业区域</th><th colspan="8">区域功能</th></tr>
<tr><th rowspan="2">项次</th><th rowspan="2">设备项目</th><th rowspan="2">设备功能</th><th rowspan="2">数量</th><th rowspan="2">单位</th><th colspan="3">设备尺寸</th><th rowspan="2">承重 kg</th><th rowspan="2">电力需求 kVA</th><th rowspan="2">空压需求/($Nm^3 \cdot h^{-1}$)</th><th rowspan="2">其他配合需求</th></tr>
<tr><th>长</th><th>宽</th><th>高</th></tr>
<tr><td></td><td></td><td></td><td></td><td></td><td></td><td></td><td></td><td></td><td></td><td></td><td></td></tr>
<tr><td></td><td></td><td></td><td></td><td></td><td></td><td></td><td></td><td></td><td></td><td></td><td></td></tr>
<tr><td></td><td></td><td></td><td></td><td></td><td></td><td></td><td></td><td></td><td></td><td></td><td></td></tr>
<tr><td></td><td></td><td></td><td></td><td></td><td></td><td></td><td></td><td></td><td></td><td></td><td></td></tr>
<tr><td></td><td></td><td></td><td></td><td></td><td></td><td></td><td></td><td></td><td></td><td></td><td></td></tr>
<tr><td></td><td></td><td></td><td></td><td></td><td></td><td></td><td></td><td></td><td></td><td></td><td></td></tr>
<tr><td colspan="4">合　计</td><td></td><td></td><td></td><td></td><td></td><td></td><td></td><td></td></tr>
<tr><td colspan="3">长宽比例限制</td><td colspan="5">最小/(长，宽)</td><td colspan="4">最大/(长，宽)</td></tr>
<tr><td colspan="3">配合注意事项</td><td colspan="9">□有无空调需求　□有无高度限制
□有无地基特别需求
□是否需预留内部通道　□是否需预留外部通道
□是否需预留作业空间　□是否需预留扩充空间
□其他配合事项：</td></tr>
<tr><td colspan="12">设备概略配置</td></tr>
</table>

表 2-16 物流中心作业区域面积分析表(m^2)

作业区域	基本预估面积	作业活动空间面积	内部通道预留面积	外部通道预留面积	扩充空间预留面积	宽放比	面积合计

作业空间规划的程序，除了预估需求设备的基本使用面积，另需估计操作、活动、物料暂存等作业空间需求、预留通道占用比例、估计面积的安全系数等，其比例的制定可视作业形态、对象体积、厂房建筑本体的占用面积等因素加以考虑。单一区域面积估计完成后，另需依照设备形式决定该面积的长宽比例，以避免面积大小符合但是长宽不适，使得该面积的使用成为不可行。最后加总各区域的需求面积后，仍需考虑厂区扩充及其他弹性运用的需求面积。至于整体面积的最终需求，仍需配合长宽比例的调整后估算的。其分析程序如图 2-17 所示。

2.3.7 区域配置

1. 区域配置逻辑

区域配置逻辑包括下列两种形式：

(1) 内围式程序：先决定厂房(或厂区)模板面积的大小与长宽比例，然后在此范围内配置各相关作业区域。

(2) 外张式程序：先配置各作业区域的相邻关系，完成可行的面积组合形式，再框出外部厂房(或厂区)的面积范围，并进行各区域的局部调整，以完成各区域面积的配置。

2. 配置方法

区域布置方法有两种，即流程性布置法和相关性布置法。

流程性布置方法是根据物流移动路线作为布置的主要依据，适用于物流作业区域的布置。相关性布置法是根据各区域的活动相关表进行区域布置。一般用于整个厂区或辅助性区域的布置。

在规划区域布置时应按各作业区域性质决定其配置程序。

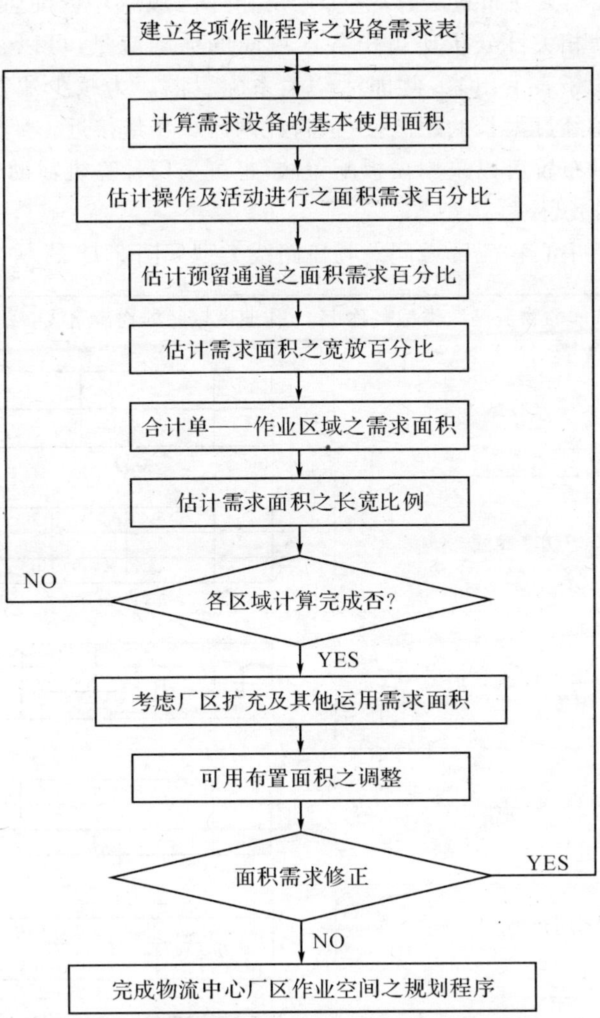

图 2-17　物流中心作业空间规划程序分析图

(1) 流程式布置法：以物流作业区域的布置为主，因其多半具有流程性的作业关系，在以模板进行配置时需考虑区域间物流动线的形式，作为配置过程的参考。

(2) 相关性布置法：以整个厂房作业区域或厂区配置时为主，经由活动相关性分析所得出各区域间的活动流量，可以在两区域之间以线条表示出来，此即活动关系配置图。为减少流量大的区域间活动经过太长的距离，应该将此两区域尽量接近。

区域布置可以采用模板配置法，也可采用计算机辅助布置。

3. 物流路线类型

物流中心物流区域间的物流路线类型如图 2-18 所示。

作业区域间的物流路线类型名称	作业区域间的物流路线表示形式
直线式	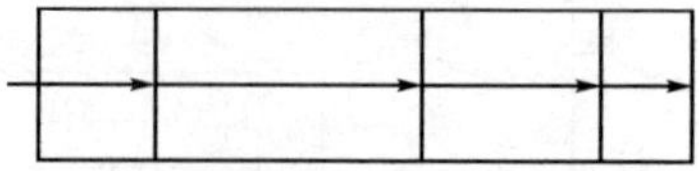
双直线式	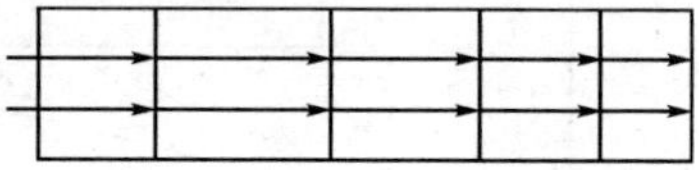
锯齿形或 S 形	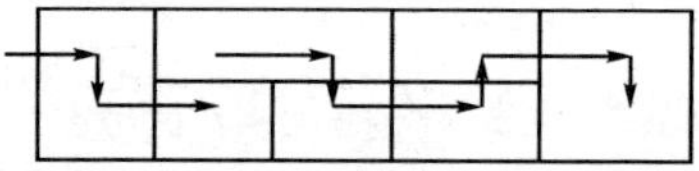
U 形	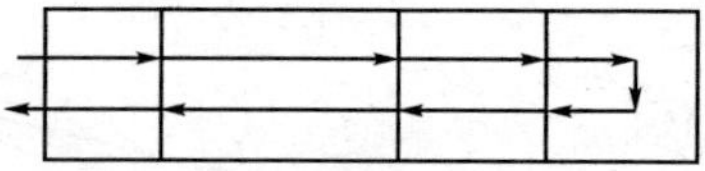
分流式	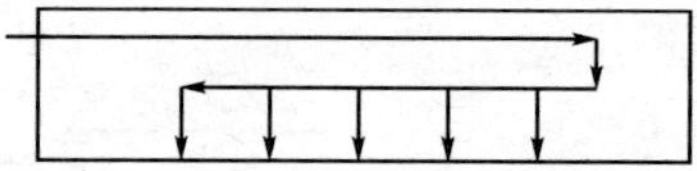
集中式	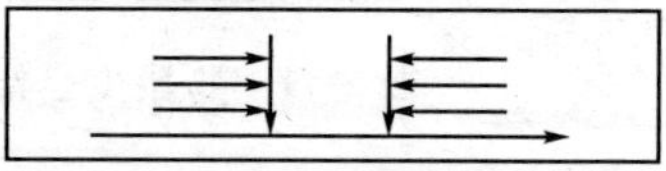

图 2-18　作业区域间的物流路线类型

(1) 直线式：适用于出入口在厂房两侧，作业流程简单规模较小的物流作业，无论订单大小与检货品项多少，均需通过厂房全程。

(2) 双直线式：适用于出入口在厂房两侧，作业流程相似但是有两种不同进出货形态或作业需求的物流作业（如整箱区与零星区、A 客户与 B 客户等）。

(3) 锯齿形（或 S 形）：通常适用于多排并列的库存料架区内。

(4) U 形：适用于出入口在厂房同侧，可依进出货频率大小安排接近进出口端的储区，缩短拣货搬运路线。

(5) 分流式：因批量拣取而作分流作业。

(6) 集中式：因储区特性将订单分割在不同区域拣取后作集货的作业。

4. 区域配置步骤

下面以流程配置法为例说明区域配置的步骤：

(1) 决定物流中心对外的联外道路形式：确定物流中心联外道路、进出口方位及厂区配置形式。

(2) 决定物流中心厂房空间范围、大小及长宽比例。

(3) 决定物流中心内由进货到出货的主要行进路线形式：决定其物流动线形式，如 U 形、双排形等。

(4) 按作业流程顺序配置各区域位置：物流作业区域由进货作业开始进行布置，再按物料流程前后相关顺序按序安排其相关位置。其中作业区域内如有面积较大且长宽比例不易变动的区域，应先置入布置建筑平面内，如自动仓库、分类输送机等作业区；其次再插入面积较小而长宽比例较易调整的区域，如理货区、暂存区等。

(5) 决定管理办公区与物流仓储区的关系：一般物流中心管理办公区均采取集中式布置，并与物流仓储区相隔，但仍应考虑配置关系与空间利用的可能方案，由于目前一般物流中心仓储区均采用立体化设备较多，其高度需求与办公区不同，故办公区布置需进一步考虑空间效率化的运用，如采用多楼层办公室规划、单独利用某一楼层、利用进出货区上层的空间等方式。

(6) 决定管理活动区域内的配置：选择与和各部门活动相关性最高的部门区域先行置入规划范围内，再按活动关系与已置入区域关系最重要者按序置入布置范围内，再逐步调整各办公及管理活动区域。

(7) 进行各作业流程与活动相关的布置组合：探讨各种可能的区域布置组合。

第3章 物流中心规划的前期资料分析

3.1 基本规划资料收集

根据欲建物流中心的类型，首先要进行规划用的基本资料的收集和调查研究工作。调查研究方法包括现场访问记录和厂商实际使用的表单收集。图3-1所示为物流中心系统规划基本资料的收集程序。规划资料的收集过程分为两个阶段，即现行作业资料的收集分析和未来规划需要资料的收集。

3.1.1 现行资料的收集

(1)基本运行资料：业务类型、营业范围、营业额、人员数、车辆数、供应厂商和用户数量等。

(2)商品资料：包括商品类型、分类、品项数、供应来源、保管形式等。

(3)订单资料：包括商品种类、名称、数量、单位、订货日期、交货日期、生产厂家等。

(4)货物特性：包括物态、气味、温湿度要求、腐蚀变质特性、装填性质。此外还包括物品重量、体积、尺寸、包装规格、储存特性和有效气象等。包装规格分单品、内包装、外包装单位等包装规格。

(5)销售资料：按地区、商品、道路、客户及时间分别统计销售资料。

(6)作业流程：包括一般物流作业，即进货、储存、拣选、补货、流通、加工、发货、配送、退货、盘点、仓储配合作业(移仓调拨、容器

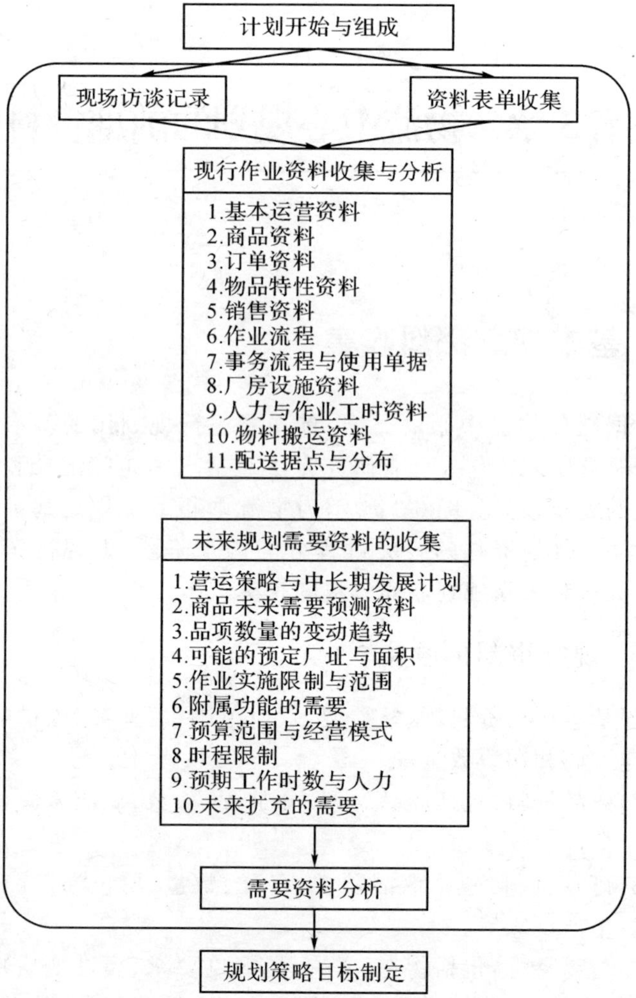

图 3-1 物流中心系统规划基本资料的收集过程图

回收、废弃物回收处理）等作业流程的现状。

（7）事务流程与使用单据：这项工作包括接单、订单处理、采购、拣货、发货、派车等作业，此外还包括相关库存管理和应收与应付账务系统管理等作业。

(8)厂房设施资料:包括厂房仓库大小与布置形式,地理环境与交通特性,使用设备主要规格,生产能力等资料。

(9)作业工时资料:人员组织结构、各作业区人数、工作时数、作业时间与时序分布。

(10)物料搬运资料:包括进货、发货、在库搬运。车辆、进货与发货频率、数量、车辆类型与时间段等。

(11)供货厂商资料:包括厂商类型、供货厂商规模、特性、供货家数及据点分布、送货时间段等。

(12)配送据点与分布:包括配送道路类型、配送点的规模、特性、配送据点分布、交通状况、收货时段、特殊配送要求等。

3.1.2　未来规划需求资料的收集

(1)运营策略和中长期发展计划:这要根据外部环境变化、政府政策、企业未来发展等来决定。

(2)商品未来需求预测:分析商品现在销售增长率,估计未来增长趋势。

(3)商品品种变化趋势:分析商品在品种方面可能变化趋势。

(4)预测将来可能发展的厂址和面积。

在进行物流中心规划设计的时候,必须对所收集的资料从完整性、可靠性等方面进行分析。在对上述有关基础资料进行初步分析之后,再进一步确认系统规划目标和方针。

3.2　基本规划资料分析

这些来自有关企业的原始资料,必须通过整理分析,并结合欲建物流中心的实际情况加以修订,才能作为规划设计的重要参考。定量分析内容有品项与数量分析、货物的物性分析、供需变化预测分析、储存单位和数量分析。定性分析内容有作业时序分析、人力需求分析、作业流程分析、作业功能分析和事务流程分析。图3-2所示为物流中心资料分析与规划设计流程。

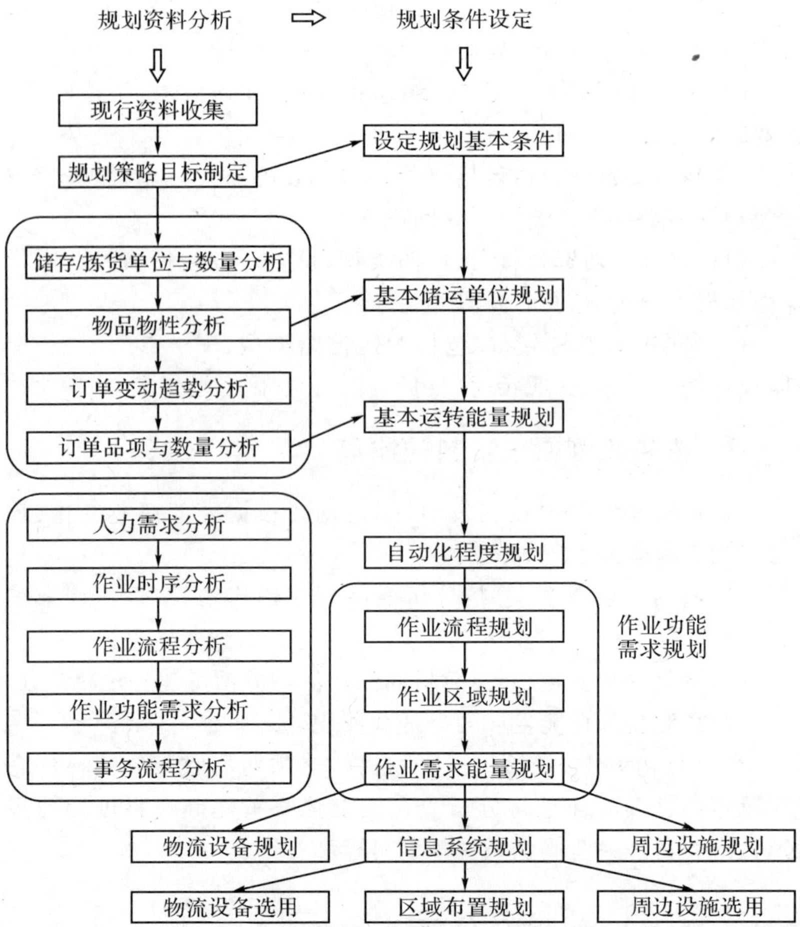

图 3-2　物流中心资料分析与规划设计流程图

需要特别注意的是,一般规划分析者常犯的错误在于只会把资料作一番整理、统计和计算之类的工作,不善于把资料和规划设计有机结合起来,最后只得到一堆数据和报表。为此,在分析过程中,结合实际需要有效掌握分析数据很重要。

3.2.1　物流中心的规划要素

物流中心的规划除了必须先了解是属于哪一种物流中心外，还要注意物流中心的E、I、Q、R、S、T、C等规划要素，这几个英文字母的意思分别如下：

E：Entry，指配送的对象或客户；

I：Item，指配送商品的种类；

Q：Quantity，指配送商品的数量或库存量；

R：Route，指配送的通路；

S：Service，指物流的服务品质；

T：Time，指物流的交货时间；

C：Cost，指配送商品的价值或建造的预算。

一、配送的对象(E)

由于物流中心的种类很多，因此配送客户的对象也是五花八门。例如，制造商型的物流中心，它的配送对象有经销商(营业所)、批发店、百货公司、超市、便利商店及平价商店等几种。其中经销商(营业所)、统仓及批发店等的订货量较大，它的出货形态可能大部分是整托盘出货(P→P)，小部分整箱出货；而超市的订货量较小，它的出货形态可能30%是属于整箱出货(P→C)，70%是属于拆箱出货(C→B)，如表3-1所示。制造商型的物流中心有可能同时出现整托盘、整箱及拆箱拣货的情形。此种情况由于客户层次不同与订单量大小差异性大，订货方式也非常复杂，同时有业务员抄单、电话订货、传真订货及计算机连线等方式(EOS、POS)，是物流中心中比较复杂的一种，难度也比较高。如果是零售商型的物流中心，它的配送对象可能是批发店(百货公司)、超市及便利商店中的一种，因此它的出货形态可能出现整托盘及整箱拣货的形态(批发店及百货公司)、整箱及拆箱拣货的形态(超市及便利商店)。这种情形由于客户层次与订单量差异性小，订货大部分采用计算机连线方式(EOS、POS)，是物流中心中属于比较简单的一种，难度比较低。

表 3-1 零售型物流中心出货形态表 (%)

	批发店	超市	便利商店
P→P	40	10	
P→C	60	60	30
C→B		30	70

二、配送商品种类(I)

物流中心处理的商品品项数差异性非常大,多则万种以上,如书籍、医药及汽车零件等物流中心;少则数百种甚至数十种,如制造商型的物流中心。由于品项数的不同,则其复杂性与困难性也有所不同。例如,所处理的商品品项数为 10000 种的物流中心与处理商品品项数为 1000 种的物流中心是完全不同的,其商品储存的储位安排也完全不同。

另外,在物流中心所处理的商品种类不同,其特性也完全不同。如,目前比较常见的配送商品有食品、日用品、药品、家电、3C 产品、服饰、录音带、化妆品、汽车零件及书籍等。由其商品的特性,物流中心的厂房硬件及物流设备的选择也完全不同。例如,食品及日用品的进出货量较大,而 3C 产品的商品尺寸大小差异性非常大,家电产品的尺寸则较大。

服饰产品的物流特性有:80%直接送货到商店,20%存于物流中心,等待理货及配送。另外,较高档的服饰必须使用悬吊的搬运设备及仓储设备。

书籍物流的特性有:库存的书籍种类很多,而畅销品与不畅销品的物流量差异性非常大;另外退货率高达 30%~40%;新出版书籍、杂志,其中 80%是直接送货到书店,其余则库存于物流中心等待补书等特性。

三、配送商品的数量或库存量(Q)

物流中心商品的出货数量也是变幻莫测,例如货款结算的问题、年节的高峰问题,以及由于忽然流行某种商品而造成出货量的波动等。

以货款结算的问题来看，一般而言，如果每月 20 日是货款结算的截止日期，也就是 20 日以前订货算是这个月的货款，而 20 日以后订货算是下个月的货款。因此在 15～20 日之间的订货量就会明显降低，而日订货量则会明显增加。

物流中心的库存量到底要以最多量来考虑，还是以最少量或者以平均量来考虑？若以最多量来考虑时则低潮时的人力太浪费，若以最低量来考虑时则高潮时的人力不足。

可见，如何确定平衡点非常重要，既不会缺货也不会浪费空间，既不会人力不足也不会人力过剩，必须要有一套有效的控制办法。例如，利用外面的协作仓库及临时作业人员的方式，必须事先分析了解客户的订货习性而对症下药。

对物流中心的库存量而言，进口商型的物流中心因进口船期的原因，必须有较长的库存量（约 2 个月以上）。

在通过型的物流中心，则完全不需要考虑库存量，但必须注意分货的空间及效率。一般的物流中心库存量约在 7～10 日。

四、配送的通路（R）

物流配送的通路，与物流中心的规划有很大的关系。因此在规划物流中心之前首先必须了解物流配送的通路是属于哪一种，然后再进行规划才不会造成失败的案例。以下为几种常见的物流配送通路模式：

（1）工厂→营业所（经销商）→零售商→消费者；

（2）工厂→物流中心→营业所（经销商）→零售商→消费者；

（3）工厂→物流中心→零售店消费者；

（4）工厂→物流中心→消费者。

五、物流的服务品质（S）

物流中心与传统的营业所、经销商最大的不同就是服务品质，改变了过去买商品必须自己去拿的观念，订购商品必须 3～5 天以后才会送达。但物流服务品质的高低恰恰与物流成本成正比，也就是物流服务品质越高则其成本也越高。但是站在客户的立场而言，希望以最经济的成本得到最佳的服务。所以原则上物流的服务水平，应该是合理的物流成本之下的服务品质，也就是物流成本不会比竞争对手高，而物流的服务水平比他高一点即可。物流的服务内容包括：订货交货时间，商品缺货率，流通加工的服务，商品店头陈列服务，紧急配送、夜间配送及假日配送，司机服务态度，信息提供的服务，顾问咨询服务等几种。以下针对物流的服务内容加以说明：

(1)订货交货时间。准确的交货时间是最基本的物流服务品质项目，是其他服务品质的前提。

(2)商品缺货率。商品缺货率也是物流服务品质之一，因为商品缺货往往造成零售经营者很大的困扰及损失。商品的缺货率越低则代表其服务品质越好。

(3)流通加工的服务。流通加工也称为物流加工，它主要是针对零售商的需求所提供的进一步服务。流通加工的内容包括：①贴价格标签，②贴进口商品的中文说明，③贴进口商品税目，④年节的礼盒包装，⑤批发店的最低购买量的热缩包装，⑥商品品质检查等多种服务。在物流中心集中作业可以提高作业效率及降低成本。

(4)商品店头陈列服务。有的物流中心也提供商品店头陈列的服务，但是此种的服务仅限于小超市及平价商店，一般零售商大部分由自己陈列上架。

(5)紧急配送、夜间配送及假日配送。当前物流中心的服务越来越多元化，为了提供更完善的服务品质，全年无休息 365 日提供服务外，甚至提供紧急配送、夜间配送及指定时间配送等项目，提供客户满意的服务。

(6)司机服务态度。在物流服务品质中司机服务态度也是重点项目之一，因为过去货运司机的形象，给人的感觉是粗鲁、礼貌不佳；而现在的物流司机服务态度已经有了较大改善，对人彬彬有礼、穿制服、不摔货等，甚至会与客户联系，强化与客户的沟通交流，逐渐有业务司机的形象产生。

(7)信息提供的服务。在物流中心另外一种服务为信息的提供，因为物流信息的 EIQ 资料相当于零售商的 POS，它可以提供

POS资料给零售商，则零售商不必花费高额的经费去建置POS系统就可以得到POS资料；另外物流经营者也可以提供商品的贩卖情报给制造商，为制造商生产及经营策略提供参考。

(8)顾问咨询服务。物流经营者还可以向零售业及制造业提供物流方面的建议，尤其是较小的零售业及制造业本身的经营管理能力不强。因此，日本零食批发商为了提供超世纪便利店进一步的服务，在公司内部成立一个模拟的商店，然后把技术提供给零售业参考以增进客户关系；另外国内物流者也把物流运输的技术提供给客户(进口商或制造商)，可为双方降低成本增进彼此关系。

六、物流的交货时间(T)

在物流服务品质中物流的交货时间非常重要，交货时间太长或不准时都会严重影响零售商的业务，因此交货时间的长短与守时成为物流经营者的重要评估项目。

物流的交货时间是指从客户下订单开始，订单处理、库存检查、理货、流通加工、装车、卡车配送到达客户手上的这一段时间；物流的交货时间按厂商服务水平的不同，可分为4小时、12小时、24小时、2天、3天、1星期送达等几种。目前国内一般承诺自订货后24小时～48小时可以送达。一般物流的交货时间越短则其成本会越高，因此最好的服务水平为12小时～24小时，稍微比竞争对手好一点，但成本又不会增加。

除了物流的交货时间外，还有物流的送货频度，也就是同一客户多长时间送一次货。根据各厂商商品特性的不同一般可分为一天两次、一天一次、两天一次、三天一次、四天一次等几种。目前最常见的是一天一次及两天一次的配送频度。

当全部都是一天一次或两天一次的配送频度，但订货的数量又不多时，对物流经营者而言成本太高，因此现在普遍的做法是以EQ分析的ABC分类而决定配送的频度，例如：A级厂商的订货量较大每天配送，而B级厂商的订货量中等则两天配送一次，而C级厂商的订货量较少则三天或四天配送一次，原则上如此规划。当然也有例外，当客户的配送量达到经济配送量时可以弹性调整，以达到客户满意的要求。

七、配送商品的价值或建造的预算(C)

在物流中心的设立中除了以上的基本要素外,还应该注意研究配送商品的价值和建造预算。因为如果没有足够的建造费用,那些理想的计划是无法实现的。

另外,与物流成本息息相关的是配送商品的价值,因为在物流的成本计算方法中,往往会计算它所占商品的比例,因此如果商品的单价高则其百分比相对会比较低,则客户比较能够负担得起;如果商品的单价低则其百分比相对会比较高,则客户负担感觉会比较高。

3.2.2 订单变化趋势分析

在物流中心的规划过程中,首先总结历来销售和发货资料,并进行分析,从而了解销售趋势和变化情况。若能求出有关的变化趋势或周期性变化,则有利于后续资料分析和物流中心的建立。

就货物销售趋势而言有:长时间内是渐增或渐减的长期趋势,以一年为周期的因自然气候、文化传统、商业习惯等因素影响的季节变化,以固定周期为单位(如:月、周)的变化趋势的循环变动,以及一种不规则变化趋势的偶然变动。

根据预测不同种类的变化趋势,制定相应的对策和目标值。通常设峰值的80%为目标。若某订单的峰值与谷值之比超过3倍时,要在同一个物流系统内处理,将使效率降低,运营将更为困难。此时,必须制定适宜的运营政策和方法,以取得经济效益和运营规模的平衡。

关于分析过程的时间单位,视资料收集范围及广度而定。对于预测未来发展趋势,以一年为单位;对季节变化预测,则以月为单位;分析月或周内变化倾向,则以周或日为单位。

常用的分析方法有时间数列分析法,回归分析法和统计分析法等。

如果以一个年度月份的时间单位为横轴,纵轴代表销售量,进行时间序列分析,如图3-3所示。图中包括长期趋势变化、季节变化、循环变化和不规则变化。根据变化趋势可预测市场情况，从而制定销售计划。

<table>
<tr><th>变动趋势类型</th><th>分　析</th><th>应　用</th></tr>
<tr><td>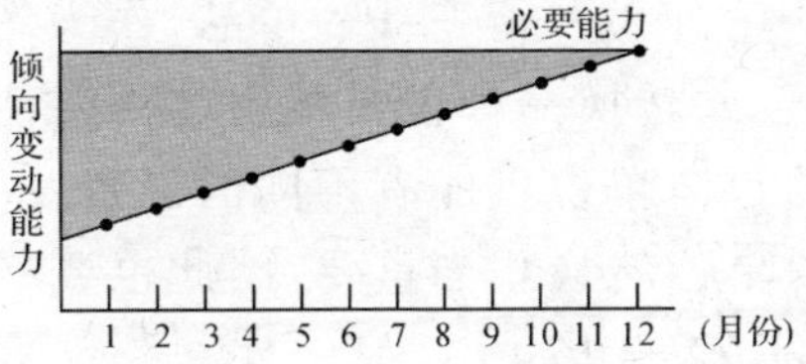
</td><td>长期趋势有持续渐增的趋向，应配合年周期的成长趋势加以判断</td><td>规划时以中期的需求量为规模依据，若需考虑长期渐增的需求，则可以预留空间或考虑设备扩充的弹性，以分期投资方式进行投资</td></tr>
<tr><td>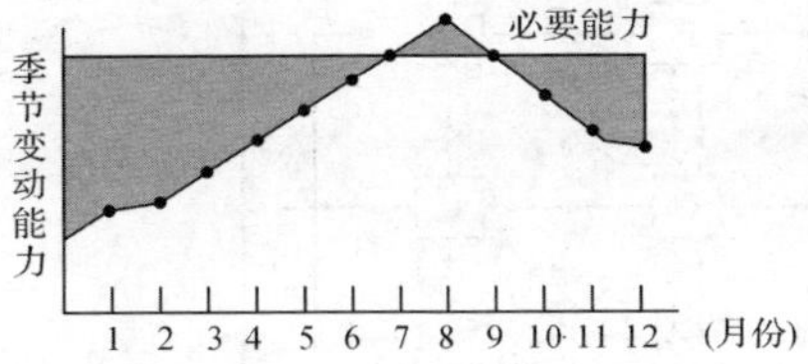
</td><td>有季节性变动的明显趋势</td><td>如果季节变动的差距超过 3 倍以上，可考虑以部分外包或租用设备方式，以避免设施过多的投资造成平时的闲置；另外在淡季时应争取互补性的商品业务以增加仓储设施利用率</td></tr>
<tr><td>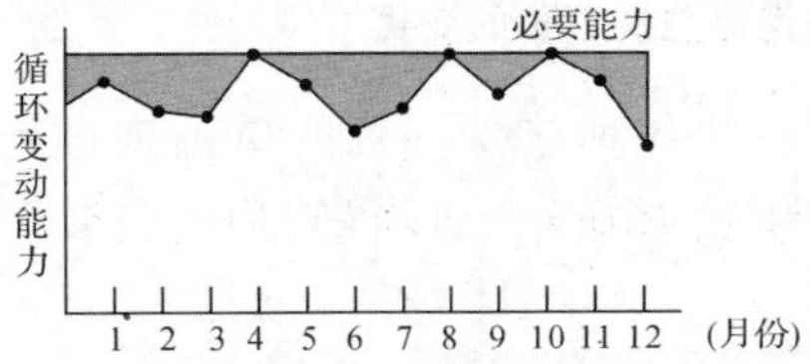
</td><td>以一季为单位的周期性变动趋势</td><td>如果高低峰差距不大且周期较短，可以周期变动内的最大值规划，后续资料分析可缩至某一周期为单位，以简化分析作业</td></tr>
<tr><td>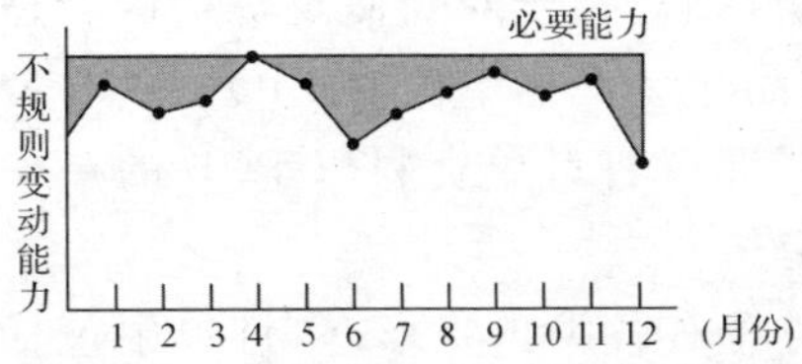
</td><td>无明显规则的变动趋势</td><td>系统较难规划，宜规划通用型的设施，以增加运用的弹性，仓储货位亦以容易调整及扩充者为宜，以应用可能突增的作业需求量</td></tr>
</table>

图 3-3　订单变动趋势分析图

3.2.3 物品特征与储运单位分析

1. PCB 分析

考察物流系统的各个作业（进货、拣货、出货）环节，可看出这些作业均是以各种包装单位（P—托盘、C—箱子、B—单品）作为作业的基础，即每移动一种包装单位或转换一种包装单位都需要使用到设备、人力资源，而且不同的包装单位可能有不同的设备、人力需求。因此掌握物流过程中的单位转换相当重要，因此也要将这些包装单位（P、C、B）要素加入 EIQ 分析。

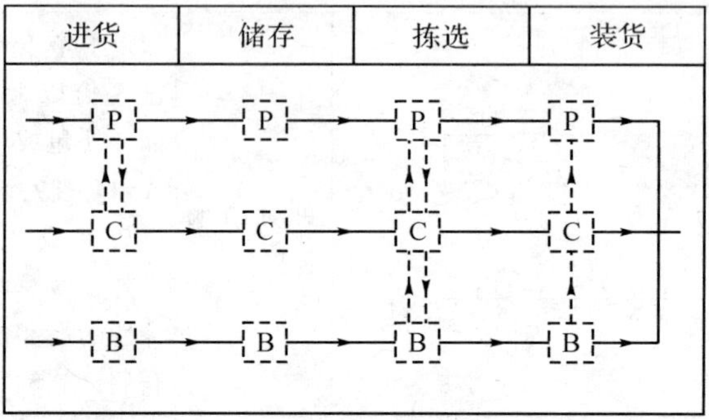

图 3-4 物流作业时商品包装单位的变化

所谓 PCB 分析，即以物流中心的各种接受订货的单位来进行分析，对各种包装单位的 EIQ 资料表进行分析，以得知物流包装单位特性。

进行 EIQ 分析时，如能配合相关物性、包装规格及特性、储运单位等因素，进行关联及交叉分析，则更易于对仓储及拣货区域进行规划。结合订单出货资料与物品包装储运单位的 EIQ—PCB 分析（P—托盘、C—箱子、B—单品），即可将订单资料以 PCB 的单位加以分类，再按照各分类别进行分析。

一般企业的订单资料中同时含有各类出货形态，订单中包括整箱与零散两种类型同时出货，以及订单中仅有整箱出货或仅有零星出货。为使仓储与拣货区进行适当的规划,必须将订单资料依出货单位类型加以分割,以正确计算各区实际的需求。常见于物流系统的储运单位组合形式如表 3-2 所示。

表 3-2　物性与包装单位分析表

入库单位	储存单位	拣货单位
P	P	P
P	P、C	P、C
P	P、C、B	P、C、B
P、C	P、C	C
P、C	P、C、B	C、B
C、B	C、B	B

P:托盘,C:箱,B:单品

2. 物品特性分析

其他物性资料也是产品分类的参考因素,如依储存保管特性分为干货区、冷冻区及冷藏区,或依产品重量区分重物区、轻物区,也有依产品价值区分出贵重物品区及一般物品区等。针对一般基本物性与包装单位的分析要项,整理如表 3-3 所示。

表 3-3　商品物性与包装单位分析表

特性	资料项目	资　料　内　容
物料性质	1. 物态	□气体　□液体　□半液体　□固体
	2. 气味特性	□中性　□散发气味　□吸收气味　□其他
	3. 储存保管特性	□干货　□冷冻　□冷藏
	4. 温湿度需求特性	________℃,________%
	5. 内容物特性	□坚硬　□易碎　□松软
	6. 装填特性	□规则　□不规则
	7. 可压缩性	□可　□否
	8. 有无磁性	□有　□无
	9. 单品外观	□方形　□长条形　□圆筒　□不规则形　□其他

续 表

特性	资料项目	资 料 内 容
单品规格	1. 重量	________(单位：　)
	2. 体积	________(单位：　)
	3. 尺寸	长×宽×高(单位：　)
	4. 物品基本单位	□个　□包　□条　□瓶　□其他
基本包装单位规格	1. 重量	________(单位：　)
	2. 体积	________(单位：　)
	3. 外部尺寸	长×宽×高(单位：　)
	4. 基本包装单位	□个　□包　□条　□瓶　□其他
	5. 包装单位个数	______(个/包装单位)
	6. 包装材料	□纸箱　□捆包　□金属容器　□塑料容器 □袋　□其他
外包装单位规格	1. 重量	________(单位：　)
	2. 体积	________(单位：　)
	3. 外部尺寸	长×宽×高(单位：　)
	4. 基本包装单位	□托盘　□箱　□包　□其他
	5. 包装单位个数	______(个/包装单位)
	6. 包装材料	□包膜　□纸箱　□金属容器　□塑料容器 □袋　□其他

3.3 EIQ 分析方法

3.3.1 EIQ 分析方法

物流中心在进出货量的特性上，常有出货日程不确定、前置时间短、出货量变化大等现象，如果面对出货品项繁多，订单资料量又大，往往使规划分析者无从下手，一般分析者在无法深入分析的情形下，常用总量或平均量来概括估计相关需求条件，往往与实际的需求变动产生很大的差异。若能掌握数据分析的原则，通过有效的资料统计，以及进一步的相关分析，将能使分析的过程简化，并可把握实际有用的信息。

EIQ分析就是利用“E”、“I”、“Q”这三个物流关键要素，来研究物流中心的需求特性，为物流中心提供规划依据。日本铃木震先生积极倡导以订单品项数量分析手法（EIQ）来进行物流中心的系统规划，即是从客户订单的品项、数量与订购次数等观点出发，进行出货特性的分析。而在物流中心的规划中，EIQ确实为一简明有效的分析工具。

EIQ规划方法是针对不确定和波动条件的物流中心系统的一种规划方法。其意义在于根据物流中心的目的，掌握物流特性，从物流特性衍生出来的物流状态（诸如从物流中心设备到用户为止的物流特性），到运作方式，均规划出合适的物流系统。这种EIQ方法能有效地规划出系统特色。

当收集到企业一段经营周期的订单发货资料时，因为资料量大和资料格式不易直接解读，最好能从该企业的信息系统资料库中通过计算机调取档案，以便于档案格式转换和分析大量资料。在进行订单品项数量分析时，首先应考虑时间范围和单位，在以每天为单位的分析数据中，主要订单发货资料可分解为表3-4相同的计算单位，如重量、体积、箱、个或金额等单位。金额单位和价值功能分析有关，多用在货品和储区分类等方面。重量、体积等单位与物流作业有直接密切关系，它将影响整个系统的规划。

要了解物流中心实际运作的物流特性，只就一天的资料分析是不够的。但若分析一年的资料，往往因资料数量庞大，分析过程太费财力和物力。为此，可先分析一天的发货量，找出可能的作业周期和波动幅度。若其中出现大致相同的发货量，则可缩小资料范围。如一周内发货量集中在星期五和星期六，一个月集中在月初或月末，一年中某一季度发货量最大。这样可求出作业周期和峰值时间。总之，尽可能将分析资料缩到某一个月份、一年中每月的第一周或者一年中每周的周末。如此取样可节省许多财力、物力，又有代表性。

表 3-4　EIQ 资料分解格式　（天）

发货订单	发货品项						订单发货数量	订单发货品项
	I_1	I_2	I_3	I_4	I_5	…		
E_1	Q_{11}	Q_{12}	Q_{13}	Q_{14}	Q_{15}	—	Q_1	N_1
E_2	Q_{21}	Q_{22}	Q_{23}	Q_{24}	Q_{25}	—	Q_2	N_2
E_3	Q_{31}	Q_{32}	Q_{33}	Q_{34}	Q_{35}	—	Q_3	N_3
⋮	—	—	—	—	—	—	—	—
⋮	—	—	—	—	—	—	—	—
单品发货量	$Q_{\cdot 1}$	$Q_{\cdot 2}$	$Q_{\cdot 3}$	$Q_{\cdot 4}$	$Q_{\cdot 5}$	—	Q_n	N_n
单品发货次数	K_1	K_2	K_3	K_4	K_5	—	…	K_n

(1)关于订单量(EQ)分析

通过对订单量的分析可以了解单张订单的订购量分布情况，从而可以制定处理订单的原则、拣货系统的规划、发货方式和发货区的规划。一般是对营业日的 EQ 分析为主，各种 EQ 图表类型分析如表 3-5 所示。EQ 分布图形，对规划储区和拣货模式都有重要参考价值。当订单量分布趋势越明显时，分布规划越容易，否则应以柔性较强的设计为主。EQ 量很小的订单数所占比例大于 50% 时，应把该订单另外分类，以提高效率。

表 3-5　EQ 分布图的类型分析

EQ 分布图类型	分　析	应　用
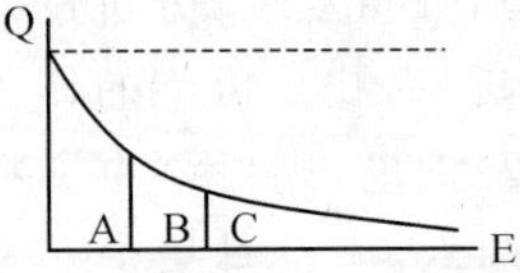	为一般物流中心常见模式，由于量分布趋两极化，可利用 ABC 作进一步的分类	规划时可将订单分类，少数而量大的订单可作重点管理，相关拣货设备的使用亦可分级
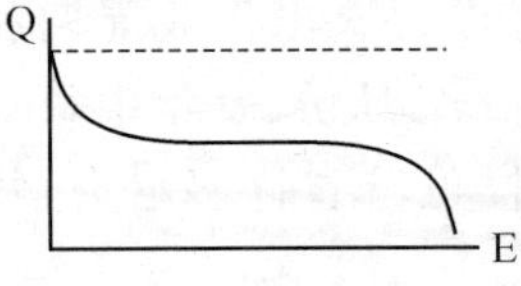	大部分订单量相近，仅少部分有特大量及特小量	可以主要量分布范围进行规划，少数差异较大者可以特例处理，但须注意规范特例处理模式

续　表

EQ 分布图类型	分　析	应　用
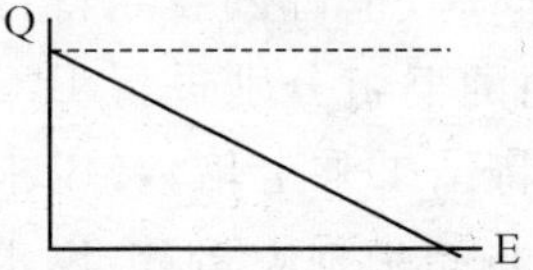	订单量分布呈渐减趋势,无特别集中于某些订单或范围	系统较难规划,宜规划通用的设备,以增加运用的弹性,货位亦以容易调者为宜
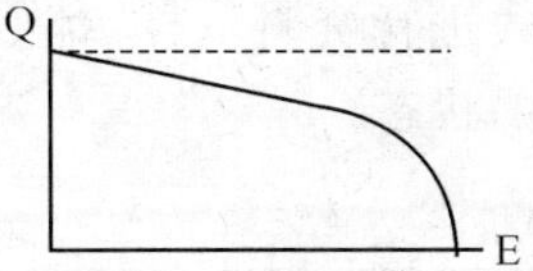	订单量分布相近,仅少数订单量较少	可区分为两种类型,部分少量订单可以批次处理或以零星拣货方式规划
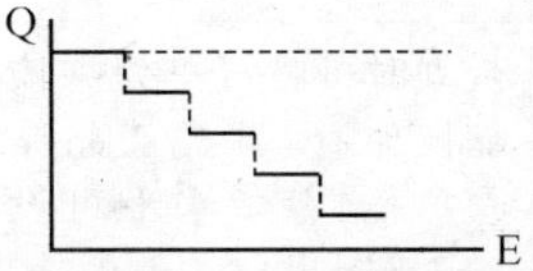	订单量集中于特定数量而无连续性渐减,可能为整数(箱)发货,或为大型物件的少量发货	可以较大单元负载单位规划,而不考虑零星发货

(2)关于品项数量 IQ 分析

通过对品项数量 IQ 分析,可以知道各种产品发货量的分布情况,有利于分析产品的重要性和运输情况。这可用于仓储系统的规划选用,储位空间的估算,拣货方式及拣货区规划。表 3-6 所示为 IQ 分布图的类型分析。

在规划储区时多采用周期为一年的 IQ 分析为主。此外,在规划拣货区时还要参考单日的 IQ 分析。通过对单日和全年 IQ 量分析,结合发货量和发货频率的相关分析,使整个仓储拣货系统的规划更结合实际情况。

上述 EIQ 格式乃针对某一天的出货资料进行分析,另外若分析资料范围为一时间周期内(如一周、一月或一年等),另需加入时间的参数,即为 EIQT 的分析,如表 3-6 所示。

但是,一般物流中心一天的订单可能有上百张,订货品项资料可能有上千笔,要集中处理这样多的资料不是一件容易的事,因此这就需要资料的取样分类。若 EIQ 的资料量过大,不易处理时,通常可依据物流中心的作业周期性，先取一个周期内的资料加以分析(若物流中心作业量有周期性的波动)，先取一个星期的资料分析。若有必要再进行更详细的资料分析。同时，也可依商品特性或客户特性将资料分成数个群组，针对不同的群组分别进行 EIQ 分析；若是以某群组为代表，进行分析后再将结果乘上倍数，以求得全体资料。若是采取抽样方式，分析后再将结果乘上倍数，以求得全体资料。不管采用何种分类和抽样方式进行资料取样，都必须注意所取样的资料是否能反映、代表全体的状态。

表 3-6 IQ 分布图的类型分析

IQ 分布图类型	分　析	应　用
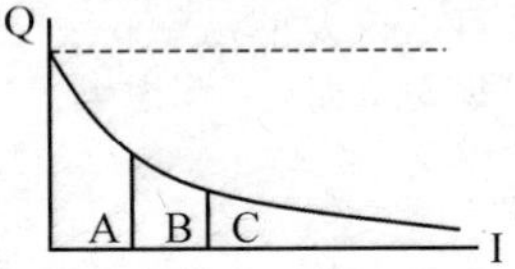	为一般物流中心常见模式，由于量分布趋两极化，可利用 ABC 作进一步的分类	规划时可将订单分类按储区储存，种类产品储存单位、存货水平可设定不同水平
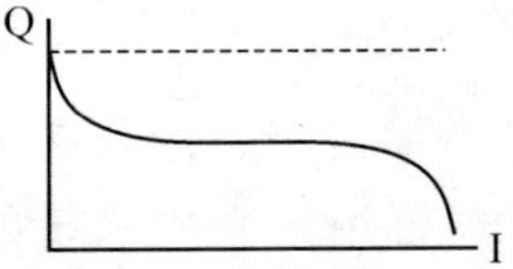	大部分产品发货量相近，仅少部分有特大量及特小量	可以主要量分布范围进行规划，少数差异较大者可以特例处理，但须注意规范特例处理模式
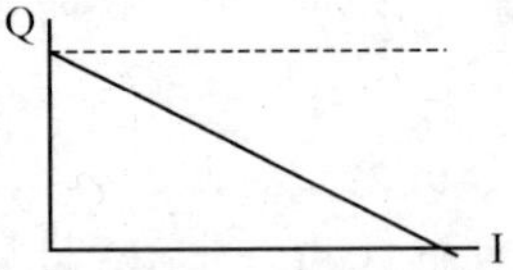	各产品发货量分布呈渐减趋势，无特别集中于某些订单或范围	系统较难规划，宜规划通用的设备，以增加运用的弹性，货位亦以容易调者为宜
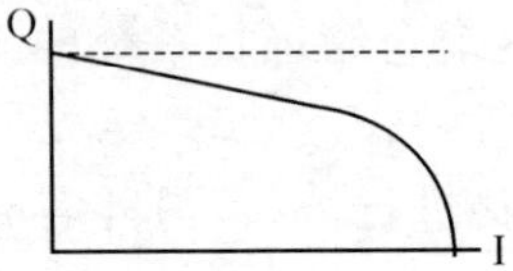	各产品发货量分布相近，仅部分品项发货量较少	可分为两种类型，部分中、小量产品可用轻量型储存设备存放
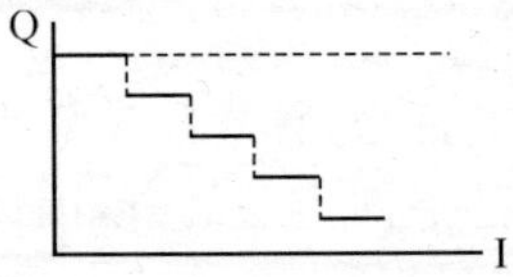	产品发货量集中于特定数量而无连续性渐减，可能为整数(箱)发货，或为大型物件，但发货量较小	按较大单元负载单位规划，或重量型储存设备规划，但仍需配合物性加以考虑

表 3-7　EIQT 资料分析格式(加入时间范围)

日期	客户订单	出货品项						订单出货数量	订单出货品项
		I_1	I_2	I_3	I_4	I_5	…		
T_1	E_1	Q_{111}	Q_{121}	Q_{131}	Q_{141}	Q_{151}		Q_{11}	N_{11}
	E_2	Q_{211}	Q_{221}	Q_{231}	Q_{241}	Q_{251}		Q_{21}	N_{21}
	⋮								
	单品出货量	Q_{11}	Q_{21}	Q_{31}	Q_{41}	Q_{51}		Q_1	N_1
	单品出货品项	K_{11}	K_{21}	K_{31}	K_{41}	K_{51}		—	K_1
T_1	E_1	Q_{112}	Q_{122}	Q_{132}	Q_{142}	Q_{152}		Q_{12}	N_{12}
	E_2	Q_{212}	Q_{222}	Q_{232}	Q_{242}	Q_{252}		Q_{22}	N_{22}
	⋮								
	单品出货量	Q_{12}	Q_{22}	Q_{32}	Q_{42}	Q_{52}		$Q_{\cdot 2}$	N_2
	单品出货品项	K_{12}	K_{22}	K_{32}	K_{42}	K_{52}		—	$K_{\cdot 2}$
…	…								
合计	单品出货量	Q_1	Q_2	Q_3	Q_4	Q_5		Q	N
	单品出货品项	K_1	K_2	K_3	K_4	K_5		—	K

注:Q_1(品项 I_1 的出货量)$=Q_{11}+Q_{12}+Q_{13}+Q_{14}+Q_{15}+\cdots$

Q(所有品项的总出货量)$=Q_1+Q_2+Q_3+Q_4+Q_5+\cdots$

K1(品项 I_1 的总出货次数)$=K_{11}+K_{12}+K_{13}+K_{14}+K_{15}+\cdots$

K(所有产品的总出货次数)$=K_1+K_2+K_3+K_4+K_5+\cdots$

3.3.2　资料分析使用的统计方法

EIQ 分析以量化的分析为主,常用的统计手法包括平均值、最大最小值、总数、柏拉图分析、次数分布及 ABC 分析等。以下就次数分布及 ABC 分析等进行说明。

(1)柏拉图分析

在一般物流中心的作业中,如将订单或单品品项出货量经排序后绘图(EQ、IQ 分布图),并将其累积量以曲线表示出来,即为柏拉图。此为数量分析时最基本的绘图分析工具，如图 3-5 所示。其他只要可表示成项与量关系的资料，均可以柏拉图方式描述。

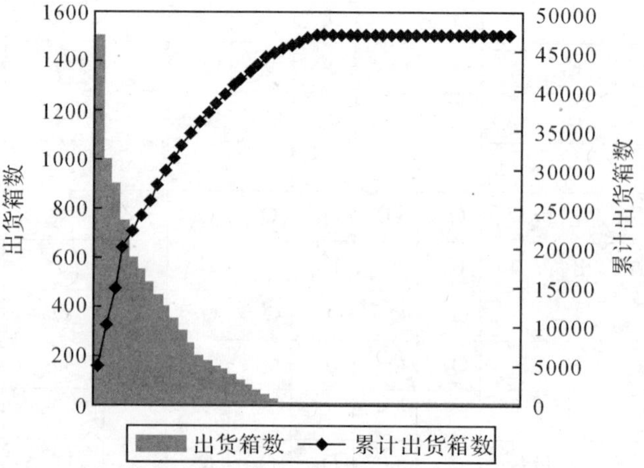

图 3-5　产品别出货量的 IQ 分布图

(2)次数分布

绘出 EQ、IQ 等柏拉图分布图，常可得到如图 3-5 的图形，但是若想进一步了解产品别出货量的分布情形，可将出货量范围作适当的分组，并计算各产品出货量出现于各分组范围内的次数，其例如图 3-6 所示。

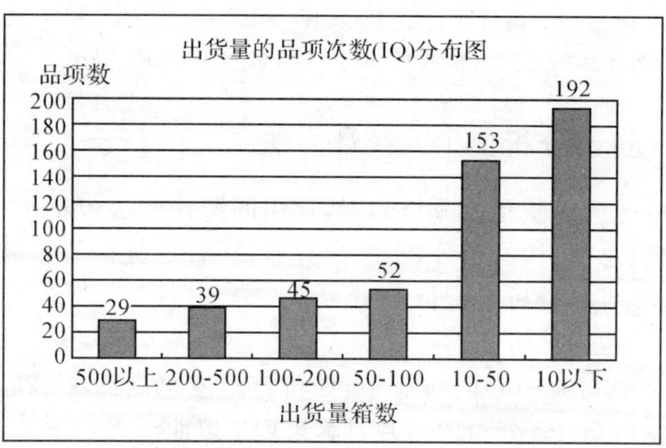

图 3-6　出货量的品项次数分布图

由图3-6可知，次数分布的分布趋势与资料分组的范围密切相关，在适当的分组之下，将可得到进一步有用的信息，并找出数量分布的趋势及主要分布范围。但是在资料分组的过程中，仍有赖于规划分析者的专业素养与对资料认知的敏感性，以快速找出分组的范围。

(3)ABC分析

在制作EQ、IQ、EN、IK等统计分布图时，除可由次数分布图找出分布趋势，进一步可由ABC分析法将特定百分比内的主要订单或产品找出，以作进一步分析及重点管理。通常先以出货量排序，以占前20%～50%的订单件数(或品项数)，计算所占出货量的百分比，并作为重点分类的依据。如果出货量集中在少数订单(或产品)，则可针对此一产品组(少数的品项数但占有重要出货比例)作进一步的分析及规划，以达到事半功倍之效。相对的出货量很少而产品种类很多的产品组群，在规划过程中可先不考虑或以分类分区规划方式处理，以简化系统的复杂度，并提高规划设备的可行性及利用率。

(4)交叉分析

在进行EQ、IQ、EN、IK等ABC分析后，除可就订单资料个别分析外，也可以就其ABC的分类进行组合式的交叉分析。如以单日别及年别的资料进行组合分析，或其他如EQ与EN、IQ与IK等项目，均可分别进行交叉汇编分析，以找出有利的分析信息。其分析过程先将两组分析资料经ABC分类后分为三个等级，经由交叉汇编后，产生3×3的九组资料分类，再逐一就各资料分类进行分析探讨，找出分组资料中的意义及其代表的产品组。在后续的规划中，如结合订单出货与物性资料，也可产生有用的交叉分析数据。

3.3.3 EIQ分析用途

通过EIQ分析，可以得到许多有用的信息，对物流中心的规划和改善具有重要意义。EIQ分析对物流中心规划的作用可以概括为：

（1）可以了解物流特性

利用EIQ加以分析之后，可归纳出一些特征：

① 订单内容：即客户订购何种物品、多少数量，这些“种类”及“数量”为物流系统的基本要素。

② 订货特性：从客户处接收的订单，依客户的不同而具有不同的特性。统计分析这些特性，可得到客户的订货特性。

③ 接单特性：各个具有“订货特性”的客户的订单，加以统计累积后，即成为一天的接单，长久分析后可看出物流中心的“接单特性”。

④ 物流中心特性：除了接单特性外，再加上入库特性、保管特性，即构成物流中心特性。

⑤ EIQ特性：将客户订单（E）内容中的种类（I）、数量（Q）加以收集，得到一日、一个月、一年中的接单特性，当业务状态稳定时即形成一定的特性，此一特性即为EIQ特性。

（2）得出配合物流系统特性的物流系统模块

尽管物流中心的形态有许多变化，可是组成一个物流中心的子系统如自动仓库、高速自动分类机、拣货系统；流动货架、旋转货架、输送机等模块；台车、叉车等要素有一定规则。从EIQ分析资料可以得到选择子系统、模块、要素等的条件，再依据这些条件，选出候选的各个模块，这样可以节省许多设计时间。

（3）选择物流设备

事先建立物流设备选择时所需的条件，只要EIQ分析结果符合这些条件要求，即可得出所需的物流设备。

（4）仿真分析

EIQ资料为日常物流资料，可用以仿真分析系统所需作业人员数、作业时间。

（5）进行物流系统的基础规划

在规划物流系统时有些重要的事必须先加以确定：规模上的需求是什么？有多少的出货量？多少的入货量？由EIQ的分析可

得出过去(历史)的需求状况,这些数据可以当做是假定的需求,将这些数据与阶层式的系统设备条件加以对应,即可得到概略性的系统规格(系统轮廓)。这些方案可能由几个可供选择,若将入库条件、库存条件、预算金额、建筑法规等条件列入考虑因素,即可进一步将系统的轮廓细致化,最好定案的系统规格也可依据实际的情况加以展开。

第4章　物流中心订单处理系统规划

从接到客户订单到着手准备拣货之间的作业，称为订单处理。订单处理通常包括订单资料确认、存货查询、单据处理等内容。订单处理分人工处理和计算机处理两种方式。人工处理具有较大的弹性，但只适合少量订单的处理，一旦订单数量较多，处理将变得缓慢且易出错。计算机处理则速度快、效率高、成本低，适合大量的订单处理，因此目前主要采用计算机处理方式。

4.1　接单作业规划

接单作业是物流中心订单处理的第一个步骤，其目的在于通过取得用户的订货资料，以及对用户订货资料进行初步确认和分类处理，为后续作业奠定基础。

4.1.1　接收订单的方式

由于物流中心接触的用户面很广，各用户之间还存在着很大的差异，所以物流中心需要以多种方式接收用户的订单，但随着流通环境以及科技的发展，物流中心接收订单的方式已经发生了很大变化，传统的人工下单、接单方式正逐渐被间接接收订货资料的电子订货方式所取代。

一、传统订货接收方式

(1)电话口头订货

用户订货人员将商品名称及数量，以电话口述方式向物流中心订货。由于有些用户每天需订货的品种可能有数十项，而且这些商品可能由不同的供货商供货，因此利用电话订货所花费时间太长，而且错误率高。

(2)传真订货

用户将需要订购的货物资料整理成书面资料，利用传真机传给物流中心。这种方式可以快速地传送订货资料，但由于传送数据质量不高常常会增加事后确认的作业量。

(3)派人巡货接单

物流中心可利用巡货人员经常直接与用户接触的机会将用户订单带回，同时巡货人员还可以通过为用户整理货架、贴标签或提供经营管理意见、市场信息等手段，提高服务水平，推销新品种货物或将自家的商品放在最占优势的货架上。此种方式的缺点是配送商可能会将巡货人员的成本加入商品的进价中，而且各个配送商出于各自利益乱塞货，将造成零售业者难以去管理、分析自己所卖的商品。

二、电子订货方式

电子订货，是由电子数据传递方式(Electronic Data Interchange)取代传统人工书写、输入、传送的订货方式，也就是将订货资料转为标准电子资料形式，通过通讯网络传送的订货方式。电子订货方式主要由以下三种类型：

(1)人工检测缺货与订货

用户订货人员手持订货簿或货架卷标配合手持终端机以及扫描仪巡视货架，若发现商品缺货则用扫描仪扫描订货簿或货架上的商品卷标，再输入订货数量，当所有订货资料都输入完毕后，再通过 EDI 转换软件将订货资料转换为标准形式，经由通讯网络将订货资料传给物流中心。

(2)POS(Point of Sale 销售时点管理系统)系统订货

如果物流中心的服务对象是零售店、连锁店，它们利用 POS 收银系统售货，则可在商品库存档里设定安全库存量。当库存低于安全库存量时，即自动产生订货资料，将此订货资料确认转换后，再传给物流中心。也有零售商先将每日的POS资料传给总公司，然后总公司再将POS销售资料与库存资料对比后，根据采购计划向配送智能更新下单。

(3)订货应用系统

如果零售商系统里没有订单处理子系统模块，可将系统产生的订货资料，经由软件功能转成与物流中心约定的统一标准格式，在约定时间里将资料传送出去。

三、两种订货方式的比较

总的说来，所有的传统订货方式都需要人工输入资料，而且经常重复输入、传票重复誊写，这样在输入输出间常常造成时间耽误以及产生错误，这是传统订货方式的主要缺陷。正是传统订货方式的低效率、高差错促使人们寻求改进订货方式的方法，于是电子订货方式应运而生。

相对于传统订货方式，电子订货方式对配送商及其服务对象都有很大益处。首先就物流中心而言，可以简化接单作业、缩短接单时间、减少人工处理错误，也就是快速、正确、简便地接单；可以减少退货处理作业；满足客户多样、少量、高频度的订货；缩短交货的前置时间。对零售业而言，电子订货方式可以使其快速、正确、简便地下单；通过多次下单，每次仅订购所需数量，也就是多品种、少批量、高频度的订货，零售商还可以由有效减低商品库存水平；可以缩短零售商进货时间，减轻零售商进货检验作业等。

4.1.2 订单的确认

物流中心接到顾客订单以后，要对订单的各项内容进行确认，以防发生错误或损失。另外对订单内容的确认还是对订单信息的初步分析过程，可以为后续作业提供帮助。

当订货方式为传统订货方式时，物流中心订货处理系统人员可以在订单输入的同时对订单进行确认，但采用电子订货方式，物流中心订货处理系统应该设立订单确认功能模块，自动对收到的订货数据进行确认，并生成确认结果。

一、用户信用确认

订单确认的第一项内容是对用户信用进行确认，看其应收账款是否已经超过信用度。如果在本次订货以前其应收账款已经超过信用额度，系统需要提出警示，以便输入人员停止输入该订单。如果加上本次订货，应收账款超过信用额度，需经主管人员批准是否接受其订单。

二、其他基本内容的确认

如果订单通过了信用检查，那么下一步就可以继续确认订单的其他基本内容了。其他基本内容主要包括订货的种类、数量、配送时间、价格、包装等。

由于不同的客户、不同的订购量可能有不同的售价，因此输入价格时系统应加以核实。若输入的价格不符（输入错误或因业务员降价强接订单等），系统应加以锁定，以便主管人员审核。

包装确认是检查客户对于订购的商品，是否有特殊的包装、分装或贴标签等要求，或是有关赠品的包装等资料都需要确认记录。

输入商品代号名称时，还应检查此商品是否缺货。如果缺货，则系统应可提供替代商品资料或是此缺货商品的已采购未入库资料，以便于接单人员与客户协调是否改订替代品或是允许延后出货等权宜办法，以提高人员的接单率及接单处理效率。

经过查核确认后的订单资料，才是物流中心允诺出货的订单资料，以后订单处理应以此资料为依据。经过对这些内容的确认，还可以避免遗漏或笔误等。

4.1.3 订单分类

物流中心所处的流通是一个多业种、多业态的行业，不同的业种、业态有不同的销售渠道、交易方式。另外，在今天这种消费者、买方处于支配地位，顾客第一的商业环境里，配送商只能顺应用户的需要，根据用户的不同需求而采取不同的做法。这反映到接受订货业务上，物流中心订单处理系统需要具有高效处理多种交易类型订单的能力。

一、订单的主要类型

为了达到高效处理多种交易型订单的结果，物流中心首先要根据不同交易方式将订单分类。订单主要分为以下类型，见表4-1。

表 4-1 订单类型

订单交易形态	内　容
一般交易订单	正常、一般的交易订单，是接单后按正常的作业程序拣货、出货、配送、收款结案的订单
现销式交易订单	与客户当场直接交易、直接给货的交易订单。如业务员至客户处巡货、铺销所取得的交易订单或客户直接至物流中心取货的交易订单
间接交易订单	客户向物流中心订货，但配送商不负责配送，直接由生产商进行配送的交易订单
合约式交易订单	与客户签订配送合同的订单。如签订合同约定某期间内定时配送某数量商品
寄库式交易订单	客户因促销、降价等市场因素而先行订购某数量商品，往后视需要再要求出货的交易
兑换券交易订单	客户兑换券所兑换商品的配送出货

二、各类型订货的处理方式

各类型订单的一般处理方式见表4-2。

表 4-2 各类型订单的处理方式

订单类型	订单处理方式
一般交易订单	接单后，将资料输入订单处理系统，按正常的订单处理程序处理，数据处理完后进行拣货、出货、配送、收款等作业
现销式交易订单	订单资料输入后，因货物已交与客户，故订单资料不需要参与拣货、出货、配送等作业，只需记录交易资料，以便收取应收款项

续 表

订单类型	订单处理方式
间接式交易订单	接单后，将客户的出货资料传给生产商由其代配。这种方式需注意客户的送货单是自行制作的还是委托生产商制作的，并加强对出货资料的核对，也就是送货单回联的确认
合约式交易订单	在约定的送货日来临时，需将该配送的资料输入系统处理以便出货配送；或一开始便输入合约内容的订货资料并设定各批次送货时间，以便在约定日期到时系统自动产生需送货的订单资料
寄库式交易	当客户要求配送寄库商品时，系统应检核客户是否确实由此项寄库，若有，则出此项商品，并且扣除此项商品的寄库量。需注意此项商品的交易价格是依据客户当初订购时的单价计算
兑换券交易	将客户兑换券所兑换的商品配送给客户时，系统应查核客户是否确实有此兑换券回收资料；若有，依据兑换券兑换的商品及兑换条件予以出货，并应扣除客户的兑换券回收资料

三、订单档案资料内容设计

物流中心对已经通过确认的订单进行分类后，在进行数据处理前，还需要建立一个完整的用户订单档案，这样既便于本次交易的进行，也利于以后与用户的长期合作。

首先，订单档案资料内容应视实际需求加以设计，以符合后续作业所需要求，尤其要考虑上述的各种订单交易类型，因为不同交易类型的订单可能有不同的数据域位需求，需要设计成不同的档案分别存放。例如，一般交易订单、现销式交易订单、间接交易订单，可能需要分别设档存放，因为彼此的处理流程差异很大，而且其交易形态都是针对一整张的所有出货品种。至于寄库式交易、兑换券交易或合约式交易，通常都是针对一张订单中的某些出货品种而言，因此可通过增设交易记录字段，说明此出货品种的交易类型而不需另外设档。另外，为简化档案工作、减少资料重复，一般将订单档案分为订单表头文件及订单明细文件，二者间通过相关字段关键值(Key value)来加以连接。表头文件用于记录订单的整体性资料,如订单单号、订单日期、客户代号、送货地址等,订单明细文件则记录每笔订货品种的详细资料,如商品代号、商品名称、数量、单价等。表 4-3 总结了物流中心订单档案里的一些基本内容。

表 4-3 基本的订单档案形式

订单表头/标题性资料	订单明细资料
1. 订单单号	1. 商品代号
2. 配送梯次	2. 商品名称
3. 订货日期	3. 商品规格
4. 付款方式	4. 商品单价
5. 客户代号	5. 订购数量
6. 业务员代号	6. 订购单位
7. 客户名称	7. 金额
8. 配送要求	8. 折扣
9. 客户采购单号	9. 交易类别
10. 订单状态	
11. 送货日期	
12. 备注	
13. 送货地址	

4.2 订单数据处理作业规划

接单作业完成以后,接下来就可以进入订单数据处理作业阶段了。订单数据处理阶段是订单处理系统的核心,在这个阶段,订单处理系统需要与其他相关子系统进行连接,在其他子系统的数据支持下,完成对订单所反映的存货分配,并输出拣货单以及送货单。

4.2.1　订单资料输入

订单资料输入是订单数据处理作业的基础，只有输入了完整的订单资料以后，然后才能根据一定的原则对这些数据进行处理，获得输出的结果。输入订货资料的方法主要有人工输入和联机输入两种。

一、人工输入

长久以来，利用人员将业务员携回的订单、客户电话、传真、邮编等订货资料输入计算机，是最为常见的输入方法。但随着订单的多量化、多元化以及订货前置时间的缩短，此方式所需的人工成本及其效率、正确性越来越受到质疑。尤其对于物流中心来讲，平均每天要处理上百张的订单、上千笔的订货品种资料，如果均一一输入计算机，再碰上尖峰订货时间，面对倍增的订单，现有的人力根本无法应付，其作业正确性也将大打折扣，所以人工输入已被多数大型物流中心所摒弃。

但对于一些中小型物流中心，由于电子数据传输投资较大，人工输入方法仍然在使用，为了提高人工输入的正确性和效率性，它们采取了以下一些改善方法。

(1)增加系统的自动查核或提示功能。对于需输入的订货资料(加商品代号或名称、客户编号或名称、商品售价、商品库存等)可设定自动查核功能，以防止人员疏忽所引起的错误或设有自动提示功能以便人员线上查询，提高输入速度及正确性。

(2)利用订货簿。物流中心可将其销售的商品加以分类(依商品特性或出货频率等)，将各类别商品的商品资料(商品代号、名称等)做成订货簿，以方便人员输入时查询。如果能进一步将其商品代号做成条形码，再直接利用光笔扫描，可以更大程度地减少人员输入错误。当商品代码数字多或过于复杂不易记忆时，利用条形码还可以增加输入速度。

(3)尽量将订货作业均衡化，减少尖峰订货时段的拥挤。物流中心的出货资料通常在出货日或出货日的前一天才知道，且其出货量常因日期而变化，这种不确定且变动性大的物流特性使得物流中心的作业不像一般制造业那样易于日程化、均衡化，这也就是为什么物流系统常会有尖峰订货时段。或许这种多变的订货特性是物流系统本身的特性，但观察尖峰订货时段发生的原因，或许可将物流中心这种尖峰的订货量加以均衡化。

物流中心特性不同，可能有不同的尖峰订货时间，主要影响因素有：

① 截止订货时间。若设定订货截止期，在这时间的前一刻，通常会出现大量订单。为避免这种情况发生，可将客户分类，并为每类客户设定订货截止时间，以分散尖峰订货量。

② 账款结算日。若设定账款结算日，则结算日的后一天，也常有大量订单出现。应对办法是设定多种结算日期，以分散尖峰时段的拥挤。

③ 节日或假日。节日或假日的前后时间，通常也是订货量较多的时段，不过这种因季节性或因消费者需求形态引起的尖峰订货量较不易控制，只能通过人员调用或系统功能加强来加以调整。

二、联机输入

结合计算机与通讯技术，将结合计算机与通讯技术，将客户的电子订货资料经过通信网络直接转入计算机系统，可以省去人员的输入。电子订货方式即为联机输入，不过若传送的资料格式不是双方约定的标准，仍需经过转换软件才能进入订单处理系统。联机输入可分两种，如果采用供需双方计算机直接联机的拨接式传输方式，则需彼此约定订货资料传送时间。如果是通过 VAN 增值网络中心的 E-mail 传输功能，则物流中心可随时取用客户的电子邮件订货资料，提高接单时间的弹性。

三、订单处理中的相关数据支持

在进行订单数据处理时，除了要用到用户订单的基础资料外，还要应用其他很多子系统的资料。如输配送系统、存货系统、补货系统的资料。

(1) 输配送系统对订单数据处理的支持

订单处理系统要根据用户订单提供的基础资料，再应用输配送系统的配送路线选择模型、车型分配模型等，将客户进行配送区域分类、适当的配送路径顺序分配以及选择适合该客户的车辆类型，并添加到资料文件中。如果客户对于送货时间有特定要求或有协助上架、贴标签等要求也应将其建于资料文件中。

(2) 存货系统对订单数据处理的支持

在进行订单数据处理前，先要查询存货系统，获得关于所订购货物的详细存货资料，特别是要注意一些特殊情况。如果某商品有替代性商品(同功能不同供货商或不同等级、不同价钱等)，也应将其建立在数据文件中。通过同一商品销售价格分现销/赊销，或针对不同客户类型有不同的销售则应将其明确建于资料文件中。如果该品种货物因包装、储存、存取等因素，而有最小单位订货的要求时，则此订货单位应建于资料文件中。如果有客户因促销期间大量订购但先寄放在仓库未出货的资料，要将其明确建于资料文件中。

(3) 促销活动是流通业常用的营销方法，在进行订货数据处理之前，要将销售系统中对用户所订货商品适用的促销资料添加到订货处理系统。

促销活动大致可分为以下三种：

① 赠品

随货附赠或随量赠送赠品的促销方法不仅可提高销售量，而且可以将非畅销的商品搭配销售，故在流通业颇为流行。对于这些促销信息，如商品促销时间、促销条件、购赠商品等资料，都应建立文件。

② 兑换券

将兑换券附于商品包装内的促销方式，也是常见的方法。对于这些兑换券的资料，如兑换有效时间、兑换条件、兑换商品等都应建档。

③ 价格/数量折扣

越多买越便宜，鼓励客户大量采购；或清仓特卖期间，降价出售等非属赠品的折扣促销方式。若客户订购某金额或某数量商品而有价格折扣,则此折扣资料也应建立。

4.2.2 库存分配

订单资料输入系统,确认无误后,相关支持数据也已经准备好后,接下来最主要的处理作业就是如何将大量的订货资料,作为有效的汇总分类、调拨库存,以便后续的物流作业能有效地进行。

一、存货分配模式

存货的分配调拨,可分为单一订单分配及批次分配。

(1) 单一订单分配。此种情形多为线上实时分配,也就是在输入订单资料时,就将存货分配给该订单。

(2) 批次分配。累积汇总数笔的已输入订单资料后,再进行一次库存分配。物流中心因订单数量多、客户类型等级多,且多采用每天固定次数进行配送,因此批次分配可以确保库存作最佳的分配。采用批次分配时,需注意订单的分批原则,即批次的划分方法。随着作业的不同,各物流中心的分批原则虽然可能不同,但总结起来主要有下列几种方法:

① 按接单顺序划分。将整个接单时段划分成几个区段,若一天有多个配送梯次,可配合配送梯次,将订单按接单先后分为几个批次处理。

② 按配送区域/路径。将同一配送区域/路径的订单汇总一起处理。

③ 按流通加工需求。将需加工处理或需相同流通加工处理的订单汇总在一起处理。

二、参与分配订单范围

由于现实中存在很多不确定因素,一些订单的处理往往背离正常的步骤,出现异常。所以在分配当次的订单时,对于以往那些因故未出货的变动订单也应该考虑其是否参与此次分配。

(1) 解除锁定订单。在订单资料输入查核及确认处理作业里,因不符条件被锁定的资料,后经审核通过,解除锁定的订单资料是否参与当次库存分配。

(2) 前次已分配未出货订单。对于已经参与库存分配,因故未出货者,是否重新参与库存分配。

(3) 缺货补送订单。对于客户前张订单上的缺货品种,此次是否已有库存,这些缺货资料是否参与分配,以便补送出货。

(4) 延迟交货订单。因缺货而顺延的订单,此次是否已有库存,是否参与分配,以补出货。

(5) 远期订单。对于一些还未到交货期限的订单,系统应能自动追踪其交货日期,以便在交货日到时自动将其纳入参与分配范围,使其如期交货。

三、多仓或多储位或多批号的库存分配选择

若商品存放地点有多个仓库、多个储位或有多个批号时,则库存分配时应考量如何选择适当的出货仓库、出货批号、出货储位,以便达到适时(选择离客户最近的仓库出货)、适品(先进先出等)的配送。

四、库存分配的顺序

选定参与分配的订单后,如果这些订单的某商品总出货量大于可分配库存量,则还应该确定如何分配这些有限的库存。

(1) 优先权。对于一些例外的订单如上述的缺货补送订单、延迟交货订单或远期订单,这些在前次即应允诺调货的订单,或客户提前预约的订单应有有限取得存货的权利,因此当存货已补充或交货期限到时,应确定这些订单有有限的分配权。

(2) 客户等级。

(3) 交易量/交易金额。

(4) 客户信用状况。

五、库存分配的时机选择

由于库存货物被分配给某一订单后,它就被固定下来并且不能分配给其他订单,因此进行订单分配时机的选择是十分重要的。如果存货分配给订单的时间过早,那么一些顾客的优先权可能会受到影响,因为有限的库存储备必须重新定位以使新接受的订单

与之前已经确定日期的订单相适应。另外，过早进行订单分配还经常导致储备大大超过应有的存货水平，无法保证能够更灵活地应付顾客需求。

在大多数情况下，零件配送商一般都直到最后一刻，即运送日期的前一两天，甚至运送之前才分配货物。一旦存货数量根据批次和序列编号分配下来，他们就马上由订单填写人进行拣选，并为订单货物的运送做准备。

六、库存分配后缺货情况处理

库存分配后，若有缺货情况发生，则对于这些有缺货的订单应妥善处理：

(1) 重新调拨。订单间互相重新调拨，但须告知客户，并征求其同意。

(2) 补送。客户若允许缺货配送，且同意缺货的商品等待有货时予以补送或纳入下一次订单处理程序予以补送，则需将这些缺货品种记录成文件。

(3) 延迟交货(顺延)。客户若不允许缺货配送，但同意将整张订单延后配送，则需将这些顺延的订单记录成文件。

(4) 转至下一次订单。客户若不允许缺货配送，但同意将整张订单延后合并到下一次的订单，这些订单资料也需记录成文件。

缺货订单的处理方法有许多种，但其核心是必须跟客户协调好或交易时即与客户约定好，并将这些变动处理纳入系统，以减少客户的二次损失。

4.2.3 订单数据处理输出

订单资料经由上述一系列处理后，即可开始打印一次出货单据，以便开展后续的物流作业。

一、拣货单(出库单)

拣货单据的产生，在于提供商品出库指示资料，作为拣货的依据。拣货资料的形式需配合物流中心的拣货策略及拣货作业方式来加以设计，通过提供详细且有效的拣货信息，便于拣货的进行。

不同的拣货方法有不同的拣货资料需求，拣货方式因物流中心的特性不同而有所差别。一般来讲拣货方式可分为以下几种：

(1)单一订单拣货。每次拣取只针对一张订单。

① 一人拣取。一张订单由一个人从头到尾负责拣取。此种拣货方式的拣货单，只需将订单资料转为拣货需求资料即可。

② 分区接力拣取。将储存或拣货区划分成几个区域，一张订单由各区人员采用前后接力方式合力完成，因此只需一张拣货单，即并不需将一张订单拆成几张拣货单。

③ 分区汇总拣取。将储存区或拣货区划分成几个区域，将一张订单拆成各区域所需的拣货单，再将各区域所拣取的商品汇集一起。分区方式可采用按储存/拣货单位分区，也就是将商品储存区及拣货区按其储存单位或拣货单位分为数个区域，如托盘拣货区、成箱拣货区、单品拣货区，此种分区方式可便于储存管理及提高拣货效率。或按工作分区，也就是将储存或拣货区划分成数区，由一人或一组人员负责拣取区域内的货品，此方式可增加拣货人员对于商品存放位置的熟悉度，缩短拣货时间。

(2)批量拣货。将数张订单合成一批，再将各订单相同的商品订购数量加总起来，进行拣取处理。批量拣取的分批方式有下述几种：

① 按拣货单位分批。将同一种拣货单位的品种汇总一起处理。

② 按配送区域/路径分批。将同一配送区域路径的订单汇总一起处理。

③ 按流通加工需求分批。将需加工处理或需相同流通加工处理的订单汇总一起处理。

④ 按车辆需求分批。采取批量拣货方法拣取出的商品，需要先分类，再将商品分给各客户订单。一般分类方法有拣取时即加以分类及拣取完成后再分类两种。若配送商品需特殊的配送车辆(如低温车、冷冻、冷藏车)或客户所在地需特殊类型车辆者可汇总合并处理。

拣货单的打印应考虑商品储位，依据储位前后相关顺序打印，以减少人员重复往返取货，同时拣货数量、单位也需要详细准确标示。随着拣货、储存设备的自动化，传统的拣货单据形式已不符要求，利用计算机、通信等方式处理显示拣货资料的方式已取代部分传统的拣货资料，如利用计算机辅助拣货的拣货棚架、拣货台车以及自动存取的AS/RS。采用这些自动化设备进行拣货作业，需注意拣货资料的格式与设备显示器的配合以及系统与设备间的资料传送及反馈处理。

二、送货单

货物交货配送时，通常需附上送货单据给客户清点签收。因为送货单主要是给客户签收、确认出货资料，所以其正确性及明确性很重要。要确保送货单上的资料与实际送货资料相符，除了在出货前进行清点外，还需要注意出货单据的打印时间及修改。

(1) 单据打印时间。最能保证送货单上的资料与实际出货资料一样的方法是在出车前，一切清点动作都完毕后，而且不符合的资料也在计算机上修改后，再打印出货单。但此时打印出货单，常常会因为单据数量多，打印花费很多时间，继而影响出车时间。如果提早打印出货单，常常会因为拣货、分类作业后发现实际存货不足，或是客户临时更改订单等原因，造成原出货单上的资料与设计不符时，须重新打印送货单。

(2) 送货单资料。送货单据上的资料除了基本的出货资料外，对于一些订单异常情形，如缺货品种或缺货数量等也需要打印注明。

三、缺货资料

库存分配后，对于缺货的商品或缺货的订单资料，系统应提供查询或报表打印功能，以便人员处理。

(1) 库存缺货商品。提供按商品名称或供货商品名称查询的缺货商品资料，以提醒采购人员紧急采购。

(2) 缺货订单，提供客户名称或业务员名称查询的缺货订单资料，以便处理。

4.3 订单状况管理规划

订单由接单作业进入物流中心，经过输入、查核确认，库存分配等处理，最后产生出货指示资料，开始拣货、出货配送，最后经由客户签收、取款等整个循环作业，整个订单资料的处理在系统里才算结束，才能成为系统上的历史资料。订单资料在这循环里的每个节点的处理是否按正常程序进行，以及前后节点的接替是否确实无误，这些都是系统应该保证的。因此，对于实际作业中不可避免的订单异常变动情况，系统应可加以反映、修正，以维持系统的正确性以及避免因异常变动情况造成损失。因此订单资料经由销售分配产生出货指示资料，并不代表订单处理作业已结束。订单是否如期出货？是否如数出货？是否已收款？是否发生异常变动？发生异常变动后如何处理？这些订单状况管理是提升客户服务水平以及掌握营运状况的重要因素。

4.3.1 订单进度追踪

要掌握订单进展状况必须先了解订单从进入系统到结束离开系统（或与系统无直接关系）期间订单状态如何转换进行，以及系统档案如何设计，以便掌握其状态和控制订单处理周期。

一、订单状态

订单进入物流中心后，其状态随着作业流程的进行，一次变换。一般可分为下面几种状态，如图4-1所示。

（1）已输入及已确认订单。订单上的订货资料全部输入完毕而且所有的确认条件都已经审核处理完毕，则订货资料即为物流中心所允诺的客户出货资料，包括商品项目、数量、单价、交易配送条件等，物流中心须以此资料为出货依据，并尽可能依条件完成出货。

（2）已分配订单。经过输入确认的订单资料，即可进行库存的分配，以确认订单是否能如数出货，以及发生缺货如何处理。经过

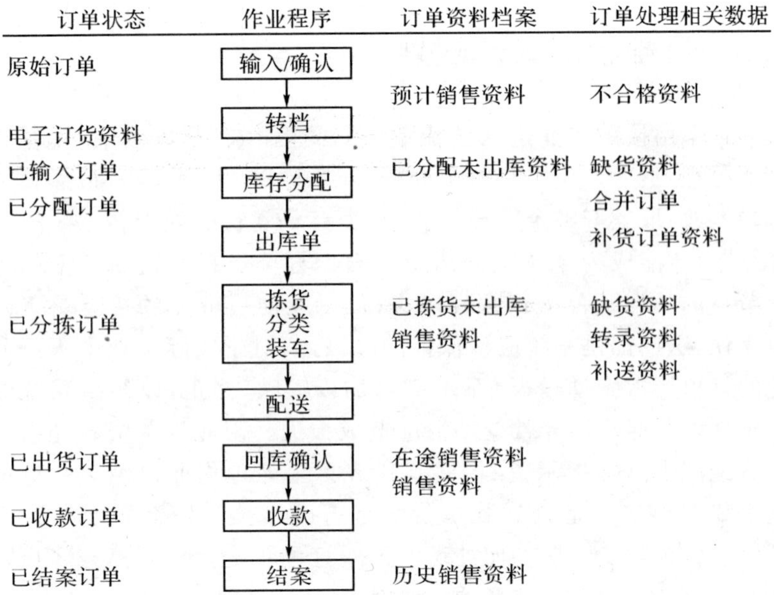

图 4-1 订单进度追踪

库存分配的已输入及已确认订单,即转为已分配订单。

(3)已拣货订单。经库存分配,产生出货指示资料,即可进行实际的拣货作业,其订单资料即转为已拣货订单。

(4)已出货订单。已拣货订单,经过分类、装车、出货,即转为已出货订单。

(5)已收款订单。已出货订单,经客户确认签收后,即为实际出货资料,此资料为应收账款依据。依据此资料,制作取款发票向客户取款。取得账款的出货订单,即转为已收款订单。

(6)已结案订单。已收款订单经内部确认结案后,即转为已结案订单。已结案订单是历史交易资料,在系统里可用于营运管理分析,但不再牵涉任何事务性交易处理,因此可根据需要在系统里保留某部分资料,其余的可将其存到磁盘或刻录到光盘备查,以免占据硬盘空间。

上述几种订单状态为物流中心一般订单的基本处理状态,物流中心可针对本身作业特性、作业需求加以延伸补充。

二、订单档案资料设计

确认以及划分完各种订单状态后，接下来订单状态管理就进入了系统如何对档案资料加以设计以便确实追踪记录，以及状态转换之间订单若有异常变动发生，则异常变动情形如何处理且记录成文件。

(1)订单状态。要掌握订单状态可针对每种状态设计相应的档案资料，比较有效率的做法是在订单数据文件(预计销售资料文件)中增设一个状态记录字段，每当订单改变其状态时，同步更改状态区位的状态记录。

(2)相关档案资料。

① 预计销售资料及不合格资料。客户的原始订单资料或电子订货接收的电子订货资料进入订单处理系统，经过确认审核后，合格的订单资料记录为预计销售资料文件，而不合格的订单资料记录为不合格资料文件。

② 已分配未出库销售资料及缺货资料、转录资料、补送资料。预计销售资料经过库存分配后，转为已分配未出库销售资料。而分配后缺货的商品资料记录为缺货资料文件；缺货的订单若要合并到下一张订单则记录为合并订单文件，若有库存予以补送则记录为补送订单文件。

③ 已拣货未出库销售资料。拣货后若发现缺货则缺货的商品资料记录为缺货资料文件；缺货的订单如果要合并到下一张订单则记录为合并订单文件，若有库存时予以补送则记录为补送订单文件。

④ 在途销售资料。已拣货未出库资料，出货配送后即转为在途销售资料。

⑤ 销售资料。在途销售资料，经过回库确认修改后即转为销售资料，此为实际的销售资料，为应收账款系统的清款资料来源。

⑥ 历史销售资料。销售资料，经过结案后即为历史销售资料。

三、订单状态资料的查询打印

记录订单的状态及相关档案后，可以通过随时查询订单的状况资料进行订单状况管理。如打印下列查询表格进行状态监控管理：

（1）订单状态明细表。

（2）未出货订单明细表。

（3）缺货订单明细表。

（4）未取款订单。

（5）未结案订单。

4.3.2 订单异常变动处理

掌握订单的状态变化及详细记录各阶段档案资料后，只要了解订单异常变动时所处的状态，再针对其对应的档案加以修正处理，就可以方便地进行订单异常变动管理了。下面举几种订单异常变动情形加以讨论。

一、客户取消订单

客户取消订单常造成许多损失，因此首先需在商流处理上与客户就此问题达成协议。就订单系统内部来看，如何处理此笔取消交易的订单？此订单目前进行到哪个作业状态？在系统哪个档案里？只要能回答这些问题，处理起来就比较简单了。

如果此订单处于已分配未出库状态，则应从已分配未出库销售资料里找出此笔订单，将其删除，并恢复相关品种的库存资料（可分配量/已分配量），且将已拣取的商品予以回库上架。

二、客户增订

客户在出货前，若临时打电话来增订某商品，则是否答应？是否来得及答应？若答应则如何将此增订项目加入原订单？

对此类问题的处理，首先查询客户的订单当前状态，看其是否未出货？是否来得及再去拣货？若接受其增订，则应追加此笔增订资料。若客户订单处于已分配状态，则应修改已分配未出库销售资料文件里的这笔订单资料，且更改商品库存档案资料（可分配量/已分配量）。

三、拣货时发生缺货

拣货时发现仓库缺货，则应从已拣货未出库销售资料里找出此笔缺货订单资料，加以修改。若此时出货单据已打印，还须重新打印。

四、配送前发生缺货

配送前装车清点发生缺货，则应从已拣货未出库销售资料找出此笔缺货订单资料，加以修改。若此时出货单据已打印，须重新打印。

五、送货时客户拒收/短缺

配送人员送货时，若客户对送货品种、数量有异议予以拒收，或是发生少送或多送等情况，则回库时应从在途销售资料里找出此客户的订单资料加以修改，以核对实际出货资料。

第5章 物流中心储存系统规划

5.1 储存空间的规划布置

储存货品的空间叫做储存空间,储存是物流中心的核心功能和重要的作业环节,储存区域规划得合理与否直接影响到物流中心的作业效率和储存能力。因此,储存空间的有效利用成为物流中心改善的重要课题。

在储存空间布置时,首先考虑的便是要储存货品的多少及其储存形态,以便能提供适当的空间来满足需求,因为在储存货品时,必须规划大小不同的区域,以适应不同尺寸数量货品的存放。对于空间的规划,首先必须先行分类,了解各空间的使用目的,确定储存空间的大小,然后再进行储存空间的设计布置。倘若由于储存空间的限制而无法满足储存要求时,则就要寻求可以提高保管效率的储存方法来满足规划要求。

5.1.1 储存空间规划概述

一、储存空间的定义

储存空间:即物流中心中以保管为功能的空间。储存空间包括物理空间、潜在利用空间、作业空间和无用空间(如图5-1所示),即:

储存空间=物理空间+潜在利用空间+作业空间+无用空间

物理空间:货物实际上占有的空间。

潜在利用空间:就是储存空间中没有充分利用的空间,一般物

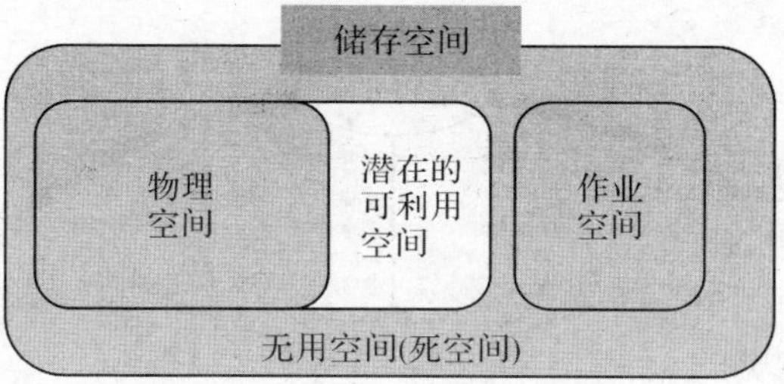

图 5-1　储存空间的分类

流中心一般有 10%～30%的潜在利用空间可加以利用。

作业空间：为了作业活动顺利进行所必备的空间，如作业通道、货物之间的安全间隙等。

二、影响储存空间的主要因素

影响储存空间的主要因素有八项，在人为要素上有作业方法及作业环境，在货品要素上有货品特性、货物存量、出入库量等，而在设备要素上有保管设备及出入库设备。各项因素的影响程度如表 5-1 所示。

表 5-1　储存空间的影响因素

影响因素	人	物				设　备	
空间	作业方法 作业环境	货品 特性	保管货 物量	入出 货量	入出库 件数	保管 设备	入出库 设备
物理空间	—	很大	很大	—	—	很大	—
潜在利用空间	—	很大	很大	—	—	很大	—
作业空间	很大	大	—	很大	很大	—	很大

5.1.2　储存空间的规划要素

一、储存空间规划的评估要素

储存空间的评估要素包括效率、流量、人性、成本、时间(如图 5-2 所示)。

(1)空间效率(效率)：储存品特性、储存货物量、出入库设备，

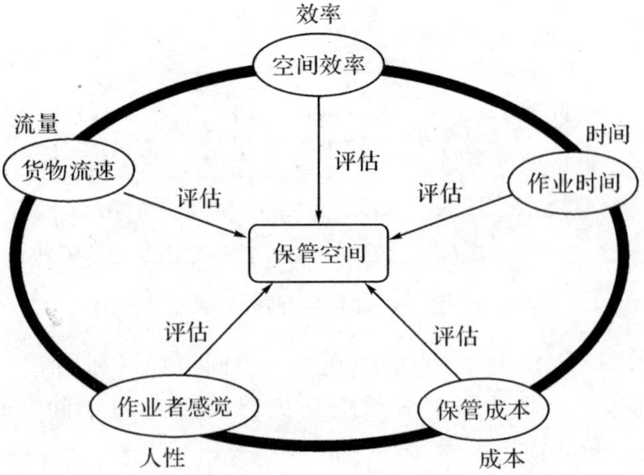

图 5-2 空间的评估要素

梁柱、走道的安排布置。

(2)货物流速(流量):进货量、保管量、拣货量、补货量、出货量。

(3)作业者感觉(人性):作业方法、作业环境。

(4)保管成本(成本):固定保管费用、保管设备费用、其他搬运设备费用。

(5)作业时间(时间):出入库时段、入出库时间。

二、储存空间规划的影响因素

进行储存空间规划时,首先需了解所有影响储存空间规划的要素,对其进行认真分析和考核。主要影响因素包括:

(1)货品尺寸、数量。

(2)托盘尺寸、货架空间。

(3)使用的机械设备(型号/式样、尺寸、产能、回转半径)。

(4)通道宽度、位置及需求空间。

(5)库内柱距。

(6)建筑尺寸与形式。

(7)进出货及托运位置。

(8)补货或服务设施的位置(防火墙、灭火器、排水口)。

(9)作业原则:动作经济原则、单元化负载、货品不落地原则、减少托运次数及距离、空间利用原则等。

三、储存空间的规划内容

储存空间规划的内容包括:

(1)仓储区域的作业空间规划。

(2)分拣区域的作业空间规划。

(3)柱子间隔规划。

(4)库房高度规划。

(5)通道规划。

5.2 仓储系统规划

5.2.1 仓储作业空间规划

进行仓储区域的空间规划时,应先求出存货所需占用的空间大小,并考虑货品尺寸及数量、堆码方式、托盘尺寸、货架货位空间等因素,然后进行仓储区域的空间规划。因为区域的规划与具体的储存策略密切相关,下面针对几种不同的储存策略,分别介绍其空间计算的方法。

一、托盘平置堆码

若公司货品多为大量出货,以托盘为单位置于地面上平置堆码的方式储存,则计算存货空间所需考虑到的因素有数量、托盘尺寸、通道等。假设托盘尺寸为 $P\times P$ 平方米,由货品尺寸及托盘尺寸算出每托盘平均可码放 N 箱货品,若公司平均存货量为 Q,则存货空间需求(D)为:

$$D=\frac{\text{平均存货量}}{\text{平均每托盘堆码货品量}}\times\text{托盘尺寸}$$

$$=\frac{Q}{N}\times(P\times P)$$

实际仓储需求空间还需考虑叉车存取作业所需空间,若以一般中枢通道配合单位通道规划，通道约占全部面积的 30%～35%，故实际仓储需求空间为：

$$A=D/(1-35\%)$$

二、使用托盘堆码

若货品多为大量出货，并以托盘堆码于地面上，则计算存货空间需考虑货品尺寸及数量、托盘尺寸、可堆码高度等因素。

假设托盘尺寸为 $P\times P$ 平方米，由货品尺寸及托盘尺寸算出每托盘平均可码放 N 箱货品，托盘在仓库内可堆码 L 层，若公司平均存货量约为 Q，则存货空间需求(D)为：

$$D=\frac{\text{平均存货量}}{\text{平均每托盘堆码货品箱数}}\times\text{托盘尺寸}$$

$$=\frac{Q}{L\times N}\times(P\times P)$$

三、使用托盘货架储存

若物流中心使用托盘货架来储存货品，则存货空间的计算除了考虑货品尺寸、数量、托盘尺寸、货架形式及货架层数外，还需考虑所需的巷道空间。假设货架为L层，每托盘约可码放 N 箱，若公司平均存货量为 Q，存货所需的面积为 P，则存货空间需求(D)为：

$$D=\frac{\text{平均存货量}}{\text{平均每托盘堆码货品箱数}\times\text{货架层数}}=\frac{Q}{L\times N}\times(P\times P)$$

由于货架系统具有区特性，每区由两排货架及存取通道组成，因此由基本托盘占地空间需换算成仓库区后再加上存取通道空间，才是实际所需的仓储工作空间，其中存取通道空间需视叉车是否作直角存取或仅是通行而异。而在各储存货架位内的空间计算，应以一个货格为计算基准，一般的货格通常可存放两个托盘。图 5-3 为储存空间的计算方法。

在图 5-3 中：

P_1：货格宽度；

P_2：货格长度；

Z：每货架区的货格数(每格位含 2 个托盘空间)；

W_1：叉车直角存取的通道宽度；

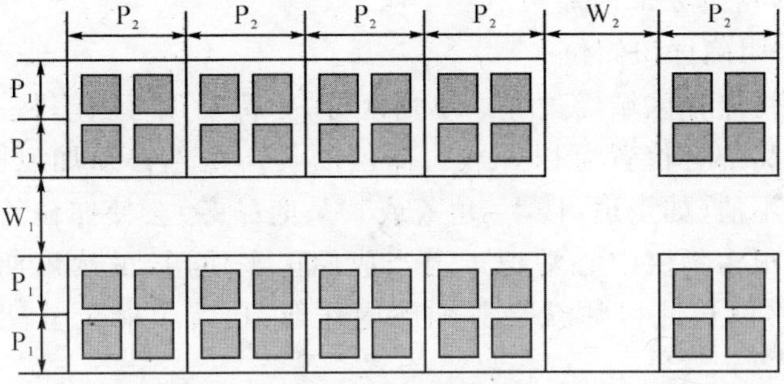

图 5-3　以托盘货架储存的储存空间计算

W_2:货架区侧向通道宽度；

A:货架使用平面面积；

B:储区内货架使用平面总面积；

S:总库存区平面面积；

Q:平均存货需求量；

L:货架层数；

N:平均每托盘码放货品箱数；

P:存货所需的基本托盘地面空间。

则货架使用面积

$$A=(P_1\times 4)\times(P_2\times 5)=4P_1\times 5P_2$$

货架使用总面积

$$B=\text{货架使用面积}\times\text{货架层数}=A\times L$$

总库存区平面面积

$$\begin{aligned}S&=\text{货架使用面积}+\text{叉车通道}+\text{侧通道}\\&=A+[W_1\times(5P_2+W_2)]+(2P_1\times W_2\times 2)。\end{aligned}$$

5.2.2　储位分配决策

在物流中心商品由入库到最后出库,其中最重要的环节就是商品在库时的管理。也就是说,商品进入物流中心后,应该如何放置,放置何处。这就涉及储位的分配问题,储位分配的好坏,影响到整个作业的顺畅与否。

一、储位分配的原则

1. 明确标识储位

先将储存区域经过详细规划区分，并标示编号，让每一种预储存的商品都有位置可以存放。储位的具体地点必须加以明确，边界含糊不清（如走道、楼上、角落或某某商品旁）会使储位管理发生混乱。很多物流中心常把走道当成储区来使用，虽然短期之内得到方便，但长此以往就会影响库内作业，违背了储位分配的基本要求。

2. 有效定位商品

依据商品保管方式的不同，应该为每种存货确定合适的储存单位、储存策略、分配法则，以及其他储存中要考虑的因素，把商品合理放置在预先准备的储位上。例如，冷藏货就该放冷藏库，流通速度快的商品应该放在靠近出口处，洗衣粉不应该和饼干放在一起，以及香烟不能和香水放在一起。

3. 及时更新记录

当商品按规划就位后，接下来就是储位的维护。无论是因为出货、淘汰，还是受其他因素影响，使商品的位置或数量发生改变时，必须及时、准确地记录变动前后的情况，使库存记录和实际数量完全吻合。

二、储位分配的要素

储位分配时要考虑的基本要素是储位空间、商品、人员，以及储放、搬运设备与资金等相关要素。

1. 储位分配的基本要素

(1)商品

与商品有关的一些影响因素有：

供应商：即商品的供应渠道，是本公司生产还是外购的，有无行业特性及影响。

商品特性：商品的体积、重量、单位、包装、周转快慢、季节性分布，及自然属性（腐蚀或融化等），温湿度要求，气味的影响。

进货规定：采购前置时间，采购作业特殊要求。

数量：如生产量、进货量、库存决策、安全库存等。

品种：种类类别、规格大小等。

还要考虑如何摆放，摆放时要考虑：

① 储位单位：储位的商品是单品、箱还是托盘，以及商品特性。

② 储位策略：是定位储放、随机储放、分类储放，还是分类随机储放，或者其他的分级、分区储放。

③ 储位分配原则：靠近出口，以周转率为基础。

④ 商品特性。

⑤ 补货的方便性。

⑥ 单位在库时间。

⑦ 订购频率。

(2)储位空间

不同类型物流中心的主要功能也不尽相同，有的强调保管功能，有的强调配送功能。因此，物流中心对储位空间的处理上也不一样：如果在重保管的物流中心，主要是仓库保管空间的储位分配；而在重配送的物流中心，则为方便于拣货及补货而进行储位配置。在储位规划时，首先要确定储位空间，就必须考虑空间大小、柱子排列、梁下高度、走道、机器回转半径等基本因素，再配合其他外在因素，才能合理安排库存商品。

(3)人员

规模较大的物流中心中，人员分工也比较细致，包括保管员、搬运员、拣货/补货员等。保管员负责管理及盘点作业，拣货员负责拣货作业，补货员负责补货作业，搬运员负责入库、出库作业和库内搬运。

二、储位分配的关联要素

除了上述三项基本要素——商品、储位空间、人员以外，其他关键要素还有储放设备、搬运与输送设备。如果商品不是直接堆放在地板上，就需要考虑相关的托盘、货架等；如果不是仅仅依靠人力搬运，则必须考虑使用叉车、输送机、笼车、堆高机等输送与搬运设备。

(1)搬运与输送设备

在选择搬运与输送设备时,需要考虑商品特性、商品的单位、容器、托盘等因素,以及作业流程与状况,储位空间的配置等,选择适合的搬运与输送设备,同时还要考虑设备成本和使用操作的方便性。

(2)储放设备

选择储放设备同选择搬运与输送设备考虑的基本内容一样,都包括商品特性、商品的单位、容器、托盘等基本条件,然后再选择适当的设备配合使用。

三、储位分配的步骤

1.仓储空间的规划布置

储存商品的空间称为仓储空间,对物流中心而言既是商品储存地,也是商品采购运销配送的中继站,因此仓储区域是商品储运的中心枢纽。仓储空间规划布置是物流中心规划设计的重要步骤,它受物流中心所执行的主要功能(保管功能与配送功能比重)的影响。以保管为主要功能的物流中心,库存的周转率较低,其空间布局要求最大限度地利用仓库的储存空间。而以配送为主要功能的物流中心,其空间布局在于寻求仓库的吞吐量为最大。仓储空间能否有效利用,是衡量物流中心规划是否合理的重要方面。

2.储位编码与商品编号

当清楚好各储区储位后,为了方便记忆与记录,储位编号、品名、序号等用来记录的辨识代码就非常重要。如果没有这些可辨识区分的符号代码,记忆系统便无法运作。实际上,储位编码就如同商品的住址,而商品编号就如同姓名一样,一封信在地址、姓名都写清楚的条件下,才能迅速正确地送到收信人手中。每种商品都要有一个地址及姓名,才能在需要的时候找到它。

(1)储位编码

储位编码与分区分类是相辅相成、互相依存的。由于进行储位编码,所以要具体落实分区分类(定区、排、列号)。储位编码是在一定保管区域内进行的,不能脱离保管区而存在。储位编码在保管业务中有重要作用。首先，能提高收发货效率，避免差错。收发货按号存取，对识别货垛较为便利，能缩短商品进出货作业时间，减少串号和错付等现象。其次，储位编码标志明显、货位识别容易，不同货区的保管员之间开展互助就比较容易，有利于调剂进出货作业的忙闲。再次，有利于商品的在库检查、盘点、对账等作业，能促进仓库账物相符。储位编码可以根据仓库各自不同的建筑、设备条件与业务管理需要而定。

对于整个仓库大范围的编码，可以根据仓库建筑物的平面、垂直布局，对不同功能的库房应区别编码。例如，可在干货区和冷冻区分别在各号首和号末注以“干”或“冻”以示区别。

(2)商品编号

商品编号的主要方法有三种：

① 按数字顺序编号法：该方法由1开始一直往下编，常用于账号或发票编号，属于延展式的方法。需要编号索引，否则无法直接了解编号意义。

② 数字分段法：是前一方法的变形，即把数字分段，每一段代表一类商品的共同特性。该方法要编交叉索引，但比第一种方法容易查询。

③ 分组编号法：该编号法把商品的特性分成四个数字组，每一个数字的位数多少要视实际需要而定。

3.储位分配

当保管空间、储位编码与商品编号等一切前置工作都安排好后，接下来便是用什么方法把准备保管的商品分配到最合适的储位上去，例如以人工分配管理、以计算机辅助分配管理或全由计算机分配管理等。至于哪种为最佳方式，并不是绝对的，并不是说全由计算机来分配储位就是最好的储位分配方式，必须因地制宜，要配合商品的储位、储存单元等因素综合考虑。

(1)商品的分配储位单元

商品分配储位单元就是每一次分配储位时的计算管理单位，由于其进货量的大小，或储存设备的使用种类的不同，是商品上架时会有大小、数量不同的分配单元，大致可分为三种：

个别储位单元：表示每一储位的储存状况均需记录。

纵深储位单元：表示以每道纵深的储位为一个管理单元，每单元以放置一种商品为原则，其储存状况要录入系统。

区域储位单元：表示以客户每一商品的“最常进货批量”、“最适宜进货批量”或“最小进货批量”为公倍数，设置一个储区作为管理单元，例如10个托盘所占的区域为一个单元，每个区域单元的储位以安排一种商品为原则，记录其储存状况。

(2)分配策略

分配方式若是人工操作，都是依据库存储位报表来决定商品摆放位置，并记录商品储位变动情形。计算机辅助分配是在进货批次作业时，管理者通过计算机查询出库存储位状况，指示进货人员摆放商品。在商品摆放完毕后，根据读取条形码的手持终端机跟踪储位变动记录。计算机全自动分配则是储位分配全由计算机运算后指示进货人员，进货人员由无线电终端机接收储位摆放指示将商品上架，并将储位变动信息输入RF后传入计算机，以便进行下一次进货作业分配。

(3)分配方式

储位分配方式根据计算机化的程度可分三种：人工分配方式，计算机辅助分配方式及计算机全自动分配方式。

①人工分配方式

由于以人工分配储位，所凭借的是管理者的知识和经验，其效率会因人而异。另一方面，虽然人工分配可以依据报表，但报表的传递速度和准确度会影响人工分配的结果。人工分配管理方式的特点是：

A. 分配决策者必须熟记这些储位分配原则，并且灵活运用。例如，进行ABC分析来排列货架，因为货架上存取货物以腰部的高度最容易取出商品，而在人体工程学上也认为此高度最适合存取作业，因此若将货架分成三段，把经常存取的A类商品放在中段，下段则放置出货量仅次于A类品的B类商品，而进出货频率不高的 C 类商品则放在上段。若以缩短取货的距离角度看，就要把 A 类商品分配到靠近出口处，其次是 B 类品，而货架的最里面则放置 C 类品。若有笨重商品则要考虑分配到储架底层，而贵重商品就要考虑另存放至可封闭隔离的储区中。总之，对于商品的分配，在事先就必须先经一番规划，定出一套适合自己公司所保存商品的特性需求的规则表。

B. 仓储人员必须严格遵守分配者的指示（最好能以书面方式指示，避免以口头交代的方式），将商品存放于指定的储位上，并且及时更新储位信息。仓管人员每完成一个储位分配的内容后，就必须把每个储位内容确实记录至表格中，相同的货区因补货或拣货从储位移出后也必须登录消除，这个登录工作虽然很繁琐，但必须确实执行以保证账物相符。为了简化登录工作，可利用计算机及配合一些自动读取登录设备来达成，如条形码扫描读取机等。下图为人工分配储位作业的流程图。

图 5-4　人工分配储位的作业流程

② 计算机辅助分配方式

在物流中心储位管理中以计算机来分配储位依靠的是现代信息技术。利用自动读取或辨识设备来读取资料，透过无线电或网络，再配合储位监控或储位管理软件来控制储位分配，这两种方式由于其中的资料输入输出（IO）均由条形码读取机读入，故错误率低，均为实时控制。资料录入后，通过无线电或网络把信息传回。其中储位移动位置用软件明确指定，不会有人为主观影响，因此在执行上效率高于人工分配方式。

收集在库储位信息后利用一些图形监控软件,实时的转换显示在库各储位的使用情况。提供给储位分配者实时查询,为储位分配提供参考。因为还是由人工下达储位分配指示,所以仍需调仓作业。下图为计算机辅助分配方式的作业流程图。

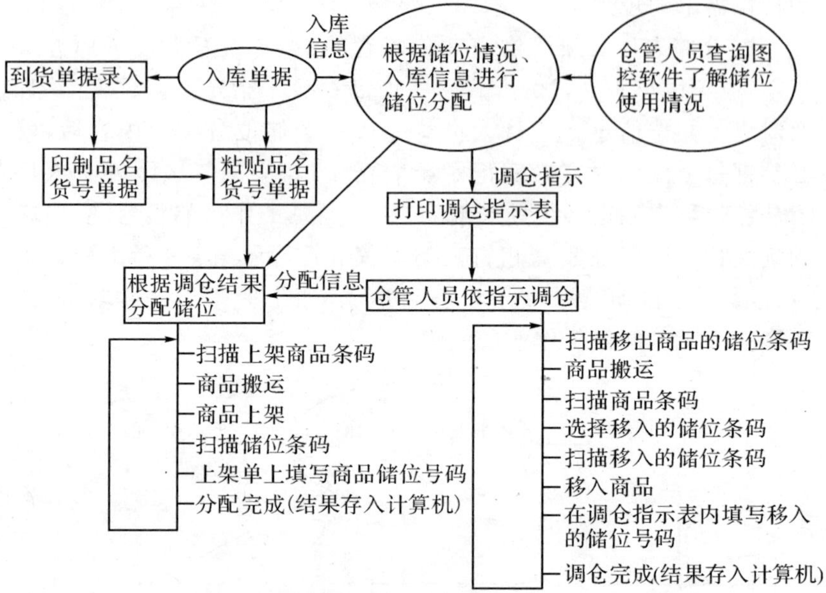

图 5-5 计算机辅助分配储位的作业流程图

③ 计算机全自动分配方式

利用一些图形监控软件及储位管理软件,经收集在库储位信息及其他入库指示后,经计算机运算来下达储位分配指示。由计算机自动下达储位分配指示,任何时段都可以保持储位处于合理分配中,所以不需调仓。

5.2.3 ABC 库存分类法

一、ABC 库存分类法

ABC 分类法是运用数理统计的方法,对事务、问题分类排队,以抓住事物主要矛盾的一种定量的科学管理技术。ABC 分类法运用“关键的少数和次要的多数”的原理，将研究对象的构成要素，按一定的标准区分为 A、B、C 三部分，根据事物的特点，分别对 A、B、C 给予不同的管理，如重点管理和一般管理等。

1879 年意大利经济学家帕累托在研究人口与收入的分配问题时，发现占人口百分比不大的少数人(20%)的收入却占总收入的很大的一部分(80%)；而大多数人(80%)的收入却只占总收入的很少的一部分(20%)，即所谓的“关键的少数和次要的多数”的关系。美国通用电气公司董事长迪基通过对公司所属某厂的库存物品调查后发现，上述原理适用于存储管理，库存物品按所占资金的多少也可分成三类，并分别采取不同的管理办法和采购、存储策略，尤其是对重点物品实行 ABC 分析的重点管理的原则。

由于物流中心库存具有数量大、品种多、周转快等特点，特别是对于一些大型物流中心，每天典型的分拨库存可能包括上千批，甚至几十万批，因此对库存的每个批次施以同等的管理不仅不必要，也不可能。实际上，物流中心一般都采用 ABC 分类技术对库存进行管理。如表 5-2 所示，采用 ABC 分类法将资金占用量多的几种库存物品列为 A 类物品，实行重点管理；对资金占用量次要的大多数品种划分为 C 类物品，采用较为简便的方法加以控制管理；而将处于中间状态的品种 B 类物品，进行一般控制管理。

表 5-2　ABC 分类法　(%)

类　别	A	B	C
品种种类	5～20	20～30	60～70
所占资金	60～70	约 20	<15

有许多指标都可以作为分类的标准，最常见的莫过于所占资金、销售额、利润贡献率、库存价值、使用率和分类对象本身的性质。最典型的做法就是先根据某种指标将产品按顺序排列，然后把特征相似的归在一个组。在某些特殊情况下，可以根据多个指标进行分类。例如，可以将物品的毛利和对客户的重要程度组成

一个复合的指标，而不是单纯根据销售额这一个指标。

当然，将物品分为三类只是理论上的一般做法，实际应用中，有些企业将库存物品分为四类、五类甚至进一步作更精细的划分。这种分类将大大便利库存管理，管理的重点将被放在特定的产品分类。例如，A 类物品通常要求具有较高的服务水平，相应地也就要求相对较高的安全库存。另一方面，为了降低整体的库存水平，C 类物品就允许有较低的安全库存，相应地具有较低的服务水平。

二、ABC 分类管理的步骤

1. 确定分类标准

对库存物品通常按库存物品所占总库存资金的比例和所占库存总品种数目的比例这两个指标来分类。具体地说，A 类库存物品数目少但资金占用量大，即 A 类库存物品占库存物品总数的 5%～20%，而其占用资金金额占库存占用资金总额的 60%～70%。C 类库存物品数目大但资金占用小，即 C 类库存物品占库存物品总数的 60%～70%，而其占用资金金额占库存占用资金总额的 15%以下。B 类库存介于两者之间，B 类库存物品占库存物品总数的 20%～30%，其占用资金金额占库存占用资金总额的 20%左右。

2. 根据统计资料进行分类

统计出统计期内每种库存物品的数目和资金额，并对每种物品制作一张 ABC 分析卡（如表 5-3）并填写好（物品编号暂时不填，待下面排队后再填）。将每种物品的 ABC 分析卡按金额从大到小的顺序排队，并按此顺序将各种物品编上号，填写在各自的分析卡上。

表 5-3　ABC 分析卡

（物品编号）		（物品名称）
单　价	数　量	金　额

按照排队顺序把各种物品的有关数据填入 ABC 分析表，并进

行计算统计，填完表上各项目。表 5-4 给出了一个填写好了的 ABC 分析表。

表 5-4　ABC 分析表

物品编号	数量	单价(元)	金额(元)	金额累计(元)	金额累计(%)	分类
1	3820	480	1833600	1833600	66.80	A
2	1680	470	789600	2623200		
3	1060	200	212000	2835200		
4	23750	8	190000	3025200		
5	6000	29	174000	3199200	88.60	B
6	3820	45	171900	3371100		
13	4000	1.5	60000	4012365		
14	4880	10.2	49776	4062141	100.0	C
15	37	11.27	41675	4103816		
44	1838	1.2	1606	4527607		
45	1060	1.0	1606	4529213		

根据表 5-4 所示的 ABC 分析表可以归纳出 ABC 分类表(表 5-5)，到此分类工作结束。分类后，就可以对 A、B、C 三类物品分别提出管理方法和细则，实行分类管理。

表 5-5　ABC 分类表

类别	金额(元)	资金总额(元)	金额(%)	金额累计(%)
A	190000 以上	3025200	66.8	66.8
B	190000～60000	987165	21.8	88.6
C	60000 以下	250783	11.4	100.0

3. 按类别区别化管理

在对库存进行了分类之后，接着便是根据企业的经营策略对不同级别的库存进行不同的管理和控制，如表 5-6。

表 5-6 ABC 分类管理法

项目/级别	A 类库存	B 类库存	C 类库存
控制程序	严格控制	一般控制	简单控制
库存量计算	依库存模型详细计算	一般计算	简单计算或不计算
进出记录	详细记录	一般记录	简单记录
库存检查频度	密集	一般	很低
安全寸量	低	较大	大量

A 类库存:这类库存物品数量虽少但对企业却极为重要,是需要严格管理和控制的库存。企业必须对这类库存定时盘点,详细记录及经常检查物品使用情况、存量增减、品质维持等信息,加强进货、发货、运送管理,在满足企业内部需要和顾客需要的前提下维持尽可能低的经常库存量和安全库存量。

B 类库存:这类库存属于一般重要的库存,对这类库存的管理强度介于 A 类库存和 C 类库存之间。对 B 类库存一般进行正常的例行管理和控制。

C 类库存:这类库存物品数量大但对企业的重要性低,因而被视为不重要的库存。对这类库存进行一般简单的管理和控制。比如,大量采购大量库存、减少这类库存的管理人员和设施、库存检查时间间隔长等。

5.3 自动化立体仓库设计

5.3.1 自动化立体仓库概述

自动化立体仓库,又称立库、高层货架仓库、自动仓储 AS/RS (Automatic Storage & Retrieval System)。它是一种用高层立体货架(托盘系统)储存物资,用电子计算机控制管理和用自动控制堆垛运输车进行存取作业的仓库。仓库的功能从单纯地进行物资的储存保管,发展到担负物资的接受、分类、计量、包装、分拣配送、存档等多种功能。这有助于实现高效率物流和大容量储藏，能适应现代化生产和商品流通的需要。

自动化仓库是生产物流的重要组成部分。生产物流是从原材料采购开始，经过基本制造过程的转换活动，最后形成具有一定使用价值的产成品，并将其运至成品库或用户处。物料经历着采购运进、入库验收、存放、加工制造，进入成品库以及成品外运等一系列物料实体的运送的动态流转过程，其中均包含了存储环节。

历史和现实已充分证明，使用自动化立体仓库能够产生巨大的社会效益和经济效益。效益主要来自以下几方面：

(1)高层货架存储

由于使用高层货架存储货物，存储区可以大幅度地向高空发展，充分利用仓库地面和空间，因此节省了库存占地面积，提高了空间利用率。目前世界上最高的立体仓库已达50米。立体仓库单位面积的存储量是普通仓库的5～10倍。采用高层货架储存并结合计算机管理，可以实现货物的先入先出原则，防止货物的自然老化、变质、生锈或发霉。立体仓库也便于防止货物的丢失及损坏，对于防火防潮等大有好处。集装箱化的存储也利于防止货物搬运过程中的破损。

(2)自动存取

AS/RS使用机械和自动化设备，运行和处理速度快，提高了劳动生产率，降低了操作人员的劳动强度。同时，能方便地纳入企业的物流系统，使企业物流更趋合理化。

(3)计算机控制

能够始终准确无误地对各种信息进行存储和管理，减少了货物处理和信息处理过程中的差错；而人工管理则不能做到这一点。同时借助于计算机管理还能有效地利用仓库储存能力，便于清点和盘库，合理减少库存，加快资金周转，节约流动资金，从而提高仓库的管理水平。如，某汽车厂的仓库，在采用自动化仓库后，库存物资金额比过去降低了50%，节约资金数百万元。

自动化仓库的信息系统可以与企业的生产信息系统联网，实现企业信息管理的自动化。同时，由于使用自动化仓库，促进企业的科学管理，减少了浪费，保证均衡生产，从而也提高了操作人员的素质和管理人员的水平。

由于仓储信息管理及时准确，便于企业领导随时掌握库存情况，根据生产及市场情况及时对企业规划作出调整，提高了生产的应变能力和决策能力。

由于使用自动化仓库，会带动企业其他部门人员素质的提高，还有其他间接的社会效益，如提高装卸速度等。

5.3.2 自动化立体仓库的分类

自动化立体仓库是一个复杂的综合自动化系统，作为一种特定的仓库形式，一般有以下几种分类方式。

(1)按建筑形式可以分为整体式和分离式仓库

整体式是指货架除了储存货物以外，还可以作为建筑物的支撑结构，就像是建筑物的一个部分，即库房与货架形成一体化结构。分离式是指储存货物的货架独立存在，它在建筑物内部。它可以将现有的建筑物改造为自动化仓库，也可以将货架拆除，使建筑物用于其他目的。

(2)按货物存取形式可以分为单元货架式、移动货架式和拣选货架式仓库

单元货架式是一种最常见的结构，货物先放在托盘或集装箱内，再装入单元货架仓库货架的货格中。移动货架式是由电动货架组成。货架可以在轨道上行走，由控制装置控制货架的合拢和分离，作业时货架分开，在巷道中可进行作业。不作业时可将货架合拢，只留一条作业巷道，从而节省仓库面积，提高空间的利用率。

拣选货架式仓库的分拣机构是这种仓库的核心组成部分。它有巷道内分拣和巷道外分拣两种方式。两种分拣方式均又分人工分拣和自动分拣。

(3)按货架构造形式可分为单元货格式、贯通式、水平循环式和垂直循环式仓库

单元货格式仓库(参见图 5-6)是使用最广、适用性较强的一种仓库形式。其特点是货架沿仓库的宽度方向分成若干排,每两排货架为一组,其间有一条巷道供堆垛起重机或其他起重机作业。每排货架沿仓库纵长方向分为数列,沿垂直方向又分若干层,从而形成大量货格,用以储存货物。在大多数情况下,每个货格存放一个货物单元(一个托盘或一个货箱)。在某些情况下,例如,货物单元比较小,或者采用钢筋混凝土的货架,则一个货格内往往存放两三个货物单元以便充分利用货格空间,从而减少货架投资。

图 5-6　单元货格式自动立体仓库

在单元货格式仓库中,巷道占去了三分之一左右的面积。为了提高仓库利用率,在某些情况下可以取消位于各排货架之间的巷道,将个体货架合并在一起,使每一层、同一列的货物互相贯通,形成能依次存放多货物单元的通道。在通道一端,由一台入库起重机将货物单元装入通道,而在另一端由出库起重机取货。这就是贯通式仓库。根据货物单元在通道内移动方式的不同,贯通式仓库又可进一步划分为重力式货架仓库(参见图 5-7)和梭式小车式货架仓库。

在重力式货架中,存货通道带有一定的坡度。被入库起重机装入通道的货物单元能够在自重作用下,自动地从入库端向出库

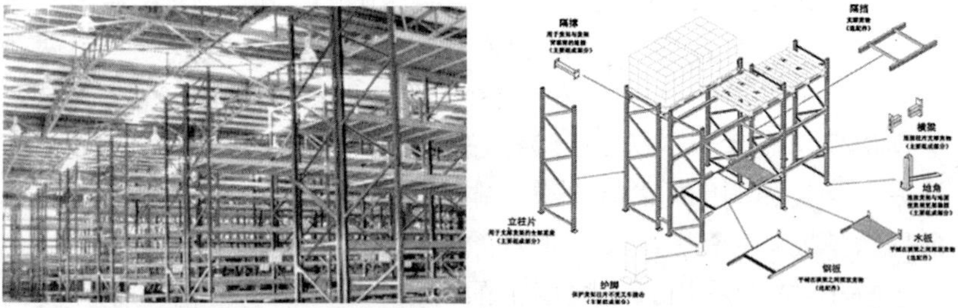

图 5-7 重力式货架仓库

端移动。直至通道出库端或者碰上已有的货物单元停住为止。位于通道出库端的第一个货物单元被出库起重机取走之后,位于它后面的各个货物单元便在重力作用下依次向出库端移动一个货位。由于在重力式货架中,每个存货通道只能存放同一种货物,所以它适用于货物品种不太多而数量又相对较大的仓库。

梭式小车式货架仓库的工作方式,由梭式小车在存货通道内往返穿梭似地搬运货物。要入库的货物由起重机送到存货通道的入库端,然后由位于这个通道内的梭式小车将货物送到出库端或者依次排在已有货物单元的后面。出库时,由出库起重机从存货通道的出库端叉取货物。通道内的梭式小车则不断地将通道内的货物单元依顺序搬到通道口的出库端上,给起重机“喂料”。这种货架结构比重力式货架要简单得多。梭式小车可以由起重机从一个存货通道搬运到另一通道。必要时,这种小车可自备电源。

水平旋转货架式仓库。这种仓库的货架本身可以在水平面内沿环形路线来回运行。每组货架由数十个独立的货柜构成,如图 5-8 所示。用一台链式输送机将这些货柜串联起来。每个货柜下方有支承滚轮,上部有导向滚轮。输送机运转时,货柜便相应地运动。需要提取某种货物时,操作人员只需在操作台上给予出库指令,相应的一组货架便开始运转。当装有该货物的货柜来到拣选口时,货架便停止运转。操作人员可从中拣选货物,货柜的结构形式根据所存货物的不同而变更。

水平旋转货架式仓库对于小件物品的拣选作业十分合适。这

图 5-8　水平旋转式货架

种仓库简便实用，能够充分利用建筑空间，对土建没有特殊要求，在作业频率要求不高的场合是很适用的。

垂直旋转货架式仓库(参见图 5-9)与水平循环货架仓库相似，只是把水平面内的旋转改为垂直面内的旋转。这种仓库的货架本身是一台垂直提升机，提升机的两分支上都悬挂有货格。提升机根据作用命令可以正转或反转，使需要提取的货物降落到最下面的取货位置上。这种垂直旋转货架特别适用于存放长的卷状货物，像地毯、地板革、胶片卷、电缆卷等。这种货架也可用于储存小件物品。

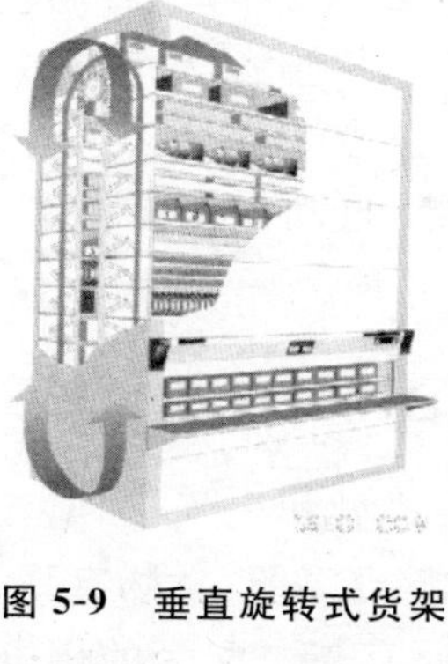

图 5-9　垂直旋转式货架

(4)按所起的作用可以分为生产性仓库和流通性仓库

生产性仓库是指工厂内部为了协调工序和工序、车间和车间、外购件和自制件物流的不平衡而建立的仓库，它能保持各生产工序间进行有节奏的生产。

流通性仓库是一种服务性仓库，它是企业为了调节生产厂和用户间的供需平衡而建立的仓库。这种仓库进出货物比较频繁，吞吐量较大，一般都和销售部门有直接联系。

(5)按自动化仓库与生产连接的紧密程度可分为独立型、半紧密型和紧密型仓库。

独立型仓库也称为"离线"仓库，它是指从操作流程及经济性等方面来说都相对独立的自动化仓库。这种仓库一般规模都比较大，存储量较大，仓库系统具有自己的计算机管理、监控、调度和控制系统。又可分为存储和中转型仓库。如，上海宝钢总厂的备件自动化立体仓库，它共有9000个货位，存储量为4500吨，物流中心也属于这一类仓库。

半紧密型仓库是指它的操作流程、仓库的管理、货物的出入和经济性与其他厂(或部门、或上级单位)有一定关系，而又未与其他生产系统直接相联。济南第一机床厂中央立体库和第二汽车制造厂配套立体库是比较典型的例子。

紧密型仓库也称为"在线"仓库，它是那些与工厂内其他部门或生产系统直接相联的立体仓库，两者间的关系比较紧密。仪征化纤股份公司涤纶长丝立体仓库、天水长城开关厂板材立体库(在柔性生产线计算机的统一指挥下直接送板材、半成品物料及其信息)是其中的例子。当然，自动化仓库还可以有其他分类方式，以上所述只是比较普遍的几种。

5.3.3 自动化立体仓库的构成

自动化立体仓库是机械和电气、强电控制和弱电控制相结合的产品。它主要由货物储存系统、货物存取和传送系统、控制和管理等三大系统所组成，还有与之配套的供电系统、空调系统、消防报警系统、称重计量系统、信息通信系统等。

1. 货物储存系统

本系统由立体货架的货格(托盘或货箱)组成。立体货架机械结构可分为分离式、整体式和柜式三种,其高度分为高层货架(12m 以上)、中层货架(5～12m)、低层货架(5m 以下),按货架形式分为单元货架、重力货架、活动货架和拣选货架等。货架按照排、列、层组合而成立体仓库储存系统。

2. 货物存取和传送系统

本系统承担货物存取、出入仓库的功能,它由有轨或无轨堆垛机、出入库输送机、装卸机械等组成。

堆垛机又称搬运车,其结构形式多种多样,通常可分为单柱、双柱结构,有轨、无轨结构,有人操作、无人操作,人控、PC 控制、遥控等方式。行走动力有电力、电瓶、内燃动力等;其动行方式有直线运动和回转运动,合起来可以有四个自由度,也有多达六个自由度的。

出入库输送机可根据货物的特点采用传送带输送机、机动辊道、链传动输送机等,主要将货物输送到堆垛机上下料位置和货物出入库位置。装卸机械承担货物出入库装车或卸车的工作,一般由行车、吊车、叉车等装卸机械组成。

3. 控制和管理系统

本系统一般采用计算机控制和管理,视自动化立体仓库的不同情况,采取不同的控制方式。有的仓库只采取对存取堆垛机、出入库输送机的单台 PLC 控制,机与机无联系;有的仓库对各单台机械进行联网控制。更高级的自动化立体仓库的控制系统采用集中控制、分离式控制和分布式控制,即由管理计算机、中央控制计算机和堆垛机、出入库输送等直接控制的可编程序控制器械组成控制系统。

管理计算机是自动化立体仓库的管理中心,承担入库管理、出库管理、盘库管理、查询、打印及显示、仓库经济技术指标计算分析管理功能,它包括在线管理和离线管理。

中央控制计算机是自动化立体仓库的控制中心,它沟通并协调管理计算机、堆垛机、出入库输送机等的联系；控制和监视整个自动化立体仓库的运行，并根据管理计算机或自动键盘的命令组织流程，以及监视现场设备运行情况和现场设备状态、监视货物流向及收发货显示，与管理计算机、堆垛机和现场设备通讯联系，还具有对设备进行故障检测及查询显示等功能。

直接控制是PLC操作的单机自动控制器，它直接应用于堆垛机和出入库输送的控制系统，实现堆垛机从入库取货送到指定的货位，或从指定的货位取出货物放置到出库取货台的功能。

5.3.4 自动化立体仓库规划

立体仓库的规划设计一般包括以下几个阶段：

概念设计：明确建设立体仓库的目标和有关的背景条件。也是总体设计的准备阶段。

基本设计：对立体仓库的总体布置、设施配备、管理和控制方式、进度计划以及预算等进行全面的规划和设计。即总体设计阶段。

详细设计：根据总体设计的要求，对组成立体仓库的所有设备和设施的详细设计或选型，此阶段要完成所有设备和设施的制造和施工图纸。

下面将以单元式立体仓库为例，介绍总体规划与设计的一般步骤和方法。

1. 规划准备阶段

立体仓库是一项系统工程，需要花费大量投资，因此在建设前必须明确企业建设立体仓库的必要性和可能性，并对建库的背景条件进行详细的分析。一般都要做以下几个方面的工作。

(1)确认建设立体仓库的必要性。根据企业的生产经营方针、企业物流系统的总体布置和流程，分析确定立体仓库在企业物流系统中的位置、功能和作用。

(2)根据企业的生产规模和水平，以及立体库在整个物流系统中的位置，分析企业物流和生产系统对立体库的要求，并考虑企业的经营状况和经济实力，确定立体库的基本规模和自动化水平。

(3)调查拟存货物的品名、特征（例如易碎、怕光、怕潮等）、外形及尺寸、单件重量、平均库存量、最大库容量、每日入出库数量、入库和出库频率等，以便确定仓库的类型、库容量和出入库频率等。

(4)了解建库现场条件，包括气象、地形、地质条件、地面承载能力、风及雪载荷、地震情况以及其他环境影响等。

(5)调查了解与仓库有关的其他方面的条件。例如，入库货物的来源及入库作业方式，进、出库门的数目，包装形式和搬运方法，出库货物的去向和运输工具等。

概念设计阶段也是项目的详细论证阶段。如果论证通过，本阶段的分析研究结果也为立体库的总体设计奠定一个可靠的基础。

2. 规划设计阶段

(1)确定仓库的结构类型和作业方式

立体仓库一般都是由建筑物、货架、理货区（整理和倒货区域）、管理区、堆垛机械和配套机械几部分组成的。确定仓库的结构类型就是确定各组成部分的结构组成，如：

a. 建筑物的特征：原有还是新建，高层还是低层等；

b. 货架的结构和特征：库架合一或库架分离式，横梁式或牛腿式，焊接式或组合式等；

c. 理货区的面积和功能：和高架区的位置关系，所进行的作业，配备的设施等；

d. 堆垛机械的类型：有轨巷道式堆垛机、无轨堆垛机、桥式堆垛机和普通叉车等；

e. 配套设备的类型：配套设备主要指那些完成货架外的出入库搬运作业、理货作业以及卡车的装卸作业等的机械和设备，包括叉车、托盘搬运车、辊子输送机、链条输送机、升降台、有轨小车、无轨小车、转轨车以及称重和检测识别装置等，对于一些分拣仓库，还配备有自动分拣和配货的装置。应根据立体库的规模和工艺流程的要求确定配套设备的类型。

最后,根据工艺要求,决定是否采用拣选作业。如果以整单元出库为主,则采用单元出库作业方式;若是以零星货物出库为主,则可采用拣选作业方式;并根据具体情况,确定采用“人到货前”拣选,还是“货到人处”拣选。

(2)确定货物单元的形式、尺寸和重量

货物单元是指进行出入库作业和储存的集装单元,由集装单元化器具和货物两部分组成。因为单元式立体仓库是以单元化搬运为前提的,所以确定货物单元的形式、尺寸及重量显得尤为重要。一般需要确定两个方面的内容:集装单元化器具的类型,货物单元的外形尺寸和重量。

立体库常用的集装单元化器具有托盘和集装箱,且以托盘最为常见。托盘的类型又有许多种,如平托盘、箱式托盘、柱式托盘和轮式托盘等,一般要根据所储存货物的特征来选择。当采用堆垛机作业时,不同结构的货架,对托盘的支腿有不同的要求,在设计时尤其要注意。

为了合理确定货物单元的尺寸和重量,需要对所有入库的货物进行 ABC 分析,以流通量大而种类较少的 A 类货物为主要矛盾,选择合适的货物单元的外形尺寸和重量。对于少数形状和尺寸比较特殊以及很重的货物,可以单独进行储存。

(3)确定货物单元的形式、尺寸和重量

立体仓库是以单元化搬运为前提的,所以确定货物单元的形式、尺寸及重量是一个重要的问题。它不仅影响仓库的投资,而且对于整个物流和仓储系统的配备、设施以及有关因素都有极为重要的影响。因此,为了合理确定货物单元的形式、尺寸和重量,需要对所有入库的货物,抓住在流通中的关键环节,对货物单元的品种进行 ABC 分析,选择最为经济合理的方案。对于少数形状和尺寸比较特殊以及很重的货物,可以单独处理。例如,汽车上的前桥、后桥、车身等大件,形状不规则,尺寸又大,难以形成单元,就不一定非要与其他零件同入一个立体仓库。它们的储存问题可以用推式悬挂输送机或者其他方式单独处理。

(4)确定堆垛机械和配套设备的主要参数

立体库常用的堆垛机械为有轨巷道堆垛机、无轨堆垛机(高架叉车)、桥式堆垛机和普通叉车等。在总体设计时,要根据仓库的高度、自动化程度和货物的特征等合理选择其规格结构,并确定其主要性能参数(包括外形尺寸、工作速度、起重量及工作级别等)。

立体库配套设备的配备应根据系统的流程和工艺统筹考虑,并根据立体库的出入库频率、货物单元的尺寸和重量等确定各配套机械及设备的性能参数。如对于输送机,则根据货物单元尺寸确定输送机的宽度,根据立体库的频率要求确定输送机的速度。

总体设计时,要根据仓库的规模、货物的品种、出入库频率等选择最合适的机械设备,并确定其主要参数;根据出入库频率确定各个机构的工作速度;根据货物单元的重量选定起重、装卸和堆垛设备的起重量;对于输送机,则根据货物单元尺寸确定输送机的宽度,并确定使整个系统协调工作的输送机的速度。

(5)确定仓库总体尺寸

确定仓库的总体尺寸,关键是确定货架的长宽高总体尺寸。立体仓库的设计规模主要取决于其库容量,即同一时间内储存在仓库内的货物单元数。如果已经给出库容量,就可以直接应用这个参数;如果没有给出,就要根据拟存入库内的货物数量,出入库的规律等,通过预测技术来确定库容量。根据库容量和所采用的作业设备的性能参数以及其他空间限制条件,即可确定仓库的总体尺寸。

(6)确定仓库的总体布置

确定了立体仓库的总体尺寸之后,便可进一步根据仓库作业的要求进行总体布置。主要包括立体仓库的物流模式、高架区的布局方式和入出库输送系统的方式。

(7)选定控制方式

立体仓库的控制方式,一般可分为手动控制和自动控制两种。

手动控制方式设备简单,投资小,对土建和货架的要求也较低。主要适用于规模较小，出入库频率较低的仓库，尤其适用于拣选式仓库。

自动控制是立体库的主要控制方式。立体库的自动控制系统根据其控制层次和结构不同，可分为三级控制系统和二级控制系统，一般由管理级、监控级和直接控制级组成(二级控制系统由管理级、控制级组成)，可完成立体库的自动认址和自动程序作业。适用于出入库频率较高、规模较大的立体仓库，特别是一些暗库、冷库或生产线中的立体仓库，可以减轻工人的劳动强度，提高系统的生产率。

(8)选择管理方式

立体仓库的管理方式一般可分为人工台账管理和计算机管理两种方式。台账管理方式仅适用于库存量较小，品种不多，出入库频率不高的仓库。在自动化立体仓库中，一般都采用计算机管理，与自动控制系统结合，实现立体库的自动管理和控制，是立体仓库管理的主要方式。在总体设计阶段，要根据仓库的规模、出入库频率、生产管理的要求、仓库自动化水平等方面的因素综合考虑选定一种管理方式。

(9)提出土建、公用设施的要求

在总体设计时，还要提出对仓库的土建和其他公用设施的要求：

①根据货架的工艺载荷，提出对货架的精度要求。

②提出地面需要承受的载荷以及对基础均匀沉降的要求。

③确定对采暖、采光、通风、给排水、电力、照明、防火、防污染等方面的要求。

(10)投资概算

分别计算立体仓库各组成部分的设备费用、制造费用、设计及软件费用、运输费用、安装及调试费用等，综合得到立体仓库的总投资费用。

(11)进度计划

在总体设计的最后，要提出立体仓库设计、制造、安装、调试以及试运营的进度计划以及监督和检验措施。

5.3.5　单元式立体仓库的设计

1. 货格尺寸的设计

在立体仓库设计中，恰当地确定货格尺寸是一项很重要的设计内容，它直接关系到仓库面积和空间的利用率，也关系到作业设备能否顺利完成存取作业。

对于牛腿式货架，每个货格只能放一个单元货，其货格载货示意图如图 5-10 所示。横梁式货架的每个货格一般可存放两个以上的货物，其载货示意图如图 5-11 所示。各间隙的名称和符号如表 5-7 所示。

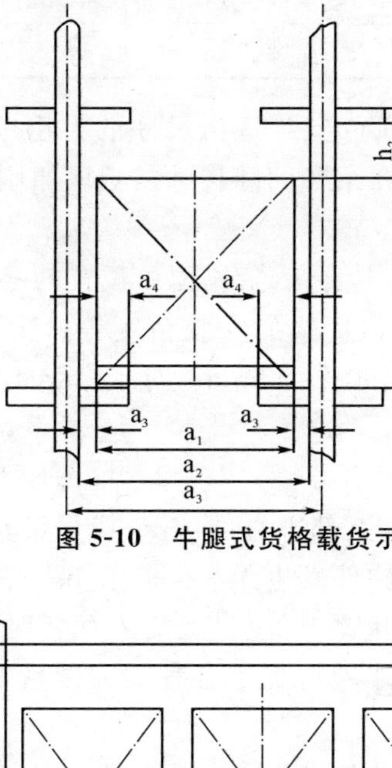

图 5-10　牛腿式货格载货示意图

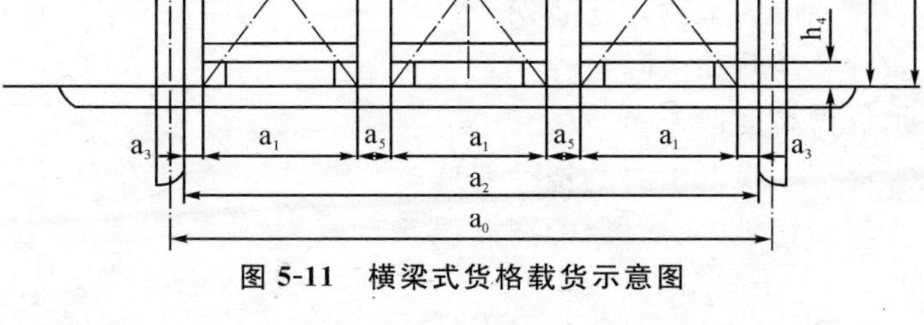

图 5-11　横梁式货格载货示意图

表 5-7 货格与货位间的尺寸代号及名称

代号	名　　称	代号	名　　称
a_0	货格长度	b_2	货格有效宽度
a_1	货物长度	b_3	前面间隙
a_2	货格有效长度	b_4	后面间隙
a_3	侧向间隙	h_1	货物高度
a_4	支承货物的宽度	h_2	单元货物上部垂直间隙
a_5	货物之间水平间隙	h_3	层高
b_0	货格宽度	h_4	单元货物下部垂直间隙
b_1	货物宽度		

当单元货物的尺寸确定后，货格尺寸的大小主要取决于各个间隙尺寸的大小。下面介绍各间隙尺寸的选取原则。

(1)侧面间隙

a_3 与 a_5 的影响因素主要有：货物原始位置的停放精度，堆垛机的停准精度以及堆垛机和货架的安装精度等。精度越高，取值越小。侧向间隙 a_3 一般取 50～100mm。对于横梁式货架，一般 $a_5 > a_3$；对牛腿式货架，要求 $a_5 \geqslant a_3$。

(2)垂直间隙(h_2、h_4)

在确定垂直间隙时，上部垂直间隙 h_2 应保证货叉叉取货物过程中微起升时不与上部构件发生干涉。一般 $h_2 \geqslant$ 货叉上浮动行程＋各种误差。下部垂直间隙 h_4 应保证货叉存货时顺利退出，一般 $h_4 \geqslant$ 货叉厚度＋货叉下浮动行程＋各种误差。影响 h_2 和 h_4 大小的各种误差包括：

①堆垛机起升机构的停准误差；

②垂直位置检测片安装误差；

③货叉微升和微降行程误差；

④货物高度误差；

⑤货叉今晚上出时的挠性变形；

⑥货架托梁(或横梁)的高度误差等。

(3)宽度方向间隙(b_3、b_4)

前面间隙 b_3 的选择应根据实际情况确定：对牛腿式货架，应使其尽量小；对横梁式货架，则应使货物不致因各种误差而掉下横梁。后面间隙 b_4 的大小应以货叉作业时不与后面拉杆发生干涉为前提。

2. 仓库总体尺寸的确定

确定仓库总体尺寸的关键是确定货架的总体尺寸，货架的总体尺寸也就是货架的长、宽、高等尺寸，当货格尺寸确定后，只要知道货架的排数、列数、层数和巷道宽度，即可计算出其总体尺寸。

长度 L＝货格长度×列数

宽度 B＝(货格宽度×2＋巷道宽度)×排数/2

高度 $H = H_0 + \sum_{i=1}^{n} H_i$

其中 H_0 为底层高度，H_i ($i=1, 2, \cdots, n$)为各层高度，共 n 层。

巷道宽度＝堆垛机最大外形宽度＋(150～200mm)

值得注意的是，总体尺寸的确定除取决于以上因素外，还受用地情况空间制约、投资情况和自动化程度的影响。故需根据具体情况和设计者的实际经验来综合考虑，统筹设计，而且在设计过程中需要不断地修改和完善。

下面介绍两种确定货架尺寸的基本方法：

(1)静态法确定货架尺寸

所谓静态法，就是根据仓库最大规划量确定货架的尺寸。即由以下 4 个参数中的 3 个来确定货架尺寸。

①仓库长度(或货架列数)；

②仓库宽度(或巷道数)；

③仓库高度(或货架层数)；

④仓库容量(即总货位数)。

以上参数的选取并非任意，如果仓库的空间尺寸(长、宽、高)受限制，则库容量是相关变量，若库容量确定，则长、宽、高三者中的一个成为相关变量，货架尺寸的请示报告就根据以上约束及货格尺寸、库顶间隙、库内设施与墙体的安全距离以及前区尺寸确定的。一般分离式货架顶面至屋顶下弦的距离应满足安装要求，但不得小于 200mm。

(2)动态法确定货架尺寸

动态法确定货架尺寸，就是根据所要求的出入库频率和所选址垛机的速度参数来确定货架的总体尺寸。

下面以每个巷道配备一台堆垛机为例，说明用动态法确定货架尺寸的方法。

描述为：已知库容量 Q，出入库频率 P_0，货架最大高度 H（或层数 N_H），货格尺寸和堆垛机速度参数（$V_{运}$、$V_{起}$、$V_{叉}$）。试确定货架的最佳布置和尺寸。

由于库容量和货架高度 H（或层数的 N_H）已定，故最佳布置就是能满足出入库频率要求的最少的巷道数。此时配备的堆垛机数最少，相应投资也就最小。由于解析法比较繁琐，这里介绍一种试算法。具体步骤为：

①假定巷道数 $N_B=1$，则货架列数 $N_L=Q/(2N_B\times N_H)$

②根据层数 N_H 和列数 N_L 以及堆垛机的速度参数，计算每台堆垛机的平均作业周期 t_m。

③计算整个仓库的出入库能力 $P=N_B\times 3600/tm$。

④比较 P 和 P_0。若 $P<P_0$，所设计货架达不到出入库频率要求，试算 $NB=2$ 的情况，重复①、②、③的计算，直到 $P\geqslant P_0$ 为止，此时的巷道数为最佳巷道数。

货架的总体尺寸确定后，再考虑理货区的尺寸、库顶间隙、货架和建筑物的安全距离等，即可确定仓库的总体尺寸。

3. 平均作业周期的计算

货架总体尺寸确定后，即可计算堆垛机的平均作业周期。

(1)立体仓库的作业方式

在单元式立体仓库中，货物的存取作业有两种基本方式，见图 5-12 所示，即单一作业方式和复合作业方式。单一作业方式即堆垛机从出入库台取一个货物单元送到选定的货位，然后返回巷道口的出入库台(单入库)；或者从巷道口出发到某一个给定的货位取出一个货物单元送到出入库台(单出库)。复合作业方式即堆垛机从出入库台取一个货物单元送到选定的货位，然后直接转移到另一个给定货位，取出其中的货物单元，回到出入库台出库。为了提高作业效率，应尽量采用复合作业方式。

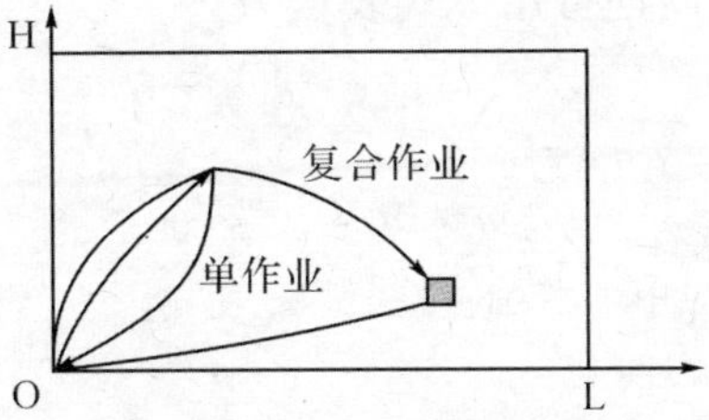

图 5-12　堆垛机作业的单作业与复合作业

(2)平均单一作业周期的计算

单一作业周期是指堆垛机完成一次单入库或单出库作业所需要的时间。在图 5-13 中，O 点为出入库台，P 点为作业货位。

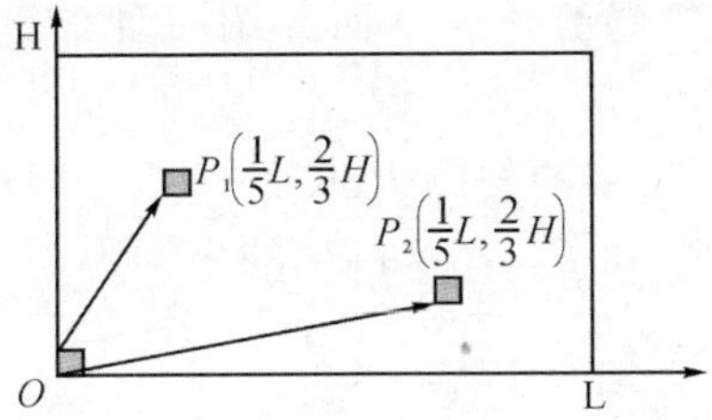

图 5-13　平均单一作业周期的计算

则完成此项作业的时间为：

$$t_s = 2t_{op} + 2t_f + t_a$$

式中 t_{op}：从出入库台 O 到货位 P 的运行时间(s)，且有 $t_{op} = \max(t_1, t_h)$。t_1 为从 O 点到 P 点的水平运行时间，t_h 为从 O 点到 P 点的垂直运行时间。

t_f：堆垛机货叉叉取(或存放)作业时间(s)，且有 $t_f = 2t_{load} +$

t_{lift}。t_{load} 为货叉完全伸上出或完全缩回的时间，t_{lift} 为货叉微升或微降的时间，即货叉在货格内升起或放卸货物的时间。

t_a：推垛机作业的附加时间(s)，包括堆垛机的定位、操作、信息查询及传输等的时间。

为了综合评价一个仓库的作业效率，需求出堆垛机的平均作业周期，即各个货位作业周期的平均值，当各货位作业概率相同时，平均单一作业周期可用下式表示为：

$$t_{ms}=\frac{\sum_{j=1}^{m}\sum_{k=1}^{n}t_{jk}\times 2}{m\times n}+t_f\times 2+t_a \tag{1}$$

式中：t_{ms}：平均单一作业周期(s)。

j：层数，$j=1\sim m$

k：列数，$k=1\sim n$

t_{jk}：第 j 层第 k 列所对应的货位到出入库台的运行时间(s)

t_f、t_a 同前述。

当库容量很大时，按上式计算平均作业周期计算量很大，故不常采用，而常采用简易算法。下面介绍一种计算平均作业周期的经验方法。

当出入库台在货架的一侧 P_0 点(见图 5-8)，以 P_0 为原点，在货架内取两个点 P_1 和 P_2，P_1 和 P_2 的坐标为

$$P_{lx}=\frac{1}{5}L$$

$$P_{ly}=\frac{2}{3}H$$

$$P_{2x}=\frac{2}{3}L \quad P_{2y}=\frac{1}{5}H$$

其中 L 为货架全长，H 为货架全高。

分别计算从 P_0 到 P_1、P_2 两点的作业周期，将两者的平均值作为该巷道堆垛机的平均作业周期。即平均单一作业周期的经验公式为：

$$t_{ms} = \frac{1}{2}[t(P_1) + t(P_2)] \tag{2}$$

或 $t_{ms} = tP_1 + tP_2 + 2t_f + t_a$

式中　$t(P_1)$：堆垛机完成 P_1 货位的作业周期(s)

$t(P_2)$：堆垛机完成 P_2 货位的作业周期(s)

t_{P1}：P_0 点到 P_1 点的运行时间(s)

t_{P2}：P_0 点到 P_2 点的运行时间(s)

(3)复合作业周期的计算

复合作业是从出入库台到指定的货位存货后，随即到另一个货位取货，再返回到出入库台的全过程。如图 5-14 所示，其复合作业周期是按 $P_0 \to P_1 \to P_2 \to P_0$ 的总时间计算的。

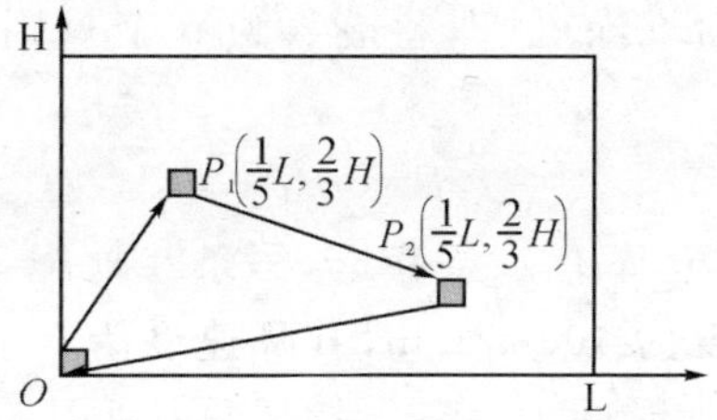

图 5-14　平均复合作业周期的计算

如果 P_1 和 P_2 点的定义与平均单作业周期的计算公式(2)中一样，则平均复合作业周期的经验计算式为：

$$t_{md} = t_{p1} + t_{p2} + t_{P_1P_2} + 4t_f + 2t_a \tag{3}$$

式中　t_{p1p2}：堆垛机从 P_1 点到 P_2 点的运行时间(s)；

t_{md}：平均复合作业周期(s)；

t_{p1}、t_{p2}、t_f、t_a 同前述。

值得说明的是，平均作业周期的计算公式(2)和(3)均为经验计算式，前提条件为各货位的存取概率相同。当库内各货位不均匀使用或者某些货位具有优先使用权时，用此公式计算可能误差较大，这时可采用计算机模拟方法计算其平均作业周期。使用模拟计算得到的平均作业周期更为准确，符合实际。

4. 立体库出入库能力的计算

立体库的出入库能力是用仓库每小时平均入库或出库的货物单元数来表示。堆垛机的出入库能力也就是指每台堆垛机每小时平均入库或出库的货物单元数。

采用单一作业循环方式时，堆垛机的出入库能力为：

$$P_1=3600/t_{ms}$$

式中　P_1：每小时出库或入库货物单元数

t_{ms}：平均单一作业周期(s)

采用复合作业循环方式时，堆垛机的出入库能力为：

$$P_1=(3600/t_{md})\times 2$$

式中　P_1：每小时出库或入库单元数

t_{md}：平均复合作业周期(s)

若库内有几台堆垛机(即巷道数为 n 个)，则仓库的出入库能力为：

$$P=nP_1$$

例如，某立体仓库有 4 条巷道，每条巷道配备一台堆垛机，若堆垛机的运行速度为 100m/min，升降速度为 20m/min，货叉存取货时间为 25s，附加时间 $t_a=5$s。货架总长 $L=80$m，高 $H=15$m，假设各货位存取概率相同。试计算分别采用单作业方式和复合作业方式时本库的出入库能力(即满负荷时每小时出入库托盘数)。

计算单作业时的平均作业周期 t_{ms}。

用经验算法，取 P_1 和 P_2 点，且使

$$P_{1x}=\frac{1}{5}L \quad P_{1y}=\frac{2}{3}H$$

$$P_{2x}=\frac{2}{3}L \quad P_{2y}=\frac{1}{5}H$$

则 $t_{ms}=t_{P1}+t_{P2}+2t_f+ta$

由于 $t_{p1}=\max[P_{1X}/V_x,\ P_{1Y}/V_Y]=0.5\text{min}=30\text{s}$

$=\max[0.373,\ 0.35]=0.373\text{min}=22.4\text{s}$

故 $t_{md}=30+32+22.4+4\times 25+2\times 5=194.4\text{s}$

出入库能力 $P_2=4P_1=4\times(3600/t_{md})\times 2=141$ 盘/小时

第6章 物流中心分拣系统规划设计

6.1 分拣系统概述

6.1.1 分拣作业的概念及重要性

分拣作业就是将用户所订的货物从保管处取出，按用户分类集中、处理放置。

分拣、配货及送货是物流中心的主要职能，而送货是在物流中心之外进行的，所以分拣配货就成为物流中心的核心工序。随着货品经济的发展，用户需求向小批量多品种方向发展，物流中心配送货品的种类和数量将急剧增加，分拣作业在物流中心作业中所占的比例越来越大，是最耗费人力和时间的作业。分拣作业的效率直接影响着物流中心的作业效率和经营效益，也是物流中心服务水平高低的重要因素。

物流中心的各项作业中，拣选作业是其中十分重要的一个环节，其作用相当于人体的心脏，空调系统的压缩机。而其动力的产生来自客户的订单，拣选作业的目的也就在于正确且迅速地集合客户所订购的货品。要达到这一目的，必须根据订单分析采用适当的拣选设备，按拣选作业过程的实际情况运用一定的方法策略组合，采取切实可行且高效的拣选方式提高拣选效率，将各项作业时间缩短，提升作业速度与能力。同时，必须在拣选时防止错误，避免送错货，尽量减少内部库存的料账不符的现象。因此，如何在无拣选错误率的情况下，将正确的货品、正确的数量在正确的时间内及时配送给顾客，是拣选作业最终的目的及功能。

6.1.2 分拣作业的流程

一、分拣作业的一般流程

物流中心内分拣系统的流程如图 6-1 所示。它包括了两种拣选方式，其中下部流程为按单拣选分拣作业流程，上部为批量拣选分拣流程。

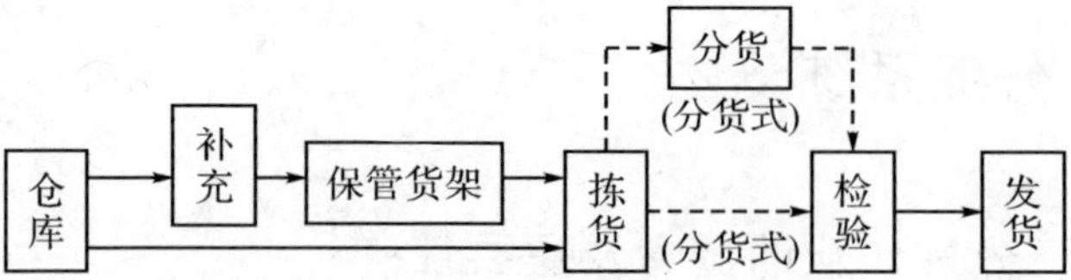

图 6-1 分拣作业流程

不管采用哪种分拣方法，都包括在仓库或保管货架内进行拣选的环节。

拣选的方式通常有两种，即按单拣选(按单拣选)和按品种拣选(批量拣选)。一般按品种拣选，从货架分拣完毕为一次操作，之后还进行分货作业，即为二次作业。这种方式拣选的人力虽可减少，但其后分货作业又增加了人力，因此，省人力效果不大。过去为了提高出库准确性，采用“拣选总量－分货总量＝0”来进行复查，这种方法使用较多。近年来用户需求品种越来越多，为提高效率，解决劳动力不足，各种效率更高的按单拣选方式被开发出来，例如拣选指示系统、拣选小车等，对小批量的用户也可以高效、准确地出库，因此按品种的拣选方式的应用就逐渐减少了。

二、分拣作业过程

分拣作业过程如图 6-2 所示，由生成拣货资料、行走或搬运、拣取和分类与集中几个环节组成。

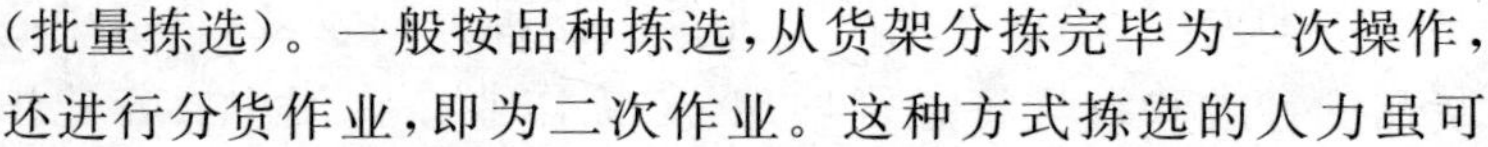

图 6-2 分拣作业过程

1. 拣选资料的形成

拣选作业开始之前,指示拣选作业的单据信息必须先行处理完成。虽然有些物流中心直接利用顾客的订单或公司的交货单作为人工拣选指示,但因此类传票容易在拣选作业中受到污损导致错误发生,同时无法标示产品的货位,引导拣选员缩短拣选路径,所以必须将原始的传票转换成拣选单或电子信号,以使拣选员或自动拣取设备进行更有效率的拣选作业。

2. 行走或搬运

进行拣选时,要拣取的货品必须出现在拣选员面前,可以通过以下前两种方式实现:

(1)人至物方式

拣选员通过步行或搭乘拣选车辆到达货品储存位置的方式,该方式的特点是货品采取一般的静态储存方式,如托盘货架、轻型货架等,主要移动的一方为拣取者。

(2)物至人方式

与上述方式相反,主要移动的一方为被拣取物,也就是货品,拣取者在固定位置内作业,无需去寻找货品的储存位置。该方式的主要特点是货品采用动态方式储存,如负载自动仓储系统、旋转自动仓储系统等。

(3)无人拣取方式

拣取的动作由自动的机械负责,电子信息输入后自动生成拣选作业,无需人工介入。这是目前国外在拣选设备研究上致力的方向。

3. 拣取

当货品出现在拣取者面前时,接下来的动作便是抓取与确认。确认是为了确定抓取的物品、数量是否与指示拣选的信息相同。实际作业中都是利用拣选员读取品名与拣选单作对比。比较先进的方法是利用无线传输终端机读取条码由计算机进行对比,或采用货品重量检测的方式。准确的确认动作可以大幅度降低拣选的错误率,同时也比出库验货作业发现错误再处理来得更直接而有效。

4. 分类与集中

由于拣取方式的不同，拣取出来的货品可能还需按订单类别进行分类与集中，拣选作业至此告一段落。分类完成的每批订单的类别和货品经过检验、包装等作业然后出货。

6.2 拣选作业方法

6.2.1 拣选作业的分类

物流中心拣选的种类，随着科学技术的发展也在不断地演变，拣选作业的种类也越来越多。拣选方式可以从不同的角度进行分类：按订单的组合可以分为按单拣选和批量拣选；按人员组合，可以分为单独拣选方式（一人一件式）和接力拣选式（分区按单拣选）；按运动方式，可能分为人至货前拣选和货至人前拣选等；按拣选信息的不同，又可以分为拣选单拣选、标签拣选、电子标签拣选、RF拣选等很多种。各种拣选方式之间的关系如下页所示。

按单拣选即按订单进行拣选，拣选完一个订单后，再拣选下一个订单；批量拣选方式是将数张订单加以合并，一次进行拣选，最后根据各个订单的要求再进行分货。

单独拣选方式即一人持一张取货单进入拣选区拣选货物，直至将取货单中内容完成为止；分区拣选方式是将拣选区分为若干区，由若干名作业者分别操作，每个作业者只负责本区货物的拣选，携带一张订单的拣选小车依次在各区巡回，各区作业者按订单的要求拣选本区段存放的货物，一个区域拣选完移至下一区段，直至将订单中所列货物全部拣选完。

人至货前拣选是人（或人乘拣选车）到储存区寻找并取出所需要的货物；货至人前拣选是将货物移动到位或拣选机旁，由人或拣选机拣选出所需的货物。

- 拣选作业
  - 按单拣选（摘取方式）
    - 单独拣选方式
    - 接力拣选方式
    - 标签拣选方式
    - 拣选单拣选方式
    - 电子标签拣选方式
    - RF 拣选方式
    - IC 卡拣选方式
  - 批量拣选（播种方式）
    - 批量拣选方式
    - 接力拣选方式
    - 标签拣选方式
    - 拣选单拣选方式
    - 数字显示拣选方式
    - 电子标签辅助拣选方式
    - RF 拣选方式
    - IC 卡拣选方式

6.2.2　拣选作业方法

一、按单拣选

1. 按单拣选作业原理

拣选人员或拣选工具巡回于各个储存点，按订单所要求的物品，完成货物的配货，如图 6-3 所示。这种方式类似于人们进入果园，在一棵树上摘下已成熟了的果子后，再转到另一棵树上去摘果子，所以又形象地称之为摘果式。

2. 按单拣选作业方法的特点

(1)按订单拣选，易于实施，而且配货的准确度较高，不易出错。

(2)对各用户的拣选相互没有约束，可以根据用户需求的紧急程度，调整配货先后次序。

(3)拣选完一个货单货物便配齐，因此，货物可不再落地暂存，而直接装上配送车辆，这样有利于简化工序，提高作业效率。

(4)用户数量不受限制，可在很大范围内波动。拣选作业人员数量也可以随时调节，在作业高峰时，可以临时增加作业人员，有

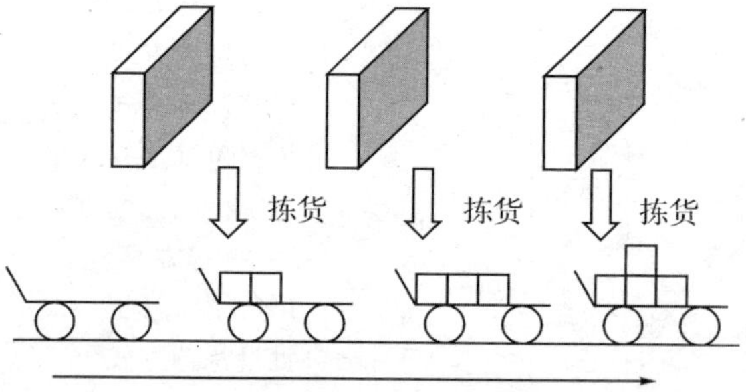

图 6-3 按单拣选作业原理

利于开展好临时配送，提高服务水平。

(5)对机械化、自动化没有严格要求，不受设备水平限制。

二、批量拣选作业原理

1. 批量拣选作业原理

批量拣选作业是由分货人员或分货工具从储存点集中取出各个用户共同需要的某种货物，然后巡回于各用户的货位之间，按每个用户的需要量分放后，再集中取出共同需要的第二种货物，如此反复进行，直至用户需要的所有货物都分放完毕，即完成各个用户的配货工作，如图 6-4 所示。这种作业方式，类似于农民在土地上播种，一次取出几亩地所需的种子，在地上巡回播撒，所以又形象地称为播种或播撒式。

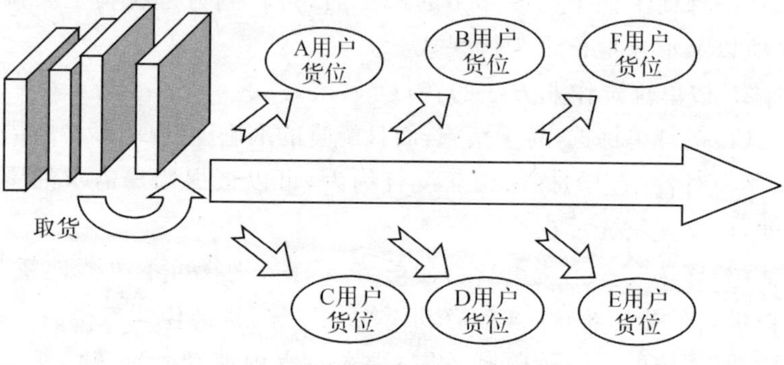

图 6-4 批量拣选作业原理

2. 批量拣选作业方式特点

(1)由于是集中取出共同需要的货物，再按货物货位分放，这就需要在收到一定数量的订单后进行统计分析，安排好各用户的分货货位之后才能反复进行分货作业。因此，这种工艺难度较高，计划性较强，和按单拣选相比错误率较高。

(2)由于是各用户的配送请求同时完成，可以同时开始对各用户所需货物进行配送，因此有利于车辆的合理调配和规划配送路线，与按单拣选相比，可以更好地发挥规模效益。

对到来的订单无法作出及时的反应，必须等订单达到一定数量时才做一次处理，因此会有停滞的时间产生。只有根据订单到达的状况做等候分析，确定适当的批量大小，才能将停滞时间减至最低。

除了以上两种常用的拣货方法外，还可以采用以下两种拣选方式：

整合按单拣选：主要应用在一天中每一订单只有一种品项的场合，为了提高输配送的效率，将某一地区的订单整合成一张拣选单，做一次分拣后，集中捆包出库。它属于按单拣选的一种变通形式。

复合分拣：复合分拣是指按单拣选与批量分拣的组合运用，按订单品项、数量和出库频率决定哪些订单适合按单拣选，哪些适合批量分拣。

几种拣货方式的比较如表 6-1 所示。

表 6-1　拣货方式的比较

拣选方式	优　点	缺　点	适用场合
按单拣选	作业方法简单 订货前置时间短 作业弹性大 作业员责任明确，作业容易组织 拣选后不必再进行分类作业	货品品种多时，拣选行走路径加长，分拣效率降低 拣货单必须配合货架货位号码	适合多品种，小批量订单的场合

续 表

拣选方式	优　点	缺　点	适用场合
批量拣选	合计后拣货,效率较高 盘亏较少	所有种类实施困难 增加出货别的分货作业 必须全部作业完成后,才能发货	适合少品种批量出货、且订单的重复订购率较高的场合
整合按单拣选			一天中每一订单只有一种品项的场合
复合分拣			订单密集且订单量大的场合

6.2.3 拣选信息

拣选信息是拣货作业的原动力,主要目的是指示拣货的进行,而拣货资料的源头来自客户的订单,为了使拣货人员在既定的拣货方式下正确而迅速地完成拣货,拣货信息成为拣货作业中重要的一环。利用拣货信息来支持拣货系统,除使用传统的单据传来信息外,还有一些自动传输的无纸化系统都已逐渐被导入。以下介绍一些利用各种拣货信息来辅助拣货的应用方式。

常见拣选信息传送方式有传票拣选、拣选单拣选、电子标签辅助拣选、RF 辅助拣选、IC 卡拣选与自动拣选等方式。

1. 传票拣选

传票拣选是原始的拣选方式,直接利用客户的订单或公司的交货单作为拣选指示。依据顾客的订货单拣选,拣选员一面看着订货单的品名,一面寻找货品,拣选员需要来回多走才可拣足一张订单。

优点:无需利用计算机等设备处理拣选信息,适用于订购品项数少或少量订单的情况。

缺点:

① 此类传票容易在拣选过程中受到污损，或因存货不足、缺货等注释直接写在传票上，导致作业过程中发生错误或无法判别确认。

② 未标示产品的货位，必须靠拣选人员的记忆在储区中寻找存货位置，更不能引导拣选人员缩短拣选路径。

③ 无法运用拣选策略提升拣选效率。

2. 拣选单拣选

拣选单拣选是最常用的拣选方式之一，将原始的客户订单输入计算机后进行拣选信息处理，打印拣货单，如表 6-2 所示。拣选单的品名系按照货位编号重新编号，让拣选员来回一趟就是拣足一张订单；拣选单上印有货位编号，拣选员按其编号寻找货品，使不识货品的新手也能拣选。

表 6-2　拣货单示例

<table>
<tr><td colspan="2">订单单号：</td><td colspan="2">拣货员</td><td>序号：</td></tr>
<tr><td colspan="2">客户代号：</td><td colspan="2">客户名称：</td><td>日期：</td></tr>
<tr><td>NO</td><td>货位号码</td><td>品名</td><td>数量</td><td>备注</td></tr>
<tr><td></td><td></td><td></td><td></td><td></td></tr>
<tr><td></td><td></td><td></td><td></td><td></td></tr>
</table>

拣货单一般根据货位的拣货顺序进行打印，拣货人员根据拣货单的顺序拣货；拣货时将货品放入搬运器具内，同时在拣货单上作记号，然后再执行下一货位的拣货。

一般而言，拣货单是根据拣货的作业区和拣货单位分别打印的。例如，整盘拣货（P→P）、整箱拣货（P→C）、拆箱拣货（C→B）或（B→B）等的拣货单分别打印、分别拣货，然后在出货暂存区集货等待出货。这是一种最经济的拣货方式，必须配合货位管理才能发挥其效益。拣货精确度可大大提高。

优点：

① 避免传票在分拣过程中受到污损，在检验过程中使用原始传票查对，可以修正拣选作业中发生的错误。

② 产品的货位显示在拣选单上，同时可以按到选先后次序排列货位编号，引导拣选人员按最短路径拣选。

③ 可充分配合分区、订单分割、订单分批等拣选策略，提升拣选效率。

缺点：

① 拣选单处理打印工作耗费人力、时间。

② 拣选完成后仍需经过货品检验过程，以确保其正确无误。

3. 拣选标签

这种拣货方式中，由拣选标签取代了拣选单，拣选标签的数量与分拣量相等，在分拣的同时将标签贴在物品上以便确认数量。其原理为当接单之后经过计算机处理，依据货位的顺序排列打印拣货标签，订购几箱(件)货品则标签就打印几张，标签张数与订购数一样，拣货人员根据拣货标签上的顺序拣货。拣货时将货品贴标签之后放入拣货容器内，当标签贴完了代表该项货品也已经拣货完成了。

标签拣货是一种防错的拣货方式，主要是被应用在高单价的货品拣货上；可以应用在商店别拣货及货品别拣货上，但货品别拣货的应用例较多，因为可以利用标签上的条码来自动分类，效率非常高。

此种拣货大部分被应用于整箱拣货的标签，除了单品拣货标签上的内容外还包括客户地址及配送路线等；因此可以直接当做出货标签使用，必要时也可以增加条码的打印，以增加作业效率。而单品拣货之后大部分都必须装入纸箱或塑料箱内，因此必须增加出货标签，客户地址及配送路线的资料在出货标签上打印，而单品拣货的标签就可以省略这部分内容。

单品拣货标签内容、整箱拣货的标签内容及出货标签内容请参考如下所示的标签内容。

(1)整箱拣货标签(见图 6-5)

货位号码：A0511

数量：2 箱

品号:00011125

品名:××××××××

品号:00011125 品名:×××××××× 订单号码:5401 客户名称:×××× 客户地址:×××××××××××× 配送路线: 订单箱数:2 箱号:5/1	品号:00011125 品名:×××××××× 订单号码:5401 客户名称:×××× 客户地址:×××××××××××× 配送路线: 订单箱数:2 箱号:5/1

图 6-5　整箱拣货标签

(2)单品拣货标签(见图 6-6)

货位号码:a1034

数量:2 件

品号:00022213

品号:00022213 品名:×××××× 订单号码:543 客户名称:××××××× 订单箱数:2 箱号:3/1	品号:00022213 品名:×××××× 订单号码:543 客户名称:××××××× 订单箱数:2 箱号:3/1

图 6-6　单品拣货标签

(3)送货标签(见图 6-7)

订单号码:12345
客户名称:××××××
客户地址:××××××××××××
配送路线:12
订单箱数:2
箱号:6/1

图 6-7　送货标签

这种方式中，标签贴上物品的同时，物品与信息立即建立了一种对应关系，所以拣选的数量不会产生错误。这种拣选方式的优缺点如下：

优点：

① 结合分拣与贴标签的动作，可以减少流通加工作业与往复搬运核查的动作，缩短整体作业时间。

② 可以在分拣时清点分拣数量，提高拣选的正确性。若分拣未完时标签即贴完，或分拣完成但标签仍有剩余，则表示分拣过程有错误发生。

缺点：

① 若要同时打印出价格标签，必须统一下游客户的货品价格和标签形式。

② 操作环节比较复杂，拣货费用高。

(4)电子标签辅助拣选

电子标签辅助拣选是一种计算机辅助的无纸化的拣货系统，其原理是在每一个货位安装数字显示器，利用计算机的控制将订单信息传输到数字显示器内，拣货人员根据数字显示器所显示的数字拣货，拣完货之后按确认钮即完成拣货工作，也叫做电子标签拣货。

这种分拣方式中，电子标签取代拣选单，在货架上显示拣选信息，以减少“寻找货品”的时间。分拣的动作仍由人力完成。电子标签是很好的人（拣选员）机（计算机）界面，让计算机负责烦琐的拣选顺序的规划与记忆，拣选员需依照计算机批示执行拣选作业。电子标签有一小灯，灯亮表示该货位的货品是待拣货品。电子标签中间有多个字元的液晶，可显示拣选数量。如此，拣选员在货架通道行走，看到灯亮的电子标签就停下来，并按显示数字来拣取该货品所需的数量。电子标签设备主要包括电子标签货架、信息传送器、计算机辅助拣选台车、条码、无线通讯设备等。

这种拣货技术1977年由美国开发研究而成，是物流中心经常被应用的一种拣选方式。此种拣选方式可以用于批量拣选，也可以应用于按单拣选方式，但是货品品项太多时不太适合，因为成本太高，因此常被应用在 ABC 分类的 AB 类上。它也是一种无纸化的拣货系统，可以即时处理，也可以批次处理。电子标签拣货的拣货生产力每小时约 500 件，而拣货错误率只有 0.01%左右。

电子标签辅助拣选的优点如下：

① 沿特定拣选路径，看电子标签灯亮就停下来，并按显示数字拣选，不容易拣错货，错误率可少至 0.02%。

② 可省去来回寻找待拣货品的时间，拣选速度可提高 30% ~ 50%。

③ 只要寻找电子标签灯亮的货位，并按显示数字拣选，使不识货品的生手也能拣选。

电子标签根据其功能可以分为传统电子标签和智慧型电子标签。传统电子标签只能显示拣选数量，而智慧型电子标签可显示价格、标签编号、货位编号、拣选数量、台车车号与台车格位等拣选信息。智慧型电子标签是在传统电子标签的基础上发展起来的，其功能更加完善。其主要功能特点包括：

① 一个电子标签可对应一个货位或多个货位

② 指示一个拣选员进行单一订单拣选

③ 指示一个拣选员进行多张订单拣选

④ 指示多个拣选员进行单一订单拣选

⑤ 指示多个拣选员进行多张订单拣选

⑥ 指示拣选路径

⑦ 立即更正拣选错误

因智慧型电子标签可提供上述十项功能，故能适合各种拣选频率和拣选作业模式。

智慧型电子标签具备较多的功能与优点，两者的比较如表 6-3 所示。

表 6-3 智慧型电子标签与传统电子标签的比较

功能说明	智能型电子标签	传统电子标签
显示方式	四位字母,可显示数字及符号	四位字母,仅能显示数字
传输方式	RS485 网络传输	RS485
对应货位	一或多货位	一个货位
对应货品	一个标签对一或多种	一个标签对一种
货位动态分割	可	不可
移动路线指示	有	无
拣错防止	有	无
多订单拣选	可	不可
多人拣选指示	可	不可
店号指示	可	不可,需加上店号指示器
盘点作业	有	有些可以
拣选方式	直觉式	直觉式
导引指示	高亮度大直径 LED	一般灯泡
拣选指示	高亮度占矩阵 LED	数字型 LED
可靠度	佳	佳
作业扩充弹性	佳	困难
配线方式	简单	复杂
维修作业	简单	稍难

(5)RF 辅助拣选

RF 也是拣选作业的人(拣选员)机(计算机)界面,让计算机负责繁杂的拣选顺序规划与记忆,以减少寻找货品的时间。RF 通过无线式终端机,显示所有拣选信息,比电子标签更具作业弹性;不过,其价格高于电子标签。另外,因 RF 的显示不如电子标签简单,致使拣选员的直觉反应较差。RF 适合的拣取方式,以托盘为拣选单位,并采用叉车进行辅助拣选。

RF拣货也是一种计算机辅助的拣货方式，其原理是利用掌上计算机终端、条码扫描器及RF无线电控制装置之组合，将订单资料由计算机主机传输到掌上终端，拣货人员根据掌上终端所指示的货位，扫描货位上的条码，如果与计算机的拣货资料不一致，掌上终端就会发出警告声，直到找到正确的货品货位为止；如果与计算机的拣货资料一致就会显示拣货数量，根据所显示的拣货数量拣货，拣货完成之后按确认钮完成拣货工作；信息利用RF传回计算机主机同时将库存数据库中扣除。它也是一种无纸化的拣货系统，也是即时的处理系统。

此种拣货方式利用在按单拣选和批量拣选方式中，因为成本低且作业弹性大，尤其适用于货品品项很多的场合，故常被应用在多品种少量订单的拣选上，与拣货台车搭配最为常见。RF拣选的拣货生产力每小时约300件，而拣货错误率约为0.01%。

(6)IC卡拣货

IC卡拣货是一种计算机辅助的拣货方式，其原理是利用计算机及条码扫描器之组合，将订单资料由计算机主机拷到IC卡上，拣货人员将IC卡插入计算机，根据计算机上所指示的货位，刷取货位上的条码，如果与计算机的拣货资料不一致时掌上终端就会发出警告声，直到找到正确货品货位为止；如果与计算机的拣货资料一致时就会显示拣货数量，根据所显示的拣货数量拣货，拣货完成之后按确认钮即完成拣货工作；拣货信息是利用IC卡传回计算机主机同时将库存数据库中扣除。

IC卡拣货也是一种无纸化的拣货系统，但不是即时的处理系统而是批次处理系统。此种拣货方式可以用在按单拣选方法中，也可以用在批量拣选方法中，尤其适合于货品品项很多的场合，因此常被应用在多品种少量的拣货上，与拣货台车搭配最为常见。IC卡拣货成本低且作业弹性大，拣货生产力每小时约300件，而拣货错误率约为0.01%。

(7)自动拣选

分拣的动作由自动的机械负责，电子信息输入后自动完成拣选作业，无需人手介入。

自动拣选方式有A型拣选系统、旋转仓储系统、立体式自动仓储系统等多种。

A型自动拣选系统类似于自动售货机，有一长排的A型货架。货架的两侧有多个货位，每个货位储存一种货品，每个货位下方有一拣选机械。A型货架的中间有一输送带，输送带末端连接装货的容器。当联机计算机将拣选信息传入时，欲拣货品的货位拣选机械被启动，推出所需数量的货品至输送带。输送带的货品被送至末端，掉落至装货容器。

旋转仓储系统内有多个货位，每个货位旋转一种货品。当联机计算机将拣选信息传入时，欲拣货品的货位被旋转至前端的窗口，方便拣选员拣取。旋转仓储系统可省去货品的寻找与搬运，但仍需拣取动作；加上旋转整个货架，动力消耗大，故障率高，只适合于轻巧的零件仓库。

立体式自动仓储系统有多排并列的储存货架。因货架不需旋转，故可向上立体化，增加储存空间。货品的存取端设多台自动存取机。当联机计算机将拣选信息传入时，自动存取机移至指定货位，拿取或存放货品。通常立体式自动仓储系统采用单位负载的存取方式，比较适合以托盘或容器为拣取单位的拣取方式。

自动拣货方式由于是无人拣货，因此设备成本非常高，此种拣货方式常被利用在高价值、出货量大且频繁的A类货品上。自动拣货生产效率非常高，拣货错误率非常低。

6.3 拣选策略

拣选策略是影响拣选作业效率的重要因素，对不同的订单需求应采取不同的拣选策略。决定拣选策略的四个主要因素是分区、订单分割、订单分批及分类。这四个主要因素交互作用可产生多个拣选策略。

6.3.1　分区策略

分区就是将拣选作业场地作区域划分。按分区原则的不同，有以下四种分区方法。

1. 货品特性分区

货品特性分区就是根据货品原有的性质，将需要特别储存搬运或分离储存的货品进行区隔，以保证货品的品质在储存期间保持一定。

2. 拣选单位分区

将拣选作业区按拣选单位划分，如箱装拣选区、单品拣选区，或是具有特殊货品特性的冷冻品拣选区等。其目的是使储存单位与拣选单位分类统一，以方便分拣与搬运单元化，使分拣作业单纯化。一般来说，拣选单位分区所形成的区域范围是最大的。

3. 拣选方式分区

不同的拣选单位分区中，按拣选方法和设备的不同，又可以分为若干区域，通常以货品销售的ABC分类为原则，按出货量的大小和分拣次数的多少作ABC分类，然后选用合适的拣选设备和分拣方式。其目的是使拣选作业单纯一致，减少不必要的重复行走时间。在同一单品拣选区中，按拣选方式的不同，又可分为台车拣选区和输送机拣选区。

4. 工作分区

在相同的拣选方式下，将拣选作业场地再作划分，由一个或一组固定的拣选人员负责分拣某区域内的货品。该策略的主要特点是拣选人员需要记忆存货位置和移动距离减少，拣选时间缩短，还可以配合订单分割策略，运用多组拣选人员在短时间内共同完成订单的分拣，但要注意工作平衡问题。

接力式分拣就是工作分区的一种形式，只是其订单不作分割或不分割到各工作分区，拣选人员以接力的方式来完成所有的分拣动作。这种方式比由一位拣选员把一张订单所需要的物品分拣出来要有效率，但相对投入的人力较多。

以上的拣选分区可同时存在于一个物流中心内，或是单独存在。除接力式分拣外，在分区分拣完后仍需将拣出的货品按订单加以结合。

6.3.2 订单分割策略

当订单上订购的货品项目较多，或是拣选系统要求及时快速处理时，为使其能在短时间内完成拣选处理，可将订单分成若干子订单交由不同拣选区域同时进行拣选作业。将订单按拣选区域进行分解的过程叫订单分割。

订单分割一般是与拣选分区相对应的，对于采用拣选分区的物流中心，其订单处理过程的第一步就是要按区域进行订单的分割，各个拣选区根据分割后的子订单进行分拣作业，各拣选区子订单拣选完成后，再进行订单的汇总。

6.3.3 订单分批策略

订单分批是为了提高拣选作业效率而把多张订单集合成一批，进行批次分拣作业，其目的是缩短分拣时平均行走搬运的距离和时间。若再将每批次订单中的同一货品品项加总后分拣，然后再把货品分类给每一个顾客订单，则形成批量分拣，这样不仅缩短了分拣时平均行走搬运的距离，也减少了重复寻找货位的时间，而使拣选效率提高。但如果每批次订单数目过多，则必须耗费较多的分类时间，甚至需要有强大的自动化分类系统的支持。订单分批原则如下：

1. 总合计量分批

合计拣选作业前所有累积订单中每一货品项目的总量，再根据这一总量进行分拣以将分拣路径减至最短，同时储存区域的储存单位也可以单纯化，但需要有功能强大的分类系统来支持。这种方式适用于固定点之间的周期性配送，可以将所有的订单在中午前收集，下午作合计量分批分拣单据的打印等信息处理，第二天一早进行分拣分类等工作。

2. 时窗分批

当从订单到达至拣选完成出货所需的时间非常紧迫时，可利用此策略开启短暂而固定的时窗，如五分钟或十分钟，再将此时窗中所到达的订单做成一批，进行批量分拣。这一方式常与分区及订单分割联合运用，特别适合于到达时间短而平均的订单形态，同时订购量和品项数不宜太大。图 6-8 为时窗分批分拣的示意图，所开时窗长度为一小时。

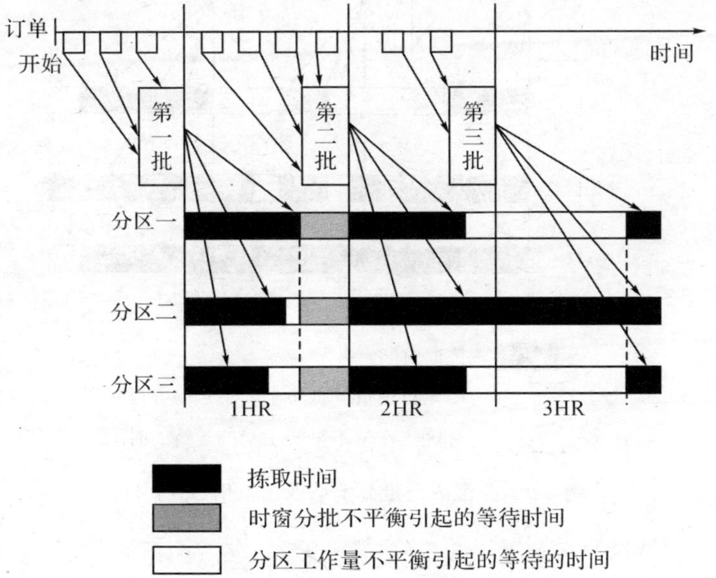

图 6-8　分区时窗分批拣取

各拣选区利用时窗分批同步作业时，会因分区工作量不平衡和时窗分批拣选量的不平衡产生作业的等待，如能将这些等待时间缩短，可以大大提高拣选效率。此分批方式适合密集频繁的订单，且较能应付紧急插单的需求。

3. 固定订单量分批

订单分批按先到先处理的基本原则，当累计订单量到达设定的固定量时，再开始进行拣选作业。适合的订单形态与时窗分批类似，但这种订单分批的方式更注意维持较稳定的作业效率，而其处理的速度较前者慢。图 6-9 是固定订单量分批的分拣示意图，固定订单量为（FN＝4），当进入系统的订单累计数到达 4 时，集合成一批进行分区批量拣。

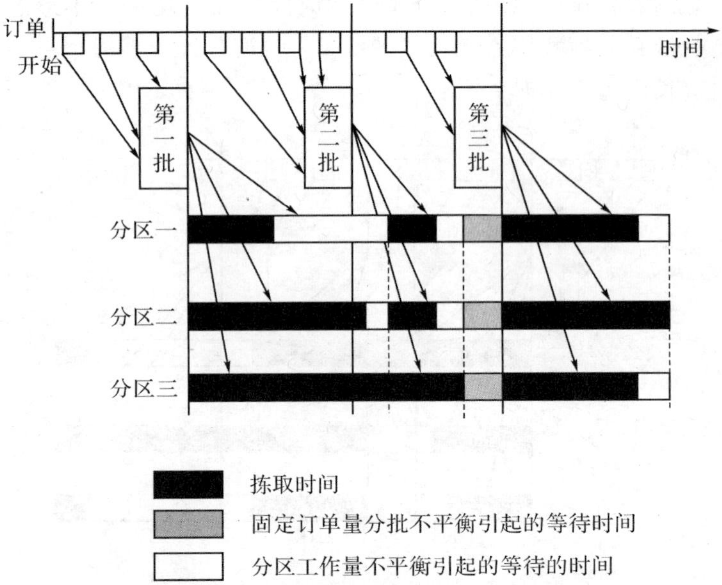

图 6-9 分区固定量分批选取示意图（FN＝4）

4. 智能型分批

智能型分批是将订单汇总后经过计算机较复杂的计算，将分拣路径相近的订单分成一批同时处理，可大量缩短拣选行走搬运距离。采用这种分批方式的物流中心通常将前一天的订单汇总后，经计算机处理在当天下班前产生次日的拣选单据，因此对紧急插单作业处理较为困难。

除以上的分批方式外，还有其他可能的方式，如按配送的地区、路线分批，按配送的数量、车趟次、金额分批或按货品内容种类特性分批等。

6.3.4　分类

当采用批量拣选作业方式时，拣选完后还必须进行分类，因此需要相配合的分类策略。分类方式大概可以分成两类。

1. 分拣时分类

在分拣的同时将货品按各订单分类，这种分类方式常与固定量分批或智能型分批方式联用，因此需使用计算机辅助台车作为拣选设备，才能加快分拣速度，同时避免错误发生。较适用于少量多样的场合，且由于拣选台车不可能太大，所以每批次的客户订单量不宜过大。

2. 分拣后集中分类

分批按合计量分拣后再集中分类。一般有两种分类方法：一是以人工作业为主，将货品总量搬运到空地上进行分发，而每批次的订单量及货品数量不宜过大，以免超出人员负荷。另一种方法是利用分类输送机系统进行集中分类，是较自动化的作业方式。当订单分割越细，分批批量品项越多时，常使用后一种方式。

四大类拣选策略因素可单独或联合运用，也可以不采用任何策略，直接按单拣选。

6.4　分拣系统规划设计

物流中心整体规划过程中，拣选作业系统的规划是其中最重要的部分。因为本着主要任务是要在有限的时间内将客户需要的货品组合送达，而客户少量多样的需求形态使得拣选作业的困难度升高，如果作业时间限制不变，必定要在拣选作业系统规划上做更大的努力。此外，决定物流中心配送规模大小、功能、处理能力最主要的输入条件就是订单资料，而拣选作业系统规划的起始步骤也是从货品订单分析开始的，因此，拣选作业系统规划是物流中心总体规划过程的重心，并且主导其他规划环节的进行。由于分拣系统与仓储系统的关联性比较密切，使用的空间及设备有时也难以明确区分，所以将两系统的规划组合成如图 6-10 的规划程序。

由图 6-10 可以看出，规划程序的第一步就是货品订单资料分析，订单分析完成后可提供的资料项目包括订单数分布、包装单位数量分析、出货品项数分布、季节周期性分析、货品订购频率等。这些分析出来的资料可在拣选作业系统规划过程中得到不断应用。

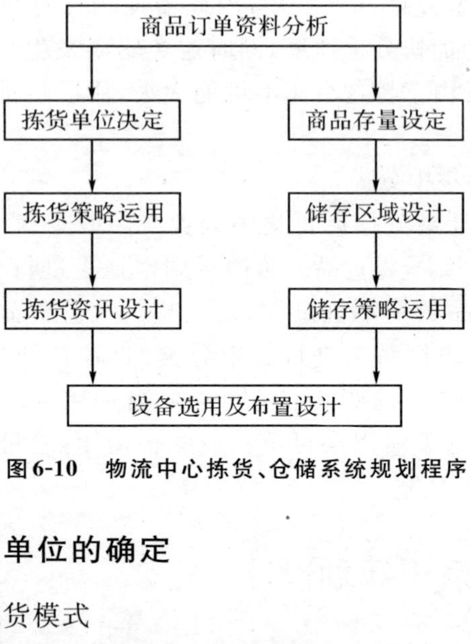

图 6-10　物流中心拣货、仓储系统规划程序

6.4.1　拣选单位的确定

1. 基本拣货模式

拣选单位基本上可分为托盘、箱、单品三种。一般以托盘为拣选单位的货品品种和重量最大，其次为箱，最小者为单品。其基本拣货模式如表 6-4 所示。

表 6-4　基本拣选模式

拣选模式编号	储存单位	拣选单位	记　号
1	托盘	托盘	P→P
2	托盘	托盘＋箱	P→P＋C
3	托盘	箱	P→C

续　表

拣选模式编号	储存单位	拣选单位	记　号
4	箱	箱	C→C
5	箱	单品	C→B
6	箱	箱＋单品	C→C＋B
7	单品	单品	B→B

拣选单位是根据订单分析的结果来作决定的，如果订货的最小单位是箱，则不需要单品拣选单位，库存的每一种货品都需要通过以上的分析判断出拣选单位。一种货品有时可能需要有两种以上的拣选单位，所以一个物流中心的拣选单位通常在两种以上。

物流中心规划时必须选定拣选单位、储存单位，同时协调外部供应商确定货品的入库单位，所有单位的决定都来自客户的订单。也就是说，客户的订单决定拣选单位，拣选单位决定储存单位，再由储存单位要求供应商的入库单位。

2. 拣选单位的决策

拣选单位决策步骤如下：

(1)货品特性分组

将必须分别储存处理的货品进行分组，如将体积、重量、外形差异较大者或有互斥特性的货品分别存放。

(2)历史订单统计

利用 EIQ 分析方法将过去一年或一月的资料进行统计，求出各分组货品的 IQ-PCB 分析表。表 6-5 是 IQ-PCB 分析的一个实例，是由历史订单按订购单位数量统计而成的，主要是算出每一出货品项以托盘为单位的出货托盘数量以及从托盘上以箱分拣所需的托盘数。此分析可以掌握各拣选分区的物流量，作为物流作业系统设计的基础，而且通过物流过程分析，可以使各拣选分区作业均衡化。

表 6-5 货品订单资料 IQ-PCB 分析实例

货品	编号	P 托盘	C 箱	B 单品	IQ 总量	P 托盘	C→P (P)托盘	B→C (C)箱
1	G14	31	86	0	860	31	3.58	0
2	G1	24	114	0	690	24	4.75	0
3	G6	22	86	0	614	22	3.58	0
4	G17	20	40	0	520	20	1.67	0
5	G16	19	49	0	505	19	2.04	0
6	G18	16	111	0	195	16	4.63	0
7	G5	15	120	0	480	15	5.00	0
8	G4	16	91	0	475	16	3.79	0
9	G2	15	110	0	470	15	4.58	0
10	G15	17	57	0	465	17	2.38	0
11	G12	14	124	0	460	14	5.17	0
12	G11	16	71	0	455	16	2.96	0
13	G13	14	64	0	400	14	2.67	0
14	G3	12	112	0	400	12	4.67	0
15	G8	13	78	0	390	13	3.25	0
16	G20	12	72	0	360	12	3.00	0
17	G19	9	69	0	285	9	2.88	0
18	G10	9	59	0	275	9	2.46	0
19	G9	7	77	0	245	7	3.21	0
20	G7	5	80	0	200	5	3.33	0
合计		306	1670	0	9014	306	69.58	

注：每个托盘装 24 箱。

(3)订货单位合理化

将订货中货品的单位合理化，避免过小的单位出现在订单中，如将大包改为中包，去掉小包装，原则上控制在三种单位以内。

(4)拣选单位的决定

将 IQ-PCB 分析表中货品单位数量,化为合理化的单位数量,分类后的货品再按合理化的单位归类。

通过以上分析,可得出各种货品应有的拣选单位,同时可以作为货品特性分析和拣选单位分区的参考。

3. 储存单位的决定

拣选单位决定之后,接下来要决定的是储存单位。一般储存单位必须大于或等于拣选单位,其一般步骤如下:

(1)订出各项货品的一次采购最大、最小批量及前置时间。

(2)设定物流中心的服务水平,订单到达后几日内送达。

(3)若服务水平时间>采购前置时间+送达时间,且货品每日被订购量在采购最小批量和采购最大批量之间,则该项货品可不设存货位置。

(4)通过 IQ-PCB 分析,如果货品平均每日采购量×采购前置时间<上一级包装单位数量,则储存单位=拣选单位。反之,则储存单位>拣选单位。

4. 入库单位的决定

储存单位决定后,货品入库的单位最好能配合储存单位,可以凭借采购量的优势要求供应商配合。入库单位通常设定等于货品最大的储存单位。表 6-6 是常见的拣选系统单位组合。

表 6-6　拣选系统单位组合表

拣选单位	储存单位	入库单位
P	P	P
P、C	P、C	P
P、C、B	P、C、B	P
C	P、C	P、C
C、B	P、C、B	P、C
B	C、B	C、B

6.4.2 分拣方式的确定

在规划设计拣选作业之前，必须先对拣选作业的基本模式有所认识，拣选作业最简单的分拣方式就是按单拣选和批量分拣两种。

1. 按出货品项数的多少及货品周转频率高低，确定合适的分拣作业方式。

配合 EIQ 的分析结果（如表 6-7 所示），按当日 EN 值（订单品项数）及 IK 值（品项受订次数）的分布判断出货品项数的多少和货品周转率的高低，确定不同作业的区间。

原理：EN 值越大表示一张订单所订购的货品品项数越多，货品的种类越多越杂时，批量分拣时分类作业越复杂，采取按单拣选较好。相对地，IK 值越大，表示某品项的重复订购频率越高，货品的周转率也越高，此时采用批量分拣可以大幅度提高拣选效率。

表 6-7 分拣方式选定对照表

		货品重复订购频率（IK 值）		
		高	中	低
出货品项数（EN 值）	多	S+B	S	S
	中	B	B	S
	少	B	B	B+S

注：S：按单拣选，B：批量分拣。

2. 按表 6-8 所列项目进行考核，决定采用何种拣选作业方式。

表 6-8 中第一项为每日的订单数，主要考虑的因素为行走往复所花费的时间。第二项为一天订单的品项数，考虑的是寻找货品货位的时间。第三项一张订单中每一品项的重量，考虑的是抓取货品所用的时间。第四项为每一品项的订单件数，考虑的是同一品项重复被分拣花的时间。所以采用何种方式分拣，主要看该拣选方式效率的高低，主要考虑的是何种拣选方式所耗费的总时间

最短，且避免不必要的重复行走时间。

表中从左至右可以有多种组合形式，如 A－C－C－A，表示的是每日的订单数很多，而订单的品项数却很少，且一张订单的每一品项数量也很少，但不断地被重复订购。所以，可将每一品项数加总合计，采取批量分拣，以减少重复行走分拣同一品项所耗费的时间；但也要考虑分拣完后的分类集中作业的效率问题。在 C－A－A－C 形式中每天的订单数很少，但一天订单的品项数很多又不重复，且一张订单的品项数也很少，此时适合采用单个订单方式分拣。

表 6-8 批量拣选与订单拣选考核要素

<table>
<tr><th colspan="4">要 素</th><th rowspan="2">订单要素</th></tr>
<tr><th>订单数/日</th><th>一天订单的品项数</th><th>一张订单每一品项的重量</th><th>每一品项一天的订单数</th></tr>
<tr><td colspan="4">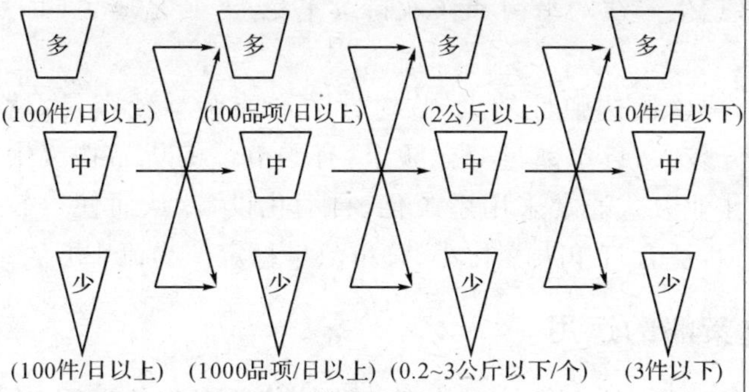
</td><td>订单内容与品项数等的要素可分为下列三种：
1. 批量拣取用订单
2. 订单拣取用的订单
3. 整合订单拣取用的订单</td></tr>
</table>

表中从左至右可以有多种组合形式，如 A－C－C－A，表示的是每日的订单数很多，而订单的品项数却很少，且一张订单的每一品项数量也很少，但不断地被重复订购。所以，可将每一品项数加总合计，采取批量分拣，以减少重复行走分拣同一品项所耗费的时间；但也要考虑分拣完后的分类集中作业的效率问题。在 C－A－A－C 形式中每天的订单数很少，但一天订单的品项数很多又不重复，且一张订单的品项数也很少，此时适合采用单个订单方式分拣。

以上考核有以下特点：

(1)因拣选行走距离无法缩短，分拣效率可能降低。

(2)作业前置时间较短，订单处理可以保持连续性。

(3)容易采用机械化的方式，协助人工分拣，但较难采用全自动的方式进行。

3. 批量分拣的适用情况及特点。

适用情况：

(1)货品外形较规则、固定，如箱装、扁袋装。

(2)需流通加工的物品，如需包装或标价作业的货品。

特点：

(1)订单处理需设截止时间，允许插单能力较差。

(2)作业前置时间一般较长。

(3)常以系统化和自动化来提高效率。

(4)必须注意生产线的平衡和作业持续平稳，尤其是避免同一时间大量出货。

总的说来，按单拣选弹性较大，临时性的产能调整较容易，适合订单大小差异较大，订单数量变化频繁，有季节性的货品物流中心。批量分拣作业方式通常采用系统化、自动化设备，从而使得较难调整拣选能力，适合订单大变化小、订单数量稳定的物流中心。

6.4.3 拣选策略的运用

拣选作业系统规划中，最重要的环节就是拣选策略的运用，由于拣选策略的四个主要因素(分区、订单分割、订单分批、分类)之间存在互动关系，在做整体规划时，必须按一定的决定顺序，才能使其复杂程序降到最低。

图 6-11 是拣选策略运用的组合图，从左至右是拣选系统规划时所考虑的一般次序，可以相互配合策略方式用箭头连接，所以任何一条由左至右可通的组合链就表示一种可行的拣选策略。

1. 分区的考虑

拣选作业系统中的分区设计，除前面介绍的拣选分区外，还必

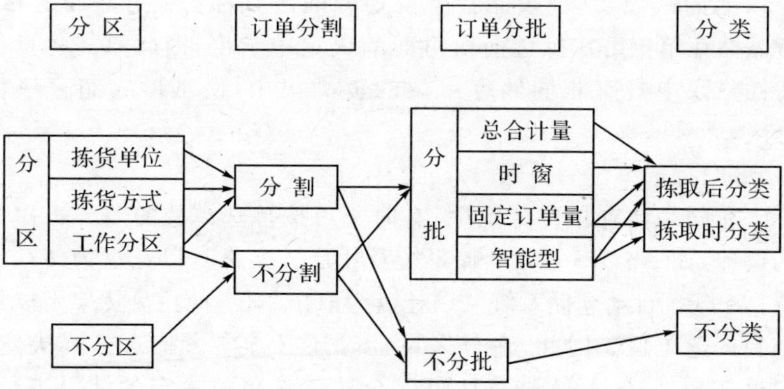

图 6-11　拣货策略运用组合图

须考虑到储存分区的部分。因此在设计拣选分区之前，必须先对储存分区进行了解、规划，才能使系统整体的配合完善。图 6-12 是进行分区设计时的程序，每个分区考虑的因素和重点都不尽相同，但其基本概念是由大到小，从广入深的。

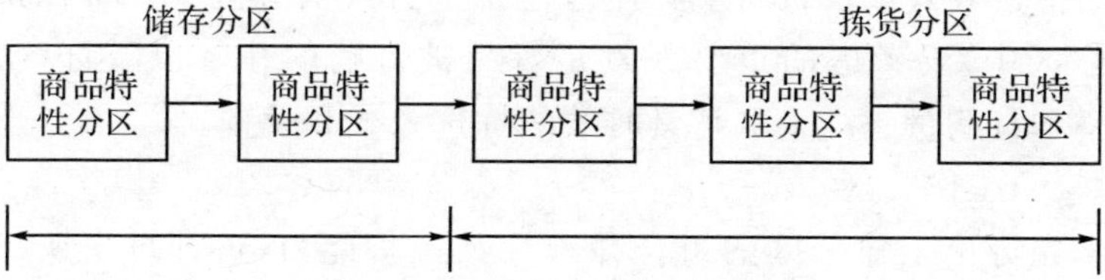

图 6-12　储存与拣货的分区

(1)货品特性分区

货品特性分区就是根据货品原有的性质，将需要特别储存搬运或分离储存的货品进行区隔，以保证货品的品质在储存期间保持稳定。在拣选单位的决定过程中，货品特性分组已将货品按其特性完成，接下来要做的就是根据不同的分组特性设计储存区域，该过程的原则是尽量使用共同设备，以使设置操作成本降低。

(2)储存单位分区

同一货品在特性分区内可能因储存单位不同而分别储存在两

个以上的区域，这种按储存单位划分的区域称为储存单位分区。货品储存单位已在拣选前段时间的决定中求出，因此只需将货品特性分区中具有相同储存单位的货品集中，便可形成储存单位分区。

(3)拣选单位的分区

在同一储存单位分区内，有时又可按拣选单位的差异再作分区设计，如 AS/RS 自动仓储系统及托盘货架都是以托盘为储存单位，AS/RS 自动仓储系统又以托盘为取出单位，而托盘货架则以箱作为拣选单位。因此，在分区设计时还必须参考拣选方式决定。如果按单拣选，则拣选分区可完全按拣选单位决定的结果进行。若是按批量分拣方式，则拣选单位必须依订单分批后合计量的结果进行修正。

(4)拣选方式分区

拣选方式在此除有批量分拣和按单拣选的分别外，还包括搬运、分拣机器设备等差异，如想在同一拣选单位分区之内，采取不同的拣选方式或设备时就必须考虑拣选方式的分区。通常拣选方式分区中，要考虑的重要因素是货品被订购的几率以及订购量。几率和订购量越高采取越具时效的拣选方式和设备。

(5)工作分区

先订出工作分区的组合并预计其拣货能力，再计算出所需的工作分区数。

工作分区数＝总拣选能力需求或单一工作分区预估拣货能力

2. 订单分割策略

订单分割的原则按分区策略而定，一般订单分割策略主要在于配合拣选分区的结果，因此在拣选单位分区、拣选方法分区及工作分区完成之后，再决定订单分割的大小范围。订单分割可以是在原始订单上作分离的设计，也可以是在订单接受之后作分离的信息处理。下面介绍几种订单分割方法。

(1)拣选单位分区与订单分割策略如图 6-13 所示。

(2)拣选方式分区与订单分割策略如图 6-14 所示。

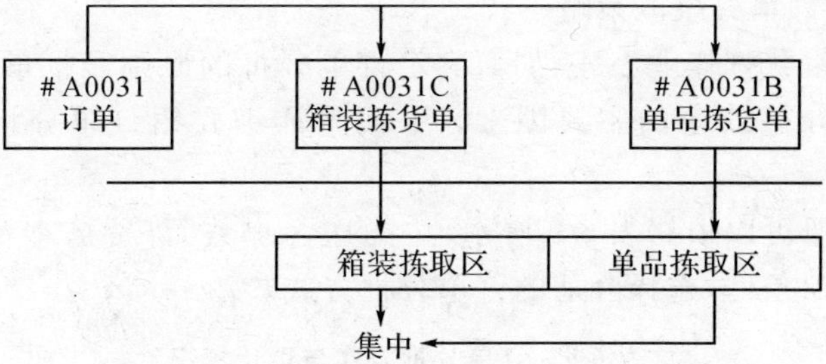

图 6-13　拣货单位分区与订单分割示意图

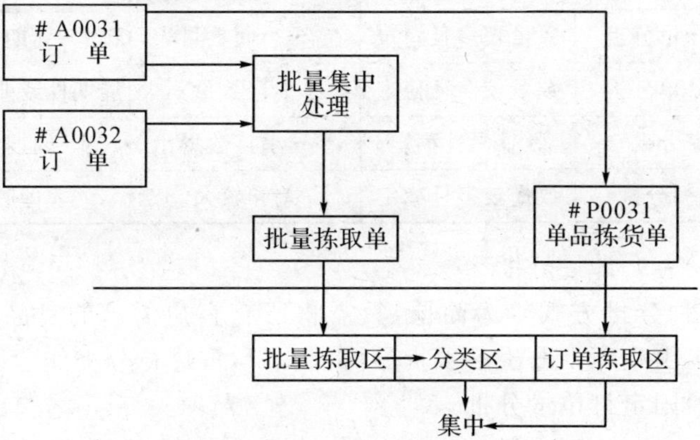

图 6-14　拣货方式分区与订单分割示意图

(3)工作分区与订单分割策略如图 6-15 所示。

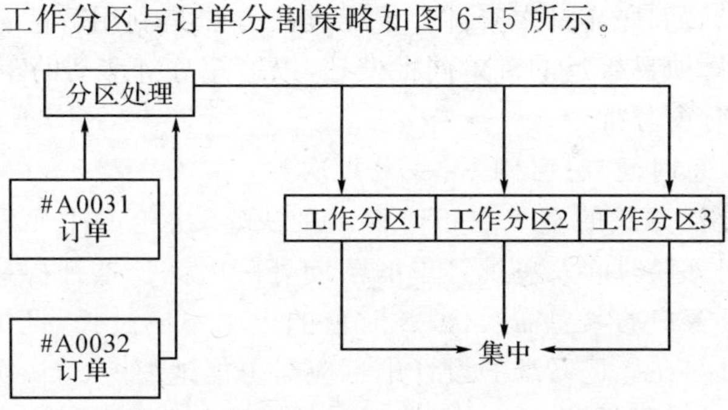

图 6-15　拣货工作分区与订单分割示意图

3. 订单分批的策略

批量分拣作业方式,如何决定订单分批的原则和批量的大小,是影响分拣效率的主要因素。下面将详细介绍订单分批策略的应用。

一般可以根据表 6-9 所示,按配送客户数、订货形态及需求频率等三项条件,选择合适的订单分批方式。

表 6-9 订单分批方式与适用情况

分批方式＼适用情况	配送客户数	订货类型	需求频率
总合计量分批	数量较多且稳定	差异小而数量大	周期性
固定订单分批	数量较多且稳定	差异小且数量不大	周期性或非周期性
时窗分批	数量多且稳定	差异小且数量小	周期性
智能型分批	数量较多且稳定	差异较大	非即时性

(1)总合计量分批

这种分批方式较为简单,只需将所有客户需求的货品数量统计汇总,由仓库中取出各项货品需求总量,再进行分类作业即可。

(2)固定订单量分批

订单总数/固定量＝分批次数

通常固定订单量分批方式是采取先到先处理的原则,按订单到达的先后顺序作批次安排。较先进的方法是利用智能分批的原则,将订货项目接近的订单同批处理,以缩短分拣移动的距离。

(3)时窗分批

作业总时间/时窗(TW)＝分批次数

该分批方式的重点在于时窗上的决定,决定的主要因素是客户的预期等候时间及单批订单的预期处理时间。这种拣选方式是为了适应客户的紧急需要,因此时窗的大小不应过长,且每批订单处理的时间在拣选系统的设计中也应尽可能地缩短。

(4)智能型分批

智能型分批方式是技巧性较高的一种分批方式,适合仓储面积较大，储存货品项目的拣选区域。订单通常在前一天汇集之后，经过计算机处理，将订货项目相近或拣选路径一致的货品分为同批，以缩短拣选寻找的时间及移动的距离。

要做到智能型分批，最重要的就是货品储存位置和货位编码的相互配合，使得订单输入货品编号后就可凭借货品货位编号了解货品储存位置的情况，再根据拣选作业路径的特性，找出订单分批的法则。

4. 分类方式的确定

采取批量分拣作业方式时，其后必须有分类作业与之配合，而且不同的订单分批方式其分类作业的方式也有所不同；也就是说，决定分类方式的主要因素是订单分批的方式，不采取批量分拣的作业方式就不需要进行分类作业。

分类方式可分为分拣后分类(SAP, Sort-After-Picking)和分拣时分类(SWP, Sort-While-Picking)两种。分拣后集中分类可以由分类输送机完成回空地上以人工方式分类。分拣时分类，一般由计算机辅助拣选台车来进行，这种分类方式较适合与固定订单量分批及智能型分批方式配合。

分类方式的决定除了受订单分批方式的影响外，表 6-10 也可作为判断分类方式的参考依据。

表 6-10　各种分类方式的特性

分类方式 \ 特性		处理订单数量	订购货品品项数	货品重复订购频率
分拣后分类	分类输送机	多	多	变化较大
	人工分类	少	少	较高
分拣时分类		多	少	较低

6.4.4　拣选信息的处理

1. 拣选作业方式与拣选信息

一般来说，拣选信息与拣选系统的规模及自动化程度有着密切的关系。通常货品种类数少，自动化程度较低的拣选系统以传票作为拣选信息，其拣选方式偏向于简单的按单拣选。拣选单是最常采用的一种拣选信息，与拣选方式配合的弹性也较大。拣选标签的拣选信息除与下游零售商的标价作业相适应外，也常与自动化分类系统配合。电子信息最主要的目的就是与计算机辅助拣选系统或自动拣选系统相配合，以追求拣选的时效性，达到及时控管、完全掌握的目的。表 6-11 是拣选信息适合的拣选作业特性，可作为拣选作业方式决定后选择拣选信息的参考依据。

表 6-11　拣选作业方式与拣选信息配合的情形

拣选信息	适合的拣选作业方式
传票	按单拣选、订单不切割
拣选单	适合各种传统的拣选作业方式
拣选标签	批量分拣、按单拣选
电子信息	分拣时分类、工作分区、自动拣选系统

2. 拣选信息的处理

(1)传票

拣选传票产生的方式基本上有两种：第一种是复印订单的方法，在接到订单之后将其复制成拣选传票。这种方式费用较高，但其弹性较大，可适应不同大小的订单形式。另一种方式是直接由多联式订单中撕下拣选专用的一联。这种方式有时会因订单联数过多而产生复写不清的现象，导致错误发生。

以传票方式作为拣选信息的先决条件是货品品项数不多，通常在 100 种以下，无论是填写式或勾选式的订单表格，应以不超过一页为标准。适合传票的拣选方式为按单拣选。

(2)拣选单

按单拣选的拣选单处理程序是：接到订单之后利用键盘输入方式或光扫描方式进入计算机系统中，然后与计算机资料库中的货品存量核对并查出货品的储存位置，最后再按工作排程的顺序打印出拣选单，以及产生补货指示和出库指示等。

分批拣选的拣选信息处理程序与按单拣选的最大差异就在于订单输入时的汇总,订单汇总必须按订单分批方式的原则,将同属一批的订单按货品品项统计订购数量。之后的核对存量与寻找货位,大致与按单拣选相同,最后打印出分批拣选单,以及产生补货、出库与分类等指示的信息。其中分类指示在自动分类中由计算机程序直接提供信号给控制系统,若用人工分类,则分类指示通常直接可由分批拣选单中得到。

(3)拣选标签

拣选标签大致可以分为价格标签和识别标签两种。价格标签的目的在于标示价格。常见的识别标签为条码,此条码并非货品条码(货品条码一般印在货品包装上),通常为流通条码或店内条码,也有在一张拣选标签内同时显示出价格和条码的。

在订单到达之前就事先印制好标签,贴标签的动作发生在进货之初(统一标价)或出货之前(店内条码或个别标价)的,可将其归类于流通在输入订单之后经过拣选作业信息处理才打印出来,这类标签的功能除标示价格以外,对拣选作业的贡献主要有两点:一是分拣时贴标签代替了清点货品数量的过程,二是附有流通条码的标签可提供自动分类系统识别的信息。

(4)电子信息

电子信息处理中,由计算机拣选信息处理程序将指令传给控制器,接着由控制器传出控制信号给机器使其运作,所以在电子信息的处理中偏重于软硬件的结合。一般所常见的电子标签系统(ELS)或计算机辅助拣选系统(CAPS)以及无线通信(RF)拣选系统即属于这种类型的应用。

电子信息与前三种拣选信息最大的差别就是无纸化,因此拣选信息的传送可以更迅速而正确,且可以做到及时控制与管理。

第7章 物流中心配套设施规划设计

7.1 作业区区域空间设计

在对物流中心各区域的功能、能力以及使用设备设施分析规划后，进而需要做的工作就是各区域的空间设计。由于各区域的作业性质不同，要求的作业空间标准也不相同。在进行区域的空间设计时，除了考虑所选设备设施的基本使用面积外，还要计算操作活动、物料储存空间和通道面积，同时，也要结合物流中心的实际和未来发展，对预留空间问题有所考虑。

7.1.1 通道设计

一、通道设计概述

通道虽不直接属于任一作业区域，但是通道的合理设置与宽度设计是影响物流效率的关键。通道的设计应能方便货物的存取、装卸设备的进出及必要的服务区间。

(1) 通道空间的影响因素

影响通道位置及宽度的因素包括：

①通道形式

②搬运设备：形式、尺寸、产能、回转半径

③储存货品的尺寸

④与进出口及装卸区的距离

⑤储存货物的批量、尺寸

⑥防火墙的位置

⑦行列空间

⑧服务区及设备的位置

⑨地板承载能力

⑩电梯及坡道位置

(2) 通道的类型

物流中心的通道可分为厂区通道及厂内通道。厂区通道将影响车辆、人员的进出，车辆回转、上卸货等动线。

厂房内通道一般包含下列几种：

①工作通道：物流仓储作业及出入厂房作业的通道。又包括主通道及辅助通道，主通道通常连接厂房的进出口至各作业区域，道路也最宽；辅助通道为连接主通道至各作业区域内的通道，通常垂直或平行于主通道。

②人行通道：只使用于员工进出特殊区域的场合，应维持最小数目。

③电梯通道：提高出入电梯的通道，不应受任何通道阻碍，通常此通道宽度至少与电梯相同，距离主要工作通道约 3～4.5m。

④其他各种性质的通道：为公共设施、防火设备或紧急逃生所需的进出通道。

(3) 通道的设计要点

空间分配最重要的因素是通道的设置及宽度大小。因此，良好通道的设计要点包括：

①流量经济：让所有厂房通道的人、物流移动皆形成路径。

②空间经济：通道通常需占据不少厂房空间，因此需精确地设计以发挥空间运用的效益。

③设计的顺序：应先就主要通道配合出入厂门的位置进行设计，其次为出入部门及作业区间的通道设计，而后才是服务设施、参观走道等通道的设计。

④大规模厂房的空间经济：在一个 6m 宽的厂房内仍须有一个宽约 1.5～2m 的通道，约占有效地板空间的 25%～30%；而一个 180m 宽的厂房可能有 3 个宽 3.6m 的通道，只占所有空间的 6%，

即使再加上次要通道，也只占 10%～12%。因此，大厂房在通道设计上可达到大规模空间经济性。

⑤危险条件：必须要求通道足够空旷，以适应危险时尽快逃生的需要。

⑥楼层间的交通：电梯是通道的特例，其目的在于将主要通道的物品运至其他楼层，但又避免阻碍主要通道的交通。

不同的储区布置形式有不同的通道空间比例，如图 7-1 所示，表示出在 15×60m 及 30×30m 的区域下，通道与厂房空间的比率关系。

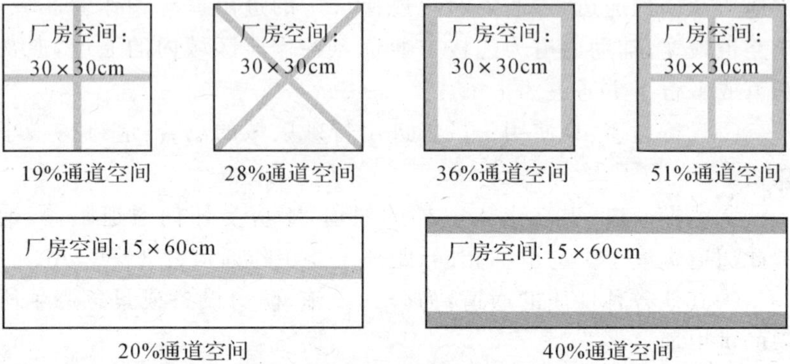

图 7-1　通道空间形式相对于厂房空间的比率

物流中心常采用中枢通道（图 7-2），其主要通道经厂房中央，且尽可能直穿，使开始及结束在厂房出入口，且连接主要交叉通道，以有效运用作业空间。

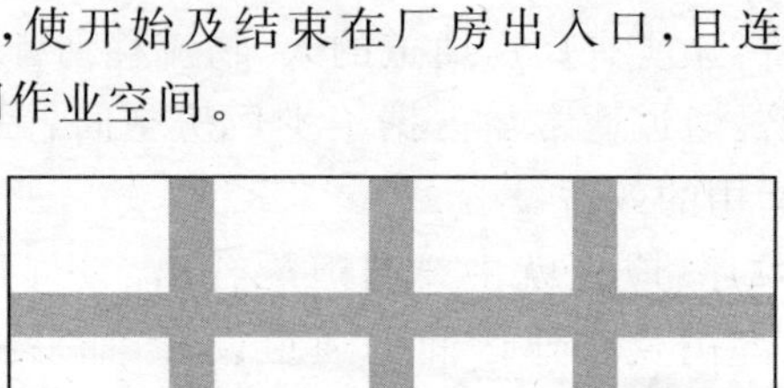

图 7-2　中枢通道的布置形式

通道宽度的设计，需视不同作业区域、人员或车辆行走数率、单位时间通行人数、搬运物品体积等因素而异。以人员行走通道为例，若以人员通过速率 v、单位时间通过人数 n 来推算，估计两人行走所需最短距离 d，人身宽幅约 w，则每一人员在通道上行走瞬间需要的空间 $d \times w$，则通道宽度 W 为

$$W = d \times w \times n / v$$

估计两人行走时所需最短前后间隔距离为 1.5m 以上，而人身宽幅约 0.76m，一般人员行走速率约为 3.2km/h，若每分钟需通过 105 人，则通道宽度即为 2.2m 以上。实际上也可用于台车或叉车等搬运工具的计算，只是实际上的物料重量、体积及作业速度都不易明确之下，可以概括地推算，表 7-1 为一般通道宽度的参考。

表 7-1　厂房通道宽度参考表

通道种类或用途	宽度
中枢主通道	3.5～6m
辅助通道	3m
人行通道	0.75～1m
小型台车	0.7m
手动叉车	1.5～2.5m(视载重而定)
叉车(直角转弯)	2～2.5m(使用 1100mm×1100mm 的托盘)
窄巷道叉车(回转叉式)	1.6～2m

对于物流中心厂房内的作业，通道设计相当重要。通道设计主要是通道设计和宽度的设计。通道设计极大地影响仓库内的空间分割、合理利用以及物流作业效率，通道设计应提供正确的物品存取、装卸货设备进出路径及必要的服务空间。

二、通道设计

通道布置，就一般物流中心的作业特性而言，采用中枢通道式，即主要通道穿过厂房中央，这样可以有效地利用空间。对于不同的储区，因其作业性质不同，其通道布置也采取不同的比例。

关于通道宽度设计，根据不同作业区域、人员或车辆行走速

度、单位时间通行人数、搬运物品体积等因素而定。

进行通道设计的顺序是，首先设计主要通道和出入厂门的位置，然后设计作业区间的辅助通道，最后设计其他通道。

①主要通道。沿仓库纵向贯通，以直线或尽可能少的折线来连接出入口，提供叉车、手推车和人员双向通行，一般宽度为 3.5～6m。

②辅助通道。一般沿仓库横向，与主要通道垂直，以叉车通行为主，人员通行为辅。

影响叉车通道宽度的因素有叉车形式、规格尺寸、托盘规格尺寸等。对于不同的叉车生产厂家，所生产的叉车规格、尺寸、型号也略有差异，在设计时，要根据所选厂家的叉车产品，进行具体地实际计算。

这里以最大载荷为 500～3000kg 的叉车为研究对象，来设计叉车通道宽度。设计时，余量尺寸以以下数据为参考。

叉车侧面余量尺寸 C_0：150～300mm。

对面来车时叉车侧面余量尺寸 C_m：300～500mm。

保管货物之间距离余量尺寸 C_p：100mm。

①直线叉车通道宽度。直线通道宽度决定于叉车宽度、托盘宽度和侧面余量尺寸。分为单行道和双行道两种，单行道如图 7-3 所示。其直线通道宽度 W 计算公式为：

$$W = W_p + 2C_0 \tag{7-1}$$

$$W = W_b + 2C_0 \tag{7-2}$$

式中，W 是直线通道宽度，单位为 mm；W_p 是托盘宽度，单位为 mm；W_b 是叉车宽度，单位为 mm；G 是叉车侧面余量尺寸，单位为 mm。

当托盘宽度 W_p 大于叉车宽度 W_b 时，宽度用式(7-1)进行计算；反之，用式(7-2)进行计算。

例 7-1 设托盘宽度为 $W_p = 1100$mm，起重能力为 1t 的叉车宽度 $W_b = 1070$mm，叉车侧面余量尺寸 $C_0 = 300$mm。试计算直线通道宽度。

解：在本例中，由于 $W_p > W_b$，用式(7-1)计算通道宽度。即，通道宽度为：

$$W = W_p + 2C_0 = 1100\text{mm} + 2 \times 300\text{mm} = 1700\text{mm}$$

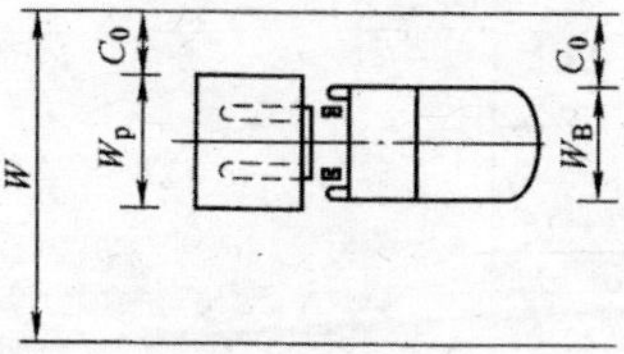

图 7-3　叉车直线单通道宽度计算图

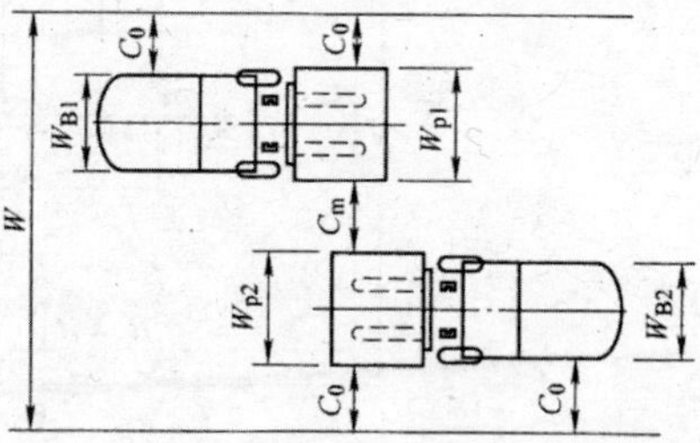

图 7-4　叉车直线双通道宽度计算图

双行道如图 7-4 所示。其直线通道宽度 W 计算公式为：

$$W = 2W_p + 2C_0 + C_m \tag{7-3}$$

或

$$W = 2W_b + 2C_0 + C_m \tag{7-4}$$

式中，W 是直线通道宽度，单位为 mm；W_p 是托盘宽度，单位为 mm；W_b 是叉车宽度，单位为 mm；C_0 是叉车侧面余量尺寸，单位为 mm；C_m 是会车时两车最小间距，单位为 mm。

当托盘宽度 W_p 大于叉车宽度 W_b 时，宽度用式(7-3)进行计算；反之，用式(7-4)进行计算。

②丁字形通道宽度。丁字形通道宽度计算如图 7-5 所示，通道宽度决定于叉车宽度，但由于物流中心所选叉车可能有多种规格，在设计宽度通道时，首先应确定在设计通道行驶的最大叉车型号即规格尺寸。

丁字形通道宽度 W 可表示为：

$$W_1 = R + X + L_p + C_0 \tag{7-5}$$

式中，W_1 是丁字形通道宽度，单位为 mm；R 是叉车最小转弯半径，单位为 mm；X 是旋转中心到托盘距离，单位为 mm；L_p 是托盘长度，单位为 mm；C_0 是叉车侧面余量尺寸，单位为 mm。

图 7-5 中，W_p 为托盘宽度，C_p 为托盘宽度方向与副道宽度的余量尺寸。

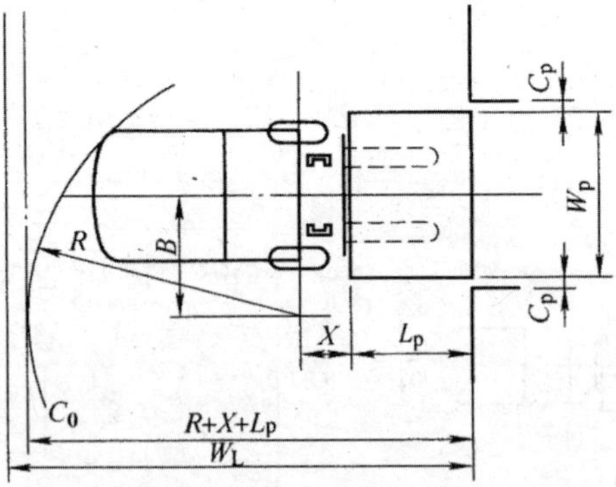

图 7-5　丁字形通道宽度计算图

例 7-2　设叉车举重能力为 1t，叉车最小转弯半径 $R=1750$mm，旋转中心到托盘距离 $X=390$mm，托盘长度 $L_p=1100$mm，叉车侧面余量 $C_0=300$mm。试计算丁字形通道宽度。

解：根据式(7-5)得，丁字形通道宽度：

$$\begin{aligned} W_1 &= R+X+L_p+C_0 \\ &= (1750+390+1100+300)\text{mm} \\ &= 3540\text{mm} \end{aligned}$$

③最小直角通道宽度。直角通道最小宽度计算如图 7-6 所示，当叉车直角转弯时，必须保证足够的直角通道宽度 W_d，最小直角通道宽度 W_d 可表示为：

$$W_d = R_f - \left(B - \frac{W_p}{2}\right)/\sqrt{2} + C_0 \tag{7-6}$$

式中，W_d 是最小直角通道宽度，单位为 mm；R_f 是叉车最小转弯半径，单位为 mm；B 是旋转中心到车体中心距离，单位为 mm；W_p 是托盘宽度，单位为 mm；C_0 是叉车侧面余量尺寸，单位为 mm。

图 7-6 中，R_p 为托盘外侧最小转弯半径，L_p 为托盘长度，X 为旋转中心到托盘内侧距离。

当叉车型号确定后，可按式(7-6)计算最小直角通道宽度。

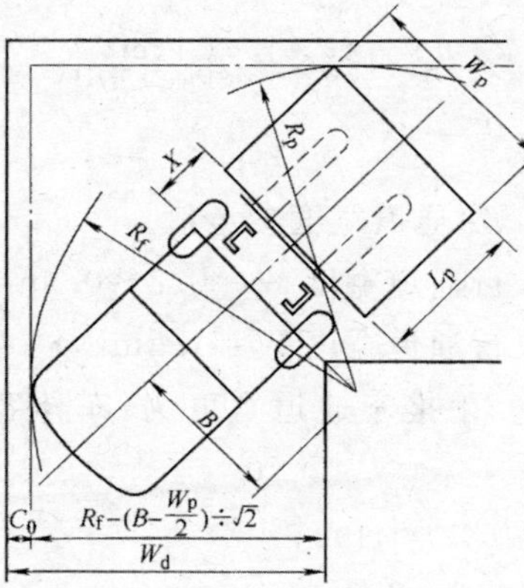

图 7-6　最小直角通道宽度计算图

例 7-3　设叉车举重能力为 1t，托盘宽度 $W_p=1100$mm，叉车最小旋转半径 $R_f=1750$mm，旋转中心到车体中心距离 $B=635$mm，叉车侧面余量 $C_0=300$mm。试计算直角通道宽度。

解：根据式(7-6)得，最小直角通道宽度：

$$W_d=R_f-\left(B-\frac{W_p}{2}\right)/\sqrt{2}+C_0$$
$$=[1750-(635-1100/2)/1.414+300]\text{ mm}$$
$$=1990\text{mm}$$

取 $W_d=2000$mm。

④人行道。人行通道除了正常情况下员工通行外，还用于人工作业、维修和紧急逃生等。其宽度主要由人流量来决定。

设人员行走速度为 v(m/min)，每分钟通过人数为 n，两人前后最短距离为 d(m)，平均每人身宽为 w(m)，则行走时每人在通道上所占空间为 $d\times w$(m^2)，因此，通道宽度 W 公式如下：

$$W=d\times w\times\frac{n}{v} \tag{7-7}$$

设两人行走时需要的前后最短距离 $d=1.5$m，平均人身宽度 $w=0.76$m，一般人行走速度 $v=50$m/min，每分钟通过 80 人，把这

组数据代入式(7-7)有

$$W=d\times w\times\frac{n}{v}=1.5\times0.76\times\frac{80}{50}\text{m}$$

$$=1.8\text{m}$$

表 7-2 所示为厂房通道宽度参考值。

一般情况下,人行通道宽度 $W=0.8\sim0.9$m;

多人通行时,人行通道宽度 $W=1.2$m。

⑤手推车通道。手推车通道宽度为:车体宽加上两倍的侧面余量尺寸。即:

单行道时,$W=0.9\sim1.0$m;

双行道时,$W=1.8\sim2.0$m。

这种通道宽度足够在货架之间用手推车作业的要求。

表 7-2 厂房通道宽度参考值

通道种类货用途	宽度/m	通道种类货用途	宽度/m
中枢主通道	3.5～6	侧面货叉型叉车	17—2
辅助通道	3	堆垛机(直线单行)	15～2
人行通道	0.75～1	堆垛机(直角转弯)	2～2.5
小型台乍	车宽加 0.5～0 7	堆垛机(直角堆叠)	35～4
手动叉车	1.5～2.5	堆垛机(伸臂、跨立、转柱)	2～3
重型平衡叉车	3.5～4		
伸长货叉叉车	2.5～3	堆垛机(转叉窄道)	1.6～2

7.1.2 进出货区设计

进出货区设计主要是进出货平台设计。进出货平台也称为月台,有时又称为码头。进货平台是物流中心的货物入口,出货平台是物流中心的货物出口,总之,是进出货的必经之地。进出货平台设计通常包括进货与出货平台的位置关系、平台形式、停车遮挡形式设计以及平台宽度、长度和高度计算。

1. 进货与出货平台的位置关系

关于进出货平台配置设计可根据作业性质、厂房平面布置以及仓库内物流动线来决定平台的配置形式。为使物料顺畅地进出仓库，进货平台与发货平台的相对位置是很重要的。两者位置将直接影响到进出货效率。两者位置关系有如下几种，如图 7-7 所示。

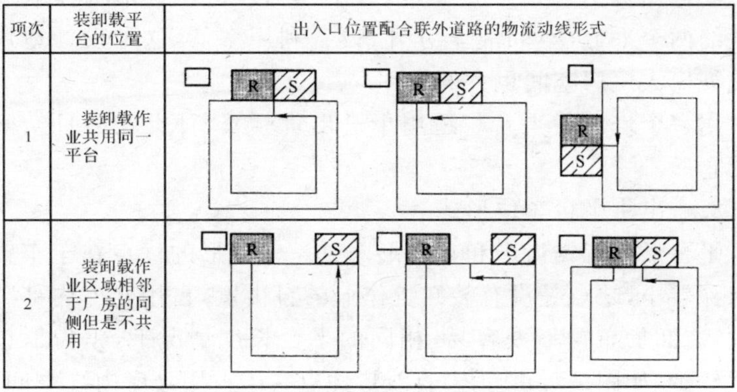

图 7-7　进货与出货平台配置与动线形式图

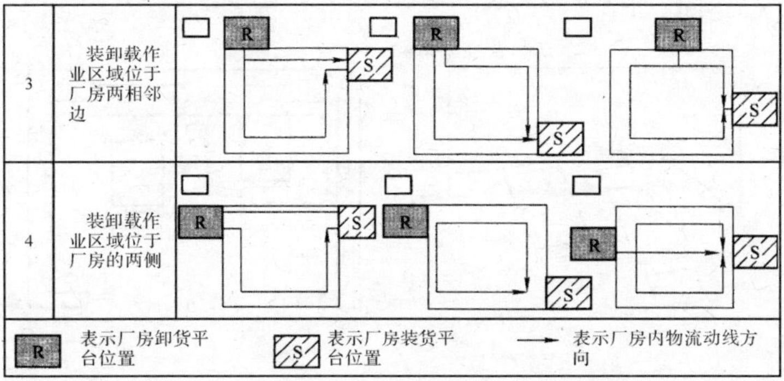

图 7-8　进货与出货平台配置与动线形式图(续)

①进出货共同平台。这种形式可提高空间和设备利用率，但

管理困难。特别是进出货高峰时间，容易造成进货与出货相互影响的不良效果。这种形式适合于进出货时间错开的仓库。

②进出货平台不共同使用，但两者相邻。这种设计方案使进出货空间分开，不会使进出货互相影响，虽然空间利用率低，但可以相互借用。这种设计适用于厂房空间较大，进出货容易相互影响的仓库。

③进出货平台相互独立，两者不相邻。这是进出货作业完全独立的两个平台，空间完全分开，设备利用率低，这种设计适用于物流规模大厂房空间也大的仓库。

④多个进出货平台。适用于进出货频繁、种类较多且空间足够的仓库。

2. 进出货平台车位形式

平台形式有锯齿形和直线形两种。锯齿形的优点在于车辆旋转纵深较小，缺点是没有装卸货作业的自由度，占用仓库内部空间较大，装卸货布置不太容易，相同的平台长度情况下，锯齿形车位布置较少，如图 7-9a 所示。直线形优点在于占用仓库内部空间小，装卸货作业自由度较大，装卸货布置简单，相同的平台长度情况下，直线形车位布置较多，缺点是车辆旋转纵深较大，且需要较大的外部空间，如图 7-9b 所示。

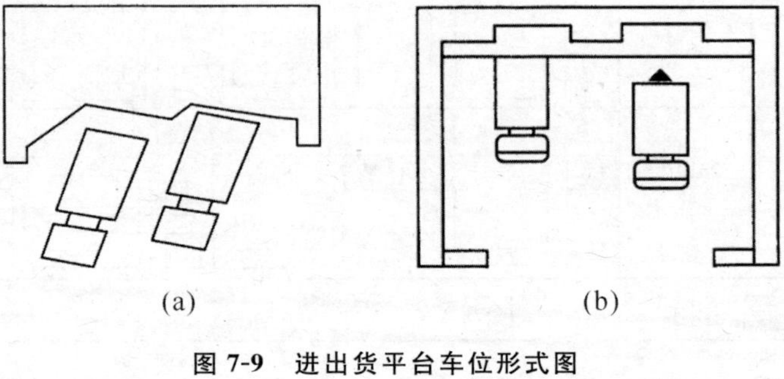

(a) (b)

图 7-9 进出货平台车位形式图

究竟选用哪种形式的平台，可根据进出货特点和场地情况而定。如果土地没有特殊要求时，尽量选取直线形式；同时，从有利于物流作业和进出货安排的角度来考虑，选用直线形式更好一些。

3. 停车遮挡形式

停车遮挡形式在设计进出货停车位置时，除考虑效率和空间之外，还应该考虑遮阳（雨）的问题，因为许多物品对湿度或阳光直射特别敏感。尤其是设计车辆和平台之间的连接部分时，必须考虑到如何防止大风吹入和雨水飘入仓库。此外，还应该避免库内空调的冷暖气外溢和能源损失。为此停车遮挡有以下 3 种形式。

①内围式（图 7-10a）把平台围在厂房内，进出车辆可直接入厂装卸货。其优点在于安全、不怕风吹雨打以及冷暖气泄露。

②齐平式（图 7-10b）平台与仓库侧边齐平，优点是整个月台仍在仓库内，可避免能源浪费。此种形式造价低，目前被广泛采用。

③开放式（图 7-10c）月台全部突出在厂房之外，月台上的货物完全没有遮掩，仓库内冷暖气容易泄露。

遮阳棚的高度距离停车地面至少在 4m 以上，其长度根据车位的个数来决定，但至少 5m。另外，遮阳棚屋面要向内有一个倾斜度，以避免雨水跌落到车厢，淋湿物品。

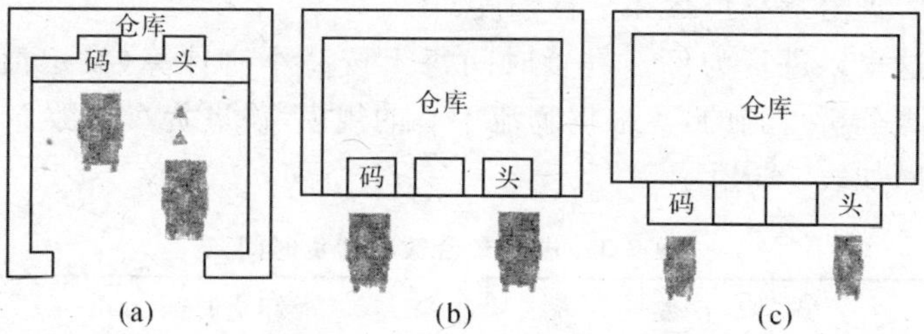

图 7-10　停车平台设计形式图

4. 进出货平台的宽度

如前所述，进货时的物品一般要经过拆装、理货、检查与暂存等工序，才能进入后续作业。为此，在进出货平台上应留有一定的空间作为缓冲区。为了保证装卸货的顺利进行，进出货平台需要有如油压升降平台这样的连接设备相配合。而连接设备分为两种：

①活动连接设备，宽度 $s=1\sim2.5\text{m}$。

②固定连接设备，宽度 $s=1.5\sim3.5\text{m}$。

为使车辆及人员进出畅通，在暂存区与连接设备之间应有出入通道。图 7-11 所示为暂存区、连接设备和出入通道的布置形式及宽度设计图。

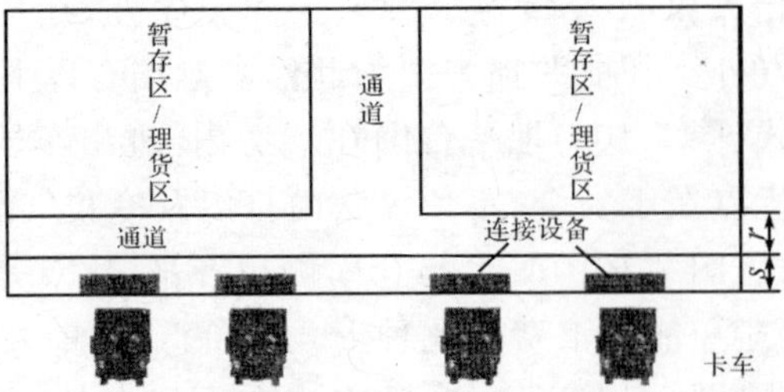

图 7-11 出入货平台宽度设计图

若使用人力搬运，通道宽度 $r=2.5\sim4\text{m}$。由此可见，进出货平台宽度 w 应为：

$$w=s+r \tag{7-8}$$

5. 进出货车位数和平台长度

这里以进货为例。进货时间每天按 2 小时计算（设定值是根据调查分析得到的）。根据物流中心的规模，设进货车台数 N 和卸货时间如表 7-3 所示。

表 7-3 进货车台数和卸货时间

进货车台数				卸货时间/min			
车吨位 / 货态	11t 车	4t 车	2t 车	车吨位 / 货态	11t 车	4t 车	2t 车
托盘进货	N_1	N_2	—	托盘进货	20	10	—
散装进货	N_3	N_4	N_5	散装进货	60	30	20

设进货峰值系数为 1.5，要求在两小时内必须将进货车卸货完毕，设所需车位数为 n，则：

$$n=\frac{(20\times N_1+10\times N_2+60\times N_3+30\times N_4+20\times N_5)\times 1.5}{60\times 2} \tag{7-9}$$

若每个车位宽度为 4m，进货大厅共有 n 个车位，如图 7-12 所示。

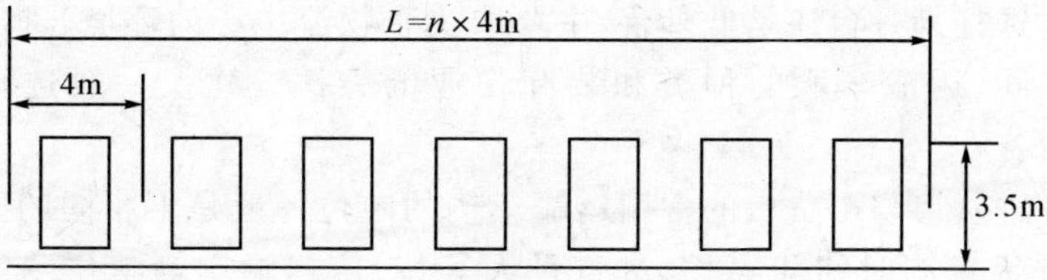

图 7-12　进货厅长度设计图

则进货大厅长度 $L=n\times 4$。设进货大厅宽度为 3.5m，则进货大厅总面积为

$$A=L\times 3.5\text{m}^2$$

进货大厅长度 L 即为进货平台长度。

例 7-4　根据物流中心的规模，预计每天进货时间为两小时，进货车台数和卸货时间为：11t 车，托盘进货，进货 10 车，每车卸货时间 30min；11t 车，散装进货，进货 4 车，每车卸货时间 50min；4t 车，托盘进货，进货 15 车，每车卸货时间 20 min；4t 车，散装进货，进货 5 车，每车卸货时间 30min；设进货峰值系数为 1.5，每个车位宽度为 4m。试计算进货平台的长度。

解：由式(7-9)知，进货所需车位数

$$n=\frac{(30\times 10+50\times 4+20\times 15+30\times 5)\times 1.5}{60\times 2}$$

$$=11.9(\text{个})$$

取整为 $n=12$ 个车位。

进货平台长度为

$$L=(4\times 12)\text{m}=48\text{m}$$

6. 进出货平台高度

进出货平台按高度可分为高月台和低月台两种。高月台的优点是利于手工装卸作业；此外，由于月台高出地面，泥土和雨水不易进入月台；其缺点是造价稍高。低月台的优点在于可以在后面与侧面进行装卸作业，对大重量物品的装卸作业较为方便；其缺点是作业动线交错，人力装卸作业比较困难，泥土和雨水容易浸入月台。

选择高月台还是低月台，主要取决于物流中心的环境、进出货的空间、运输车辆的种类和装卸作业的方法。建议一般选择高月台。

进货口与出货口的常用运输车辆的吨位一般是不相同的。由于进货具有时间间隔长、进货量大等特点，运输车辆吨位一般较大，可能是11t大载货汽车或是箱式载货汽车、拖车。反之，由于配送具有多批次、少量化的特点，出货口运输车辆吨位较小，大部分是3.5t车及7t载货汽车。

高月台高度主要取决于运输车辆的车厢高度。

对于不同的车型，运输车辆车厢高度是不一样的。即使是同种车型，其生产厂家不同，车厢高度也有所区别。

车型基本不变的情况。根据实际需要，物流中心如果只选定使用频率较高的几个厂家几种车型来决定月台高度时，可由主车型车辆基本参数中查出其车厢高度，但此高度为空载时的高度。承载时，大型车辆车厢高度将下降100～200mm。

例如，某物流中心进货主要用××汽车制造公司生产的11t运输车，其车厢高度为1380mm，满载时车厢下降100～200mm，为安全起见，取下降值为100mm，则月台高度为：

$$H=(1380-100)\text{mm}=1280\text{mm}$$

取 $H=1300$mm。

车型变化较大情况。由于车型变化较大，其车厢高度变化范围也相应较大，为适应各种车厢高度车辆装卸货的需要，就必须通过油压升降平台来调整高度。

按照实际经验，月台高度H值为最大车厢高度与最小车厢高度的平均值。油压升降平台踏板的倾斜角根据叉车的性能略有差异。通常按倾斜角不超过 15°来设计油压升降平台长度。

月台高度　　$H=(H_1+H_2)/2$

升降平台长度　　$A=[(H_2-H_1)/2]/\sin\theta$　　(7-10)

式中，H_1 是满载时车厢最低高度，单位为 mm；H_2 是空载时车厢最高高度，单位为 mm；θ 是升降平台倾斜角。

例 7-5　某物流中心出货口所用车辆为 6t 以下全部车型，可由车辆参数知，车厢最低高度为 660mm，车厢最高高度为 1215mm，在满载条件下，车厢将下降 100mm，倾斜角 $\theta=13°$。试计算月台高度和踏板长度。

解：满载时车厢最低高度 $H_1=(660-100)\text{mm}=560\text{mm}$

空载时车厢最高高度 $H_2=1215\text{mm}$

因此，根据式(7-10)得，月台高度：

$H=(560+1215)/2\text{mm}=887.5\text{mm}$

取 $H=900\text{mm}$。

踏板长度 $A=[(H_2-H_1)/2]/\sin\theta$

$=[(1215-560)/2]/\sin 13°\text{mm}$

$=1455.8\text{mm}$

取 $A=1500\text{mm}$。

7.1.3　拣货区作业形式设计

拣货作业是物流中心内最费时的工作。如能最佳布置拣货方式，必将提高整个物流中心的效率。这也是拣货区空间设计的关键所在。常见的拣货方式如下：

1. 储存和拣货区共用托盘货架的拣货方式

体积大、发货量也大的物品适合这种模式。一般是托盘货架第一层(地面层)为拣货区，第二层和第二层以上为库存区。当拣货结束后再由库存区向拣货区补货。

在空间计算时，首先考虑拣货区的货物品项总数，因为品项数的多少将影响地面上的托盘空间。实际空间多少取决于品项总数和库存量所需的托盘数。为此，库存空间应适当放大，一般放大

1.3 倍为宜。图 7-13 所示为储存区和拣货区共用托盘货架。

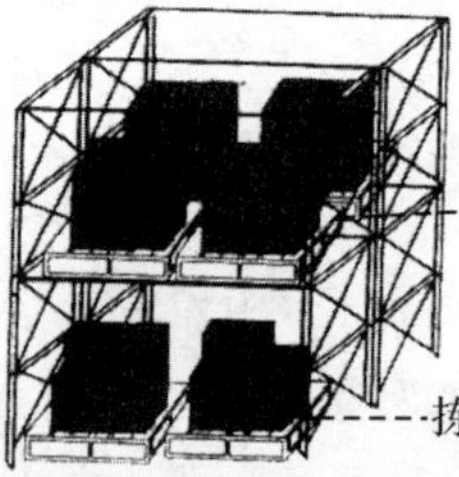

图 7-13 储存和拣货区共用托盘货架的储位计算图

由于实际库存单位为托盘单位，所以，不足一个托盘的品项仍按一个托盘来计算。设平均库存量为 Q，平均每托盘堆放货品箱数为 N，堆放层数为 L，库存空间放大倍数为 1.3，则存货区每层托盘数 P 为

$$P = 1.3 \times \frac{Q}{N \times (L-1)} \tag{7-11}$$

设拣货品项数为 I，则拣货区所需托盘数为 $\max(I,\ P)$。

2. 储存和拣货区共用的零星拣货方式

(1)流动货架拣货方式。这种方式适用于进出货量较小、体积不大或外形不规则货品的拣货工作。因为进货、保管、拣货、发货都是单向物流动线，可配合入、出库的输送机作业。让流动货架来实现储存和拣货的动管功能，可以达到先入先出的管理效果。在进货区把货品直接由货车卸到入库输送机上，入库输送机自动把货品送到储存和拣货区。这种方式的拣货效率较高。拣取完的货物立即被放置于出库输送机上，自动把货品送到发货区。

拣取单位可分为箱拣货和单品拣货两种形式，拣货方式可配合加贴条码标签作业，进行输送带的分拣作业，单品拣货还可进行拆箱作业，并可利用储运箱为拣货用户的装载单位进行集货，再通过输送带分送给发货区，当然储运箱应具有如条码、发货单卡等之类的识别标签。

流动货架优点在于：仅在拣货区通路上行走便可方便拣货，使用出库输送机提高效率，出入库输送机分开可同时进行出入库作业。图 7-14 所示为单列流动货架拣货方式。

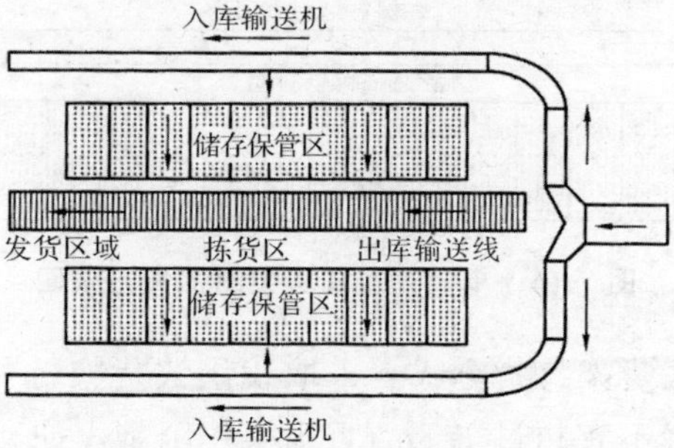

图 7-14　单列流动货架的拣货方式图

对于规模较大的物流中心可采用多列流动货架进行平行作业。然后，再用合流输送机将各线拣选货物集中。如图 7-15 所示为多列流动架拣货方式。

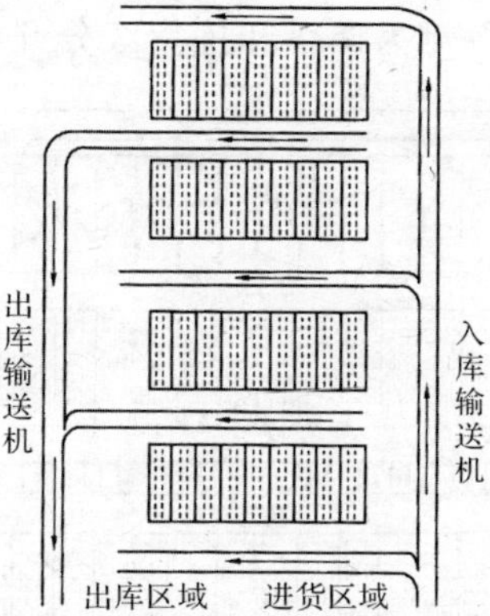

图 7-15　多列流动货架的拣货方式图

(2)一般货架拣货方式。单面开放式货架进行拣货作业，入库和出库是在同一侧。因此，可共用一条入库输送机来进行补货和拣货作业。虽然节省空间，但是必须注意入库和出库时间必须错开，以免造成作业混乱。如图 7-16 所示为单面开放式货架的拣货方式。

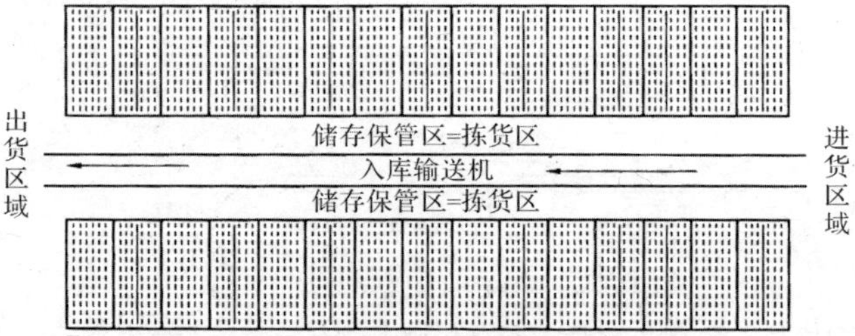

图 7-16 单面开放式货架的拣货方式图

(3)积层式货架拣货方式。采取积层式货架拣货方式拣货，作业时，拣取位置不宜超过 1.8m，否则操作困难。如利用有限空间进行大量拣货作业，可用积层式货架拣货。下层为大型重货架，为箱拣取；上层为小型轻物品，用于单品拣取，这样可充分利用仓储空间。

3. 储存与拣货区分开的零星拣货方式

这种方式的特点是储存与拣货区不在同一个货架，要通过补货作业把货品由库存区送到拣货区，此种方式适合于进出货量中等的情况。图 7-17 所示为储存和拣货区分开的零星进货方式。

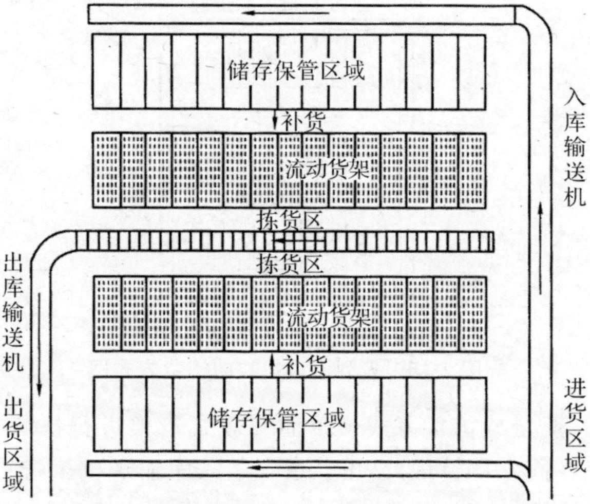

图 7-17 储存与拣货区分开的零星拣货方式图

如果作业是多品种小批量的单品发货方式，则可在拣货区的出库输送机两侧增设无动力拣货输送机，如图 7-17 所示。这种方式的优点是拣货员拣取货物是利用输送机，一边推着空储运箱一边按拣货单依箭头方向在流动货架前边走边拣货。当拣货完毕便把储运箱移到动力输送机上。这种方式工作方便、效率较高。

4. 分段拣货的少量拣货方式

当拣货区内拣货品项过多时，使得流动货架的拣货路线很长，则可考虑接力棒式的分段拣货方式。如果订单品项分布都落在同一分区中，则可跳过其他分区，缩短拣货行走距离、避免绕行整个拣货区。如图 7-18 所示为分段拣货补货方式。

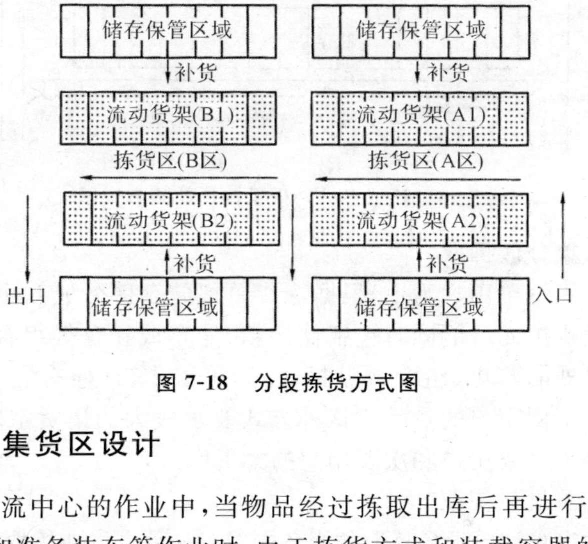

图 7-18　分段拣货方式图

7.1.4　集货区设计

在物流中心的作业中，当物品经过拣取出库后再进行集货、清点、检查和准备装车等作业时，由于拣货方式和装载容器的单位不同，在发货前的暂存和准备工作需要有一定的集货空间。各种集货作业的拣货类型如下：

1. 单一订单拣取

以单一订单用户为单元，拣取后的发货单位可能是储运箱、笼车、台车或托盘。集货区以此为单位设计暂存区以待发货。

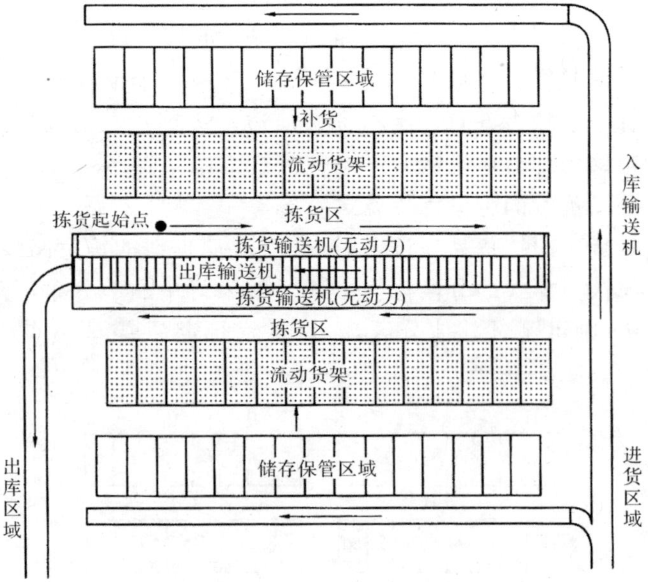

图 7-19 U 型多品种少量拣货补货方式图

2. 订单分区拣取

以单一订单用户为主，根据拣货单把储存区分成几个区，拣取之后的发货单元可能同时包括储运箱、笼车或托盘等组合。为此，可能有另外的装拼、组合或贴标、注记等工作，这样有利于装车送货员识别不同用户的货品。这种方式要求较大的集货空间。在设计时可分为主要用户和次要用户的集货区。

3. 订单批量拣取

这是多张订单批量拣取的服务方式。这种方式在拣取后需要进行分类作业。为此需要有分类输送设备或者人工分类的作业空间。

①分类输送设备。当发货量大、品项包装或装载类型相似时，可采用分类输送设备自动分类。按批量拣取的货品再按用户分类之后，组成发货单元，发货单元可能是以单品为主，也可能是以箱为主。最后在合并点再把发货单元装在储运笼车或托盘等负载装置上。这种集货区空间设计与单一订单拣取方式相同。

②人工分类。人工分类适合于发货的用户少，且货品种类及物性变化较大的物品。拣取货品以单品为主，经过批量拣取后再进行人工分类，并按车次在发货暂存区进行合并。为此，需要有行走通道和发货平台前的暂存空间。

集货区货位设计，一般以发往地区为货区单位进行堆放，同时考虑发货装载顺序和动线畅通性，在空间条件允许的情况下以单排为宜。否则，可能造成装车时在集货区查找货物比较困难，以至于影响搬运工作，降低装载作业效率。

另外，在规划集货区空间时，还要考虑每天平均发货订单、发货车次和出车路线，以及每天拣货和出车工作时序安排等因素。例如，有的物品要求夜间发货，拣货时段则在白天上班时间完成，夜间发货物品则在下班前集货完毕。在不同发车时序要求下，需要集货空间配合工作，方便车辆到达物流中心，立即可以进行货物清点和装载作业，减少车辆等待时间。

有时也可以把集货区和发货暂存区放在一起，但是发货暂存区的空间常作装载工作之用。如果拣出的货物需要等待较长时间才能装车，则有必要把发货平台和发货暂存区分开。

7.1.5　区域平面布置的面积计算

1. 自动化立体仓库

如图 7-20 所示，设托盘尺寸为 1100×1100mm，货架有 N 排、n 列、H 层。

则总货位：

$$Q = N \times n \times H$$

立体仓库的面积：

$$M = (10 + 1.35 \times n) \times 3.75 \times N / 2\text{m}^2$$

式中，1.35m 为一个货位的宽度，3.75m 为两排货位与一个巷道宽度之和。

2. 分拣区

分拣输送机如图 7-21 所示，设每日分拣箱数为 n 个，分拣方面

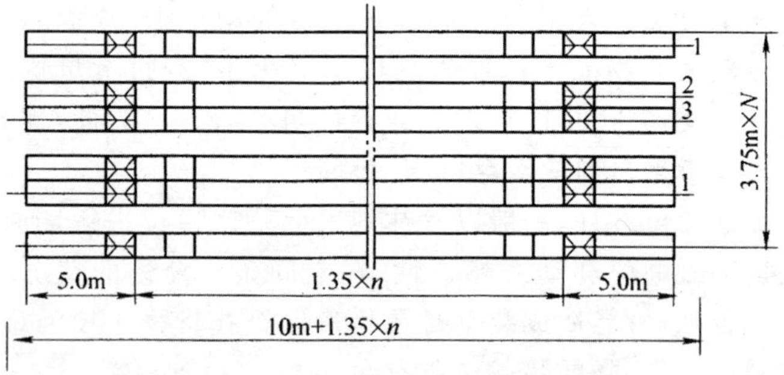

图 7-20 自动化立体仓库面积计算图

数为 N(每面 2m 宽),分拣时间为 7h,峰值系数为 1.5,单位时间分拣数为 $1.5n/7$,则,分拣必要面积 A 为

$$A = [(L+2)\times(6\sim10)]\ \mathrm{m}^2$$

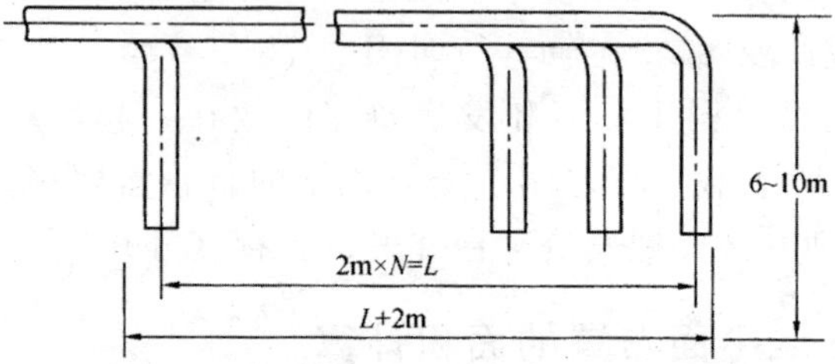

图 7-21 分拣示意图

3. 流通加工区

流通加工区每人作业面积如图 7-22 所示,设作业人员为 N 人,则流通加工区必要面积 A 为:

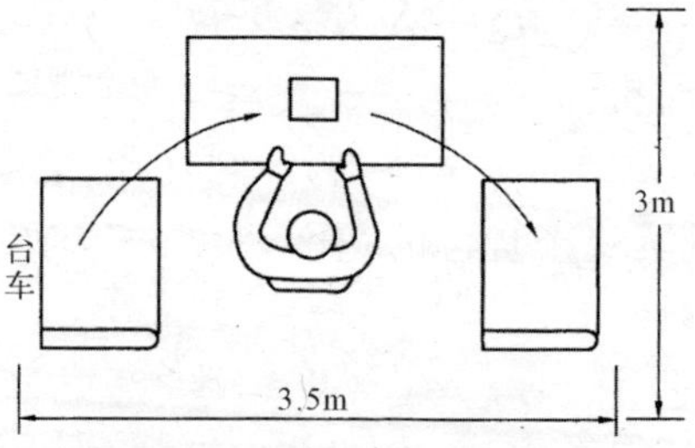

图 7-22 流通加工区面积计算图

$$A = 3.5\text{m} \times 3\text{m} \times N$$

4. 升降机前暂存区

升降机前暂存区面积计算如图 7-23 所示，可通过升降机底面积，搭载台车或托盘数计算暂存区面积。若为如图 7-23 所示尺寸，则升降机前暂存区必要面积 A 为：

$$A = 11\text{m} \times 10\text{m} = 110\text{m}^2$$

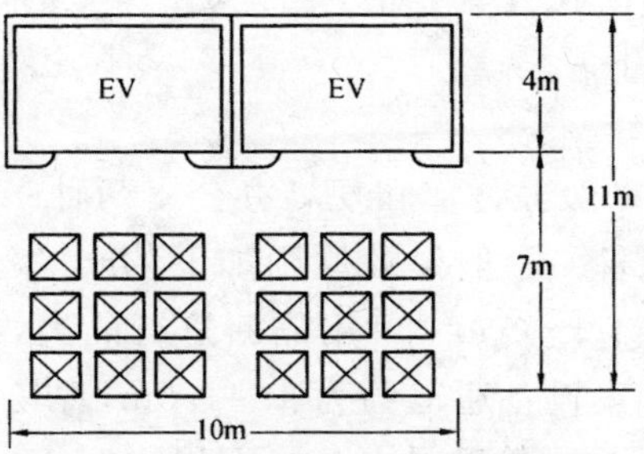

图 7-23　暂存区面积计算图

5. 发货存储区

发货暂存区如图 7-24 所示，每天的发货方面数为 n_1，一个方面宽度为 1.2m，面积利用率为 0.7，若为如图 7-24 所示尺寸，则发货存储区必要面积 A 为：

$$A = [12 \times (1.2 \times n_1 + 3)/0.7]\text{m}^2$$

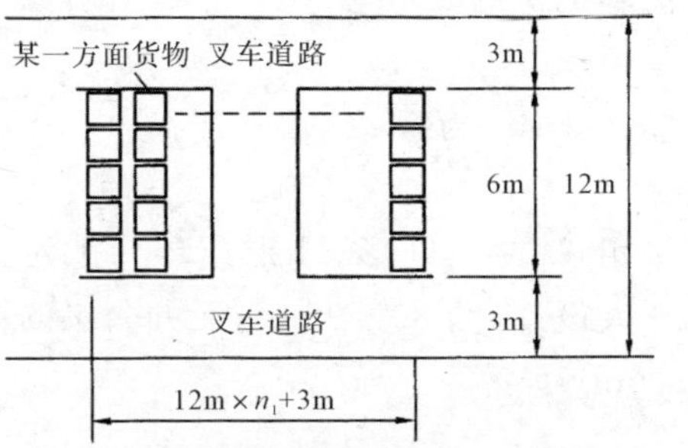

图 7-24　发货存储区面积计算图

7.2 行政区域与厂区面积设计

7.2.1 行政区面积设计

行政区的面积设计，主要是指非直接从事生产、物流、仓储或流通加工部门的面积计算，如办公室、会议室、福利休闲设施等。现在分别说明如下。

1. 办公室

办公室分为一般办公室和现场办公室两种。其面积大小决定于人数和内部设备。一般设计原则如下：办公室通道约 0.9m，每人办公面积约为 4.5～7m²，可用隔断进行隔离，两桌间距离约为 0.8m。桌子与档案设备通道约为 1～1.5m，现场管理人员办公室面积约为 6～18m²，主管领导办公室面积约 14～28m²，单位领导办公室面积约为 28～38m²。

2. 档案室

这是保管文件的重要设施，除档案架或档案拉柜空间之外，应留通道和档案存取空间。为抽屉拉出方面应留 1.2～1.5m 的通道以便利工作。

3. 网络控制与服务器室

中规模的控制机房约 80m²。

4. 接待室

接待室在 28～38m² 为宜。

5. 会议室

会议桌可采用长方形、U 形、H 形或环行排列。有办公桌的会议室，按 15～20 人设计，约 80～90m²；无办公桌的会议室，按 50 人设计，约 90～100m²。

6. 休息室

根据员工人数和作息时间而定。在物流中心工作不允许吸烟，为此可在特定地方设立吸烟室。

7. 司机休息室

在入出库作业区附近可设立司机休息室，以便司机装卸或等待表单。

8. 洗手间

良好的卫生设备使员工精神饱满、工作愉快。一般情况，大便器男10人以下1个，10～24人2个，25～49人3个，50～74人4个，75～100人5个，超过100人时每30人增加1个；小便器是每30人设1个。对于女厕大便器是每10人1个。对于洗面盆、整妆镜是男子每30人1个，女子每15人1个。

9. 衣帽间

为了使员工更换衣服和保管个人物品，存库存区外设立衣帽间，每人1个格位，并配有格锁。

10. 食堂

除餐厅外，还应另设小卖部之类，为员工提供生活方便。餐厅按高峰期人数考虑，每人约0.8～1.5m^2。厨房面积约为餐厅面积的22%～35%。

7.2.2 大门与道路设计

除了厂房内的物流和行政区域设计外，厂区（包括停车场、警卫室、环境美化区等）也要进行设计。现在说明如下。

1. 大门和门卫室

厂区大门要结合外连道路形式进行设计。如果出入共用一个大门时，警卫室设置在大门一侧，并可进行出入车辆管理。如果出入口相邻并位于厂区同侧时，出入道路较大，可把出入动线分开，警卫室设于出入口中间，分别进行出入车辆管理。若出入口位于厂区同侧而不相邻时，可分别设立警卫室，严格执行一边进厂一边出厂的出入管理制度。这种情况适用于进出货时段重合，进出车辆频繁的情况。

2. 厂区道路

厂区道路尺寸取决于主要运输车辆的规格尺寸。物流中心的运输车辆包括普通载货汽车、双轮拖车和重型拖车。一般的物流运输工具为12t普通拖车。随着物流业的迅速发展，运输业货物趋向大型化和合理化，为此，双轮拖车的数量将日益增多。根据发展需要，通常按照双轮拖车的规格尺寸设计相应的厂区道路。

决定双轮拖车尺寸的前提是车辆能否在高速公路上行驶。按照公路安全法，高速公路允许拖车规格为宽度2.5m、高度4.2m，每轴承载不得超过10t。如果超过此限，则要在有关部门办理特殊车辆通行证，方可通行。

(1)道路宽度。设道路宽度为W，W是在行车宽度2.5m的基础上增加一定的余量，一般道路宽度的经验参考值如下：

单行道时，W＝3.5～4m。

双行道时，W＝6.5～7m。

小型货车的道路宽度推荐为：

单行道时，W＝3.7m。

双行道时，W＝5.9m。

大型货车的道路宽度推荐为：

单行道时，W＝4.0m。

双行道时，W＝6.5m。

此外，若有人行道时，应增加人行道宽度2m。

(2)转弯尺寸。为了减少道路用地，减少投资，在转弯处，道路宽度应与直行时相同，为使对面来车容易通行，必须通过切角或弧线来增加转弯道路宽度，保证对面来车的行车宽度在2.5m以上。

7.2.3 停车场设计

一个现代化的物流中心对停车场的设计是十分重视的。停车种类主要是进货车辆、来宾车辆和职员用车。根据物流中心的现实状况和发展情况，估计车辆类型和停车台数，并留有余地。确定停车场大小一般考虑因素有：包括临时工在内的企业人数，经常用户人数，有无公交车站，停车场与车站的距离，乘自备车的人数，公司有无接送的专车等。

停车角度可分为 90°、60°和 45°三种。停车位应和车辆行走车道相关。不同角度下的车辆进出所需车道宽度是不一样的。

设停车位宽度为 W，车辆宽度为 W_t，车辆停车间距为 C_t，则

$$W = W_t + C_t \tag{7-12}$$

停车间距 C_t 的尺寸根据车辆的种类和规格不同而不同，一般根据车门的开启范围取值。大型车辆：$C_t = 1.5\text{m}$，中型车辆：$C_t = 1.3 \sim 1.5\text{m}$，小型轿车：$C_t = 0.7 \sim 1.3\text{m}$。

例如：车辆宽度 W_t 为 2.5m 大型拖车，其停车宽度为

$$W = (2.5 + 1.5)\text{m} = 4.0\text{m}$$

车辆宽度 W_t 为 1.8m 小型轿车，其停车宽度为

$$W = (1.8 + 0.7)\text{m} = 2.5\text{m}$$

停车位长度在车体长度的基础上，可加适当余量。例如，车体长度为 5.2m 的小型车，其停车位长度一般取 6m。

表 7-4 系停车长度为 6m 的小型车辆停车角度与宽度对照表。

表 7-4　停车场停车角度与宽度对照表　　(单位：m)

列数 \ 宽度 \ 停放角度	90°	60°	45°
一列	11.0	9.9	9.6
二列	17.0	16.3	14.7
三列	28.0	26.2	24.3
四列	34.0	32.6	29.4

表中，90°车道宽度为 5m，停车长度为 6m；60°车道宽度为 3.5m，停车长度为 6.4m；45°车道宽度为 4.5m，停车长度为 5.1m。

一般情况下，多采用 90°和 60°的车位形式。现在分别说明如下。

1. 60°角停车场设计

其优点是车辆进出方便、车道宽度较小。但车位深度较深，同

一列可停车数较少，表 7-5 所示为 60°角不同车辆尺寸设计的车位对照表。图 7-25 所示为 2.74m 宽的 60°角车位设计图。

表 7-5 60°角停车场停车车位对照表

尺 寸		长 度(m)				
静止宽度	A	2.44	2.59	2.74	2.90	3.05
静止长度	B	5.79	5.79	5.79	5.79	5.79
停车位长度	C	2.82	3.00	3.18	3.35	3.51
静止深度	D	6.22	6.32	6.40	6.48	6.55
车道宽度	E	5.79	5.64	5.49	5.49	5.49

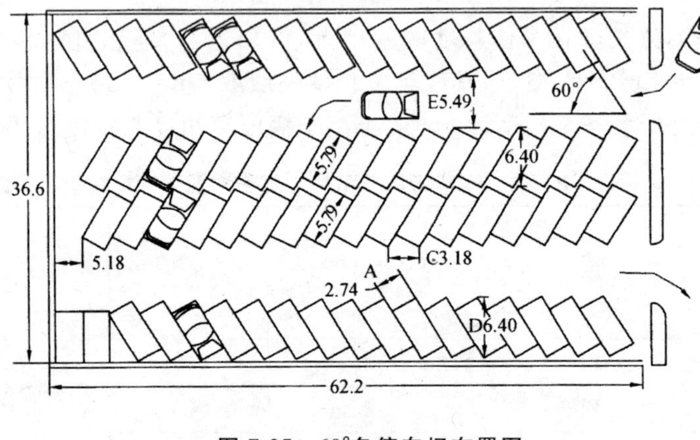

图 7-25 60°角停车场布置图

2. 90°停车场设计

这种车位设计是车辆进出较难、要求车宽度较大、车位深度和车长相同，同一列可停车数较多。表 7-7 所示为 90°角不同车辆尺寸的车位对照表。图 7-26 所示为 2.74m 宽的 90°角车辆停车位设计图。

表 7-7　90°角停车场停车格位对照表

尺　寸		长　度(m)				
静止宽度	A	2.44	2.59	2.74	2.90	3.05
静止长度	B	5.79	5.79	5.79	5.79	5.79
停车位长度	C	7.92	7.62	7.31	7.31	7.31

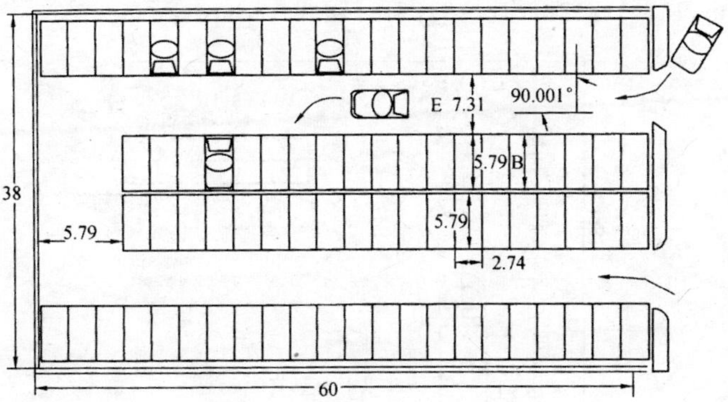

图 7-26　90°角停车场布置图

按 90°设计 $2280m^2$(60m×38m)的停车场,可停 82 部车辆(5.79m×2.74m/车位)。若按 60°设计 $2276m^2$(62.5m×36.6m)的停车场,可停 78 部车辆。由此可知,在面积接近的条件下,60°形式的车位布置比 90°形式的车位布置略小。然而在实际设计车位时,还应考虑车辆尺寸和可用空间的长宽比例,做到充分利用有限空间。

3. 运输车辆回转空间

在设计停车场时,必须对运输车辆回转空间进行分析。回转空间宽度 L 主要决定于车辆本身的长度 L_1 和倒车所需的路宽 L_2。车辆倒车路宽与车辆停车位宽度有关,停车位宽度越宽,倒车路宽就越小。通常取车辆倒车路宽为车辆本身长度,即 $L_1=L_2$,回转空间宽度等于车辆本身长度的两倍再加上余量 C。

$$L = 2L_1 + C \tag{7-13}$$

式中，余量一般要能通过一个车辆，对于卡车，余量 C 取 3m。

对于 5t 车辆直角停放所需车辆回转宽度如图 7-27 所示。由于车辆本身长度 $L_1=8\text{m}$。因此，5t 车辆直角停放所需车辆回转宽度为

$$L=2L_1+C=(2\times8+3)\text{m}=19\text{m}$$

同理，可计算出其他类型的车辆回转宽度，如 2t 车：13m，4t 车：16m，11t 车：23m，2lt 车：27m，厢式车：33m。

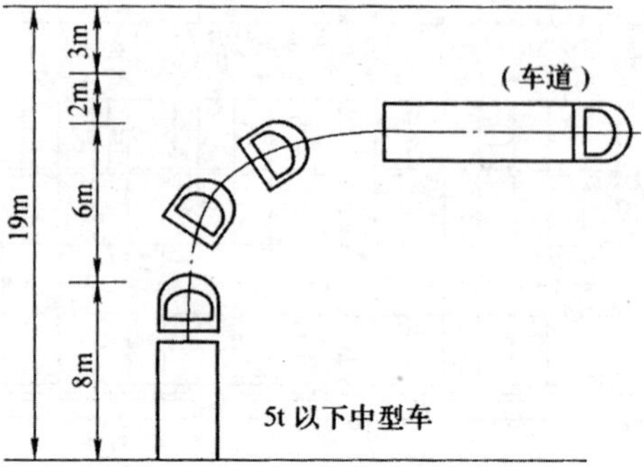

图 7-27 5t 车回转宽度计算图

4. 车辆停泊与绿化空间

在停车场周围的围墙边为绿化区，以美化环境。

7.3 物流中心的建筑要求

物流中心除对厂房的消防、照明、通风及采暖、动力、供电等系统有要求外，更重要的是对柱间距、梁下高度、地面承载能力有着特殊的要求。因为柱间距将会直接影响货物的摆放、搬运车辆的移动和输送分拣设备的安装，梁下高度限制货架的高度和货物的堆放高度，地面承载能力决定设备布置和货物堆放数量。同时，还有前面已研究过的通道布置，则直接影响保管使用面积和搬运的方便性。

7.3.1　建筑物的柱间距

柱间距的选择是否合理，对物流中心的成本、效益和运转费用都有重要影响。对一般建筑物而言，柱间距主要是根据建筑物层数、层高、地面承载能力和其他条件来计算。然而，对建筑的成本有利的柱间距，不一定对物流中心的存储设备是最佳跨度。在最经济的条件下，合理确定最佳柱间距，可以显著地提高物流中心的保管效率和作业效率。

影响物流中心建筑物柱间距的因素有：运输车辆种类、规格型号和入库台数，托盘尺寸和通道宽度，货架与柱之间的关系等。

1. 按运输车辆规格决定柱间距

一般要求运输车辆停靠在出入口，以便装卸货；特殊情况下，还要求车辆驶入建筑物内。此时，就要根据车辆的规格尺寸来计算柱间距。

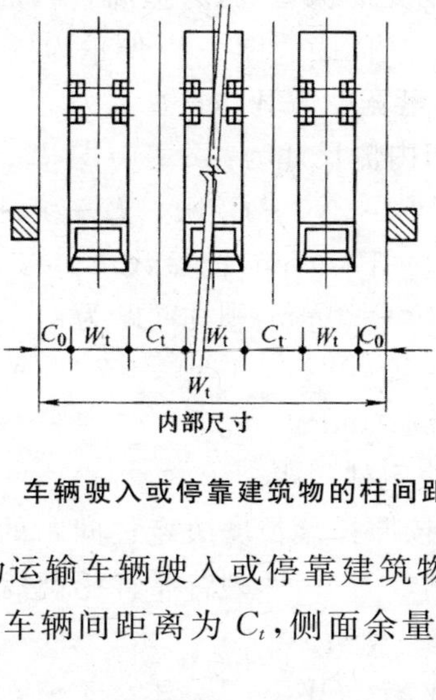

图 7-28　车辆驶入或停靠建筑物的柱间距计算图

图 7-28 所示为运输车辆驶入或停靠建筑物的柱间距计算图，设车辆宽度为 W_t，车辆间距离为 C_t，侧面余量为 C_0，车辆台数为 N_t，则柱间距：

$$W_i = W_t \times N_t + C_t \times (N_t - 1) + 2C_0 \tag{7-14}$$

若车辆宽度 W_t=2470mm，车辆台数 N_t=2，车辆间距离 C_t=

1000mm，车辆与柱间的余量 $C_0=750$mm，则柱间距：

$$W_i=[2470\times2+1000\times(2-1)+2\times750]\text{ mm}=7440\text{mm}$$

取柱间距 $W_i=7500$mm。

2. 按托盘宽度决定柱间距

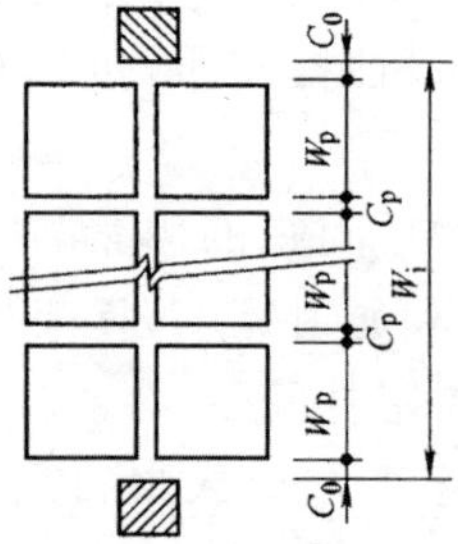

图 7-29 托盘宽度决定的柱间距计算图

以托盘为存储单元的保管区，为提高货物的保管利用率，通常按照托盘尺寸来决定柱间距。图 7-29 所示为按照托盘宽度决定柱间距的计算图，设托盘宽度为 W_p，托盘数为 N_p，托盘间隔为 C_p，侧面余量为 C_0，则柱间内侧尺寸为：

$$W_i=W_p\times N_p+C_p\times(N_p-1)+2C_0 \tag{7-15}$$

若托盘宽度 $W_p=1000$mm，托盘数 $N_p=7$，托盘间隔为 $C_p=50$mm，侧面余量为 $C_0=50$mm，则柱间距为：

$$W_i=[1000\times7+50\times(7-1)+2\times50]\text{ mm}=7400\text{mm}$$

3. 按托盘长度决定柱间距

图 7-30 所示为按照托盘长度决定柱间距的计算图，设托盘长度为 L_p，托盘货架列数为 N，两列背靠背托盘货架间隙为 C_r，通道宽度为 W_1，则柱间距：

$$W_c=(W_1+2L_p+C_r)\times N \tag{7-16}$$

若托盘长度 $L_p=1000$mm，通道宽度 $W_1=2500$mm，托盘货架间隙 $C_r=50$mm，托盘货位列数 $N=2$，则柱间距为：

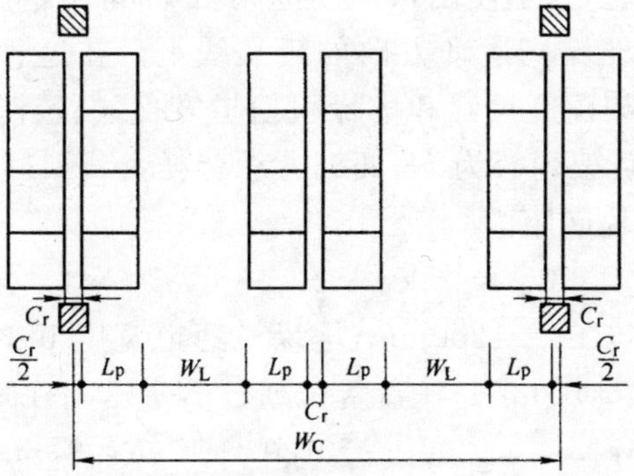

图 7-30　托盘长度决定的柱间距计算图

$$W_c = [(2\,500 + 2 \times 1\,000 + 50) \times 2]\text{mm}$$
$$= 9100\text{mm}$$

4. 按柱与货架仓库关系决定柱间距

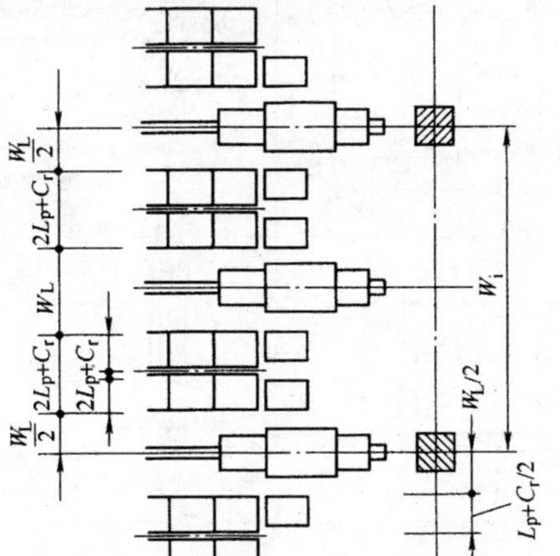

图 7-31　根据货架仓库与立柱间的关系来决定柱间距计算图

图 7-31 所示为根据货架仓库与立柱间的关系来决定柱间距计算图。根据实际需要，当立柱位置在正对立体仓库的出入库工作

台的正面方向时，为了使出入库的电动台车和输送带正常工作，立柱必须设计在堆垛机运动方向的延长线上。在这种情况下，柱间距就要根据货架深度尺寸和堆垛机通道宽度进行计算。设托盘长度为 L_p，托盘货架列数为 N，两列背靠背托盘货架间隙为 C_r，通道宽度为 W_1，则柱间距为

$$W_i = (W_1 + 2L_p + C_r) \times N \tag{7-17}$$

若托盘长度 L_p=1200mm，堆垛机通道宽度 W_1=1300mm，托盘货架间隙 C_r=100mm，托盘货位列数 N=2，则柱间距为

$$\begin{aligned} W_i &= [(1300+2\times1200+100)\times2]\text{mm} \\ &= 7600\text{mm} \end{aligned}$$

图 7-32 所示为常用基本存储设备与柱跨度的关系。

<table>
<tr><th>主要保管设备的模型</th><th>跨　度</th></tr>
<tr><td>1. 托盘货架(Ⅱ型托盘)
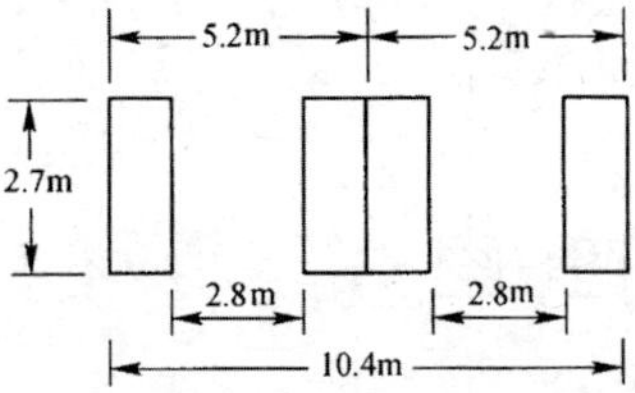
</td><td>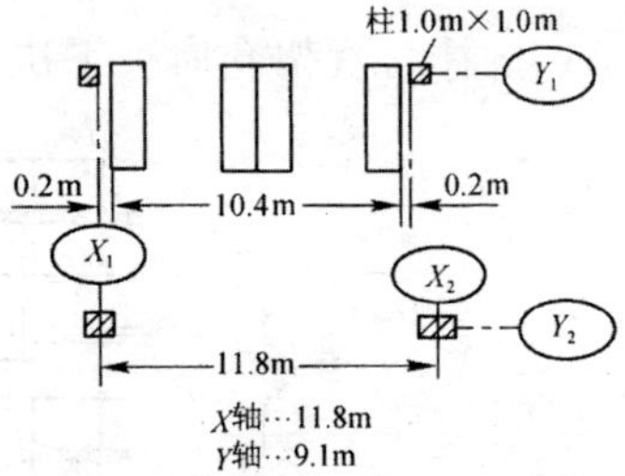
</td></tr>
<tr><td>2. 托盘直接堆放(Ⅱ型)
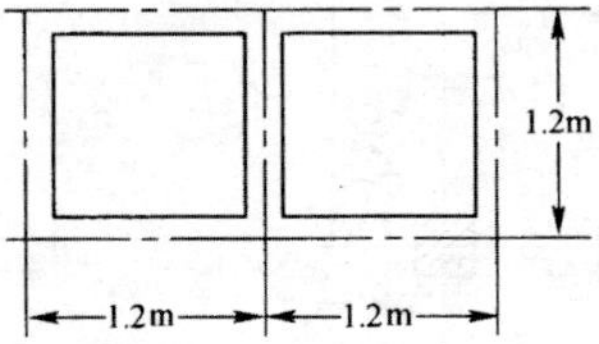
</td><td>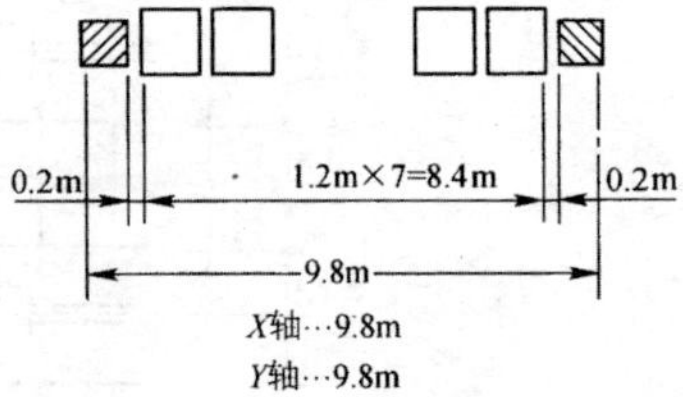
</td></tr>
</table>

续　表

主要保管设备的模型	跨　　度

3. 箱货架

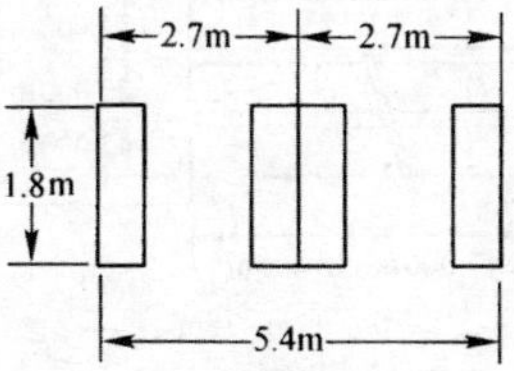

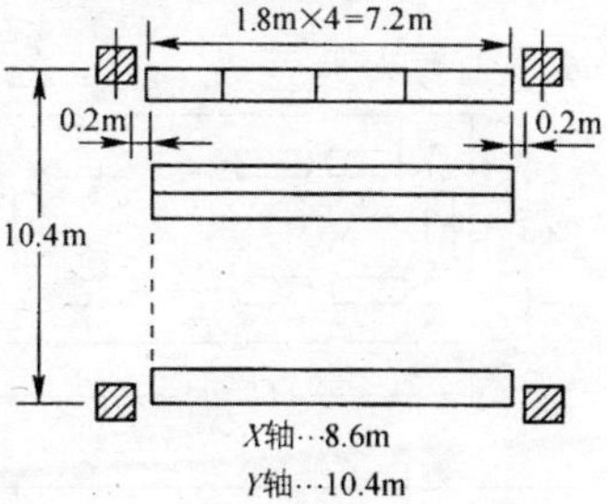

4. 托盘流动货架（Ⅱ型）

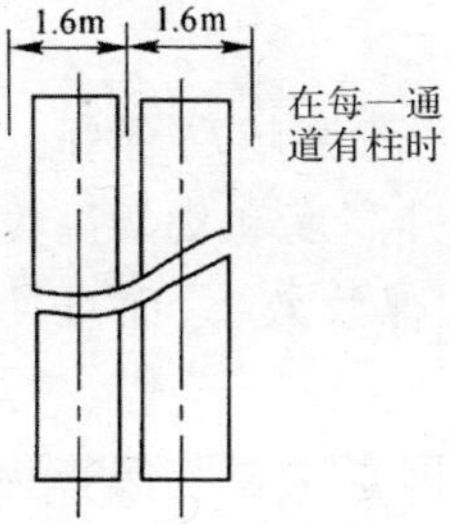

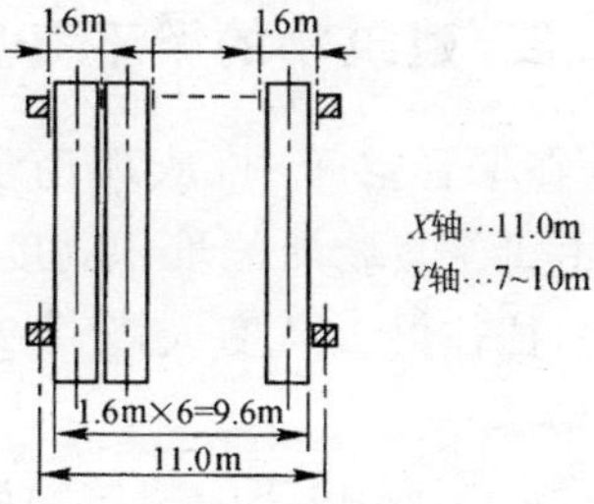

5. 货车车位（4t 车）（使用车库时）

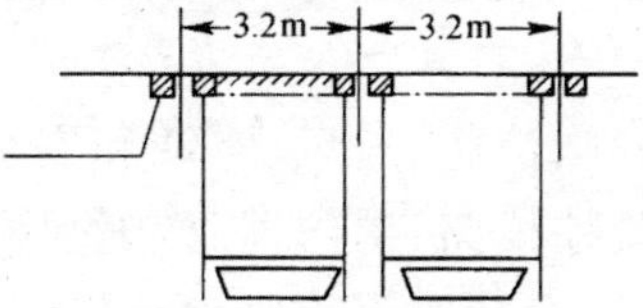

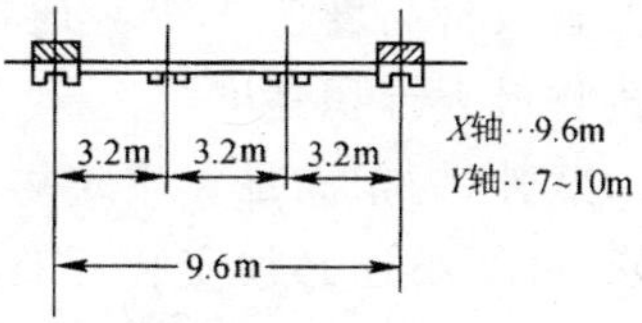

6. 垂直回转货架

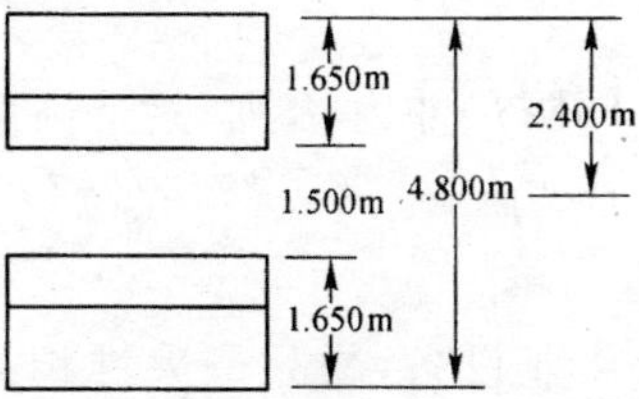

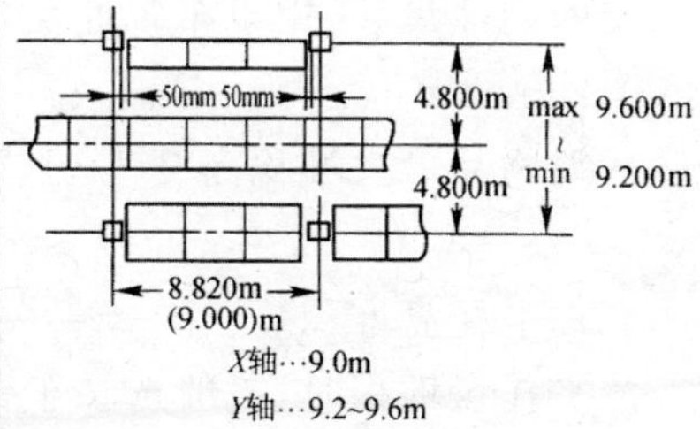

续 表

<table>
<tr><th>主要保管设备的模型</th><th>跨 度</th></tr>
<tr><td>7. 水平回转货架
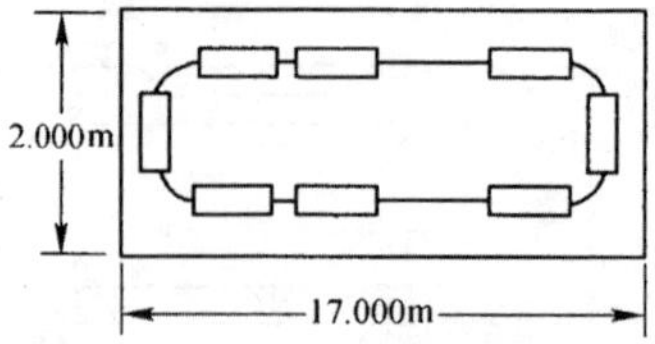
</td><td>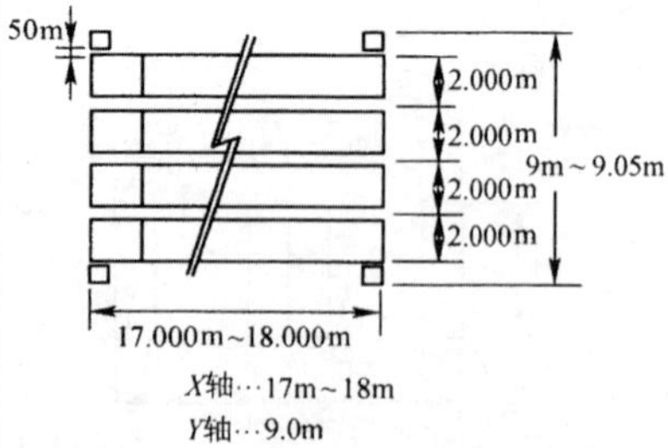
</td></tr>
</table>

图 7-32 常用基本存储设备与柱跨度的关系

7.3.2 建筑物的梁下高度

在保管空间中，从理论上来说，梁下高度越高越好。但实际上，由于受货物所能堆积高度、叉车的提升高度和货架高度等因素制约，往往梁下高度太高，不但不会增加保管效率，而且使建设成本大为提高。

物流中心内影响建筑物梁下高度的因素主要有保管物品的形态、保管形式、堆积高度、所使用的堆高搬运设备种类、所使用的储存保管设备高度要求等。通常要综合考虑各种制约因素，才能决定货物最大堆积高度。

此外，为了满足在建筑物内的电气、消防、通风、空调和安全等要求，在梁下还必须安装桥架母线、监控线路、消防器材、通风空调导管等设备。因此，在货物最大堆积高度和梁下边缘之间，还要有一定的间隙尺寸，用以布置此类设备。一般的，梁下间隙尺寸 a 取 500～600mm。

设物品最大堆积高度为 H，梁下间隙尺寸为 a，则，梁下高度

$$H_e = H_1 + a \tag{7-18}$$

1. 平托盘堆积

平托盘堆积时，一般选叉车作为作业设备，物品最大堆积高度 H_1 计算图如图 7-35 所示，当叉车货叉最大升程 F_h 低于物品最大

堆积高度 H_1 减去一个装载单元高度 H_a 时，即 $F_h < H_1 - H_a$，计算梁下高度以物品最大堆积高度 H_1 为计算依据。此时，物品最大堆积高度为：

$$H_1 = H_a \times n + F_g \tag{7-19}$$

式中，H_a 为装载单元高度，n 为堆积层数，F_g 为货叉提升高度。

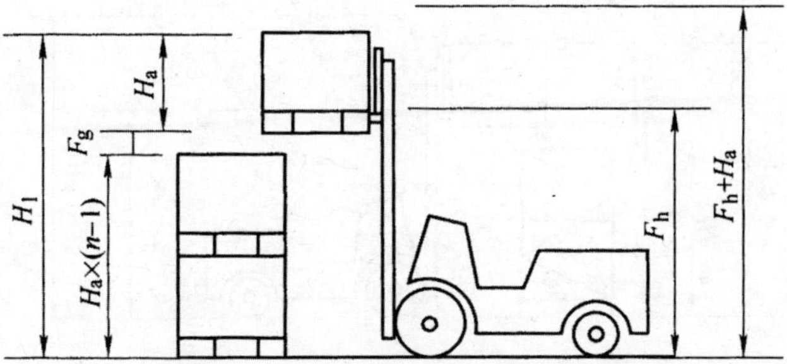

图 7-35　平托盘堆积最大堆积高度计算图

当叉车货叉最大升程 F_h 高于物品最大堆积高度 H_1 减去一个装载单元高度 H_a 时，即 $F_h > H_1 - H_a$，计算梁下高度以物品货叉最大升程 F_h 为计算依据。在这种情况下，物品最大堆积高度为：

$$H_1 = F_h + H_a \tag{7-20}$$

计算示例：设装载单元高度 $H_a = 1300\text{mm}$，堆积层数 $n = 3$，货叉最大升程 $F_h = 2800\text{mm}$，货叉提升高度 $F_g = 300\text{mm}$，梁下间隙尺寸 $a = 500\text{mm}$。试计算梁下高度。

按式(7-19)，物品最大堆积高度：

$$\begin{aligned} H_1 &= H_a \times n + F_g \\ &= (1300 \times 3 + 300)\text{mm} \\ &= 4200\text{mm} \end{aligned}$$

按式(7-20)，物品最大堆积高度：

$$\begin{aligned} H_1 &= F_h + H_a \\ &= (2800 + 1300)\text{mm} \\ &= 4100\text{mm} \end{aligned}$$

故取 $H_1=4200\text{mm}$

而梁下高度为：

$$H_e=H_1+a=(4200+500)\text{mm}=4700\text{mm}$$

2. 叉车存取货架

利用叉车在货架上进行存取作业时，其物品最大堆积高度计算如图 7-36 所示。

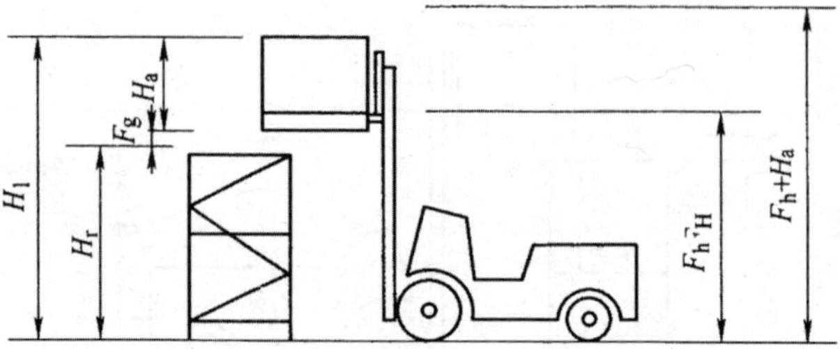

图 7-36 叉车存货架计算图

由于将物品放置在货架上，因此，物品最大堆积高度 H_1 决定于货架高度。设装载单元高度为 H_a，货叉提升高度为 F_g，货架高度为 H_r，则，物品最大堆积高度为：

$$H_1 = H_r + H_a + F_g \tag{7-21}$$

应该注意，在此种情况下，叉车货叉工作时的最大高度 F_h+H_a 将高于物品最大堆积高度计算图最大堆积高度 H_1，这一点，应该在梁下间隙尺寸中考虑。

计算示例：设货架高度 $H_r=3200\text{mm}$，装载单元高度 $H_a=1300\text{mm}$，货叉最大升程 $F_h=2800\text{mm}$，货叉提升高度 $F_g=300\text{mm}$，梁下间隙尺寸 $a=500\text{mm}$。试计算梁下高度。

由式(7-21)知，货架最大堆积高度为：

$$\begin{aligned} H_1 &= H_r+H_a+F_g \\ &= (3200+1300+300)\text{mm} \\ &= 4800\text{mm} \end{aligned}$$

而梁下高度为：

$$H_e = H_1 + a = (4800 + 500)\text{mm} = 5300\text{mm}$$

3. 普通货架

利用普通货架存取物品时，主要是人工作业，且一般只有两层货架。因此，第二层高度要符合人机工程学原理，考虑人力作业高度，便于人员操作。如图 7-37 所示。

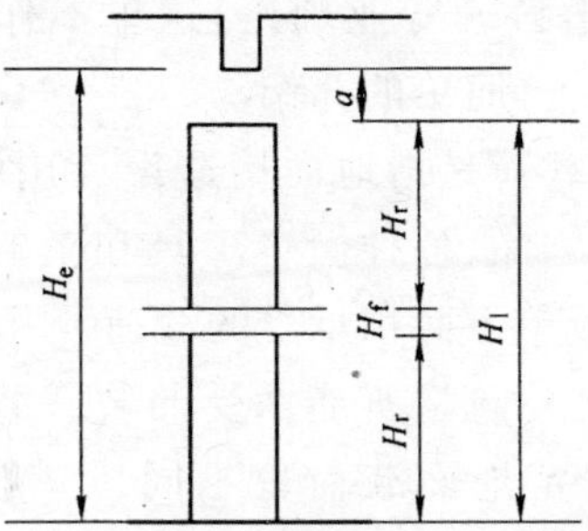

图 7-37　普通货架梁下高度计算图

设每层货架高度为 H_r，隔板间隙尺寸为 H_f，则最上层货架高度为：

$$H_1 = 2H_r + H_f \tag{7-22}$$

计算示例：设每层货架高度 $H_r = 2400\text{mm}$，隔板间隙尺寸为 $H_f = 400\text{mm}$，梁下间隙尺寸 $a = 600\text{mm}$。试计算梁下高度。

由式(7-22)知，最上层货架高度为：

$$\begin{aligned} H_1 &= 2H_r + H_f \\ &= (2 \times 2400 + 400)\text{mm} \\ &= 5200\text{mm} \end{aligned}$$

而梁下高度为：

$$H_e = H_1 + a = (5200 + 600)\text{mm} = 5800\text{mm}$$

7.3.3　地面载荷

作用在物流中心建筑物内地面上的垂直载荷有固定载荷和装载载荷两种。所谓固定载荷，是指长期不变的载荷，如建筑物自身重力，已安装到位的设备设施的自重等。所谓装载载荷，是指随时间在空间上可以移动的载荷，如所有货物、搬运工具和各种车辆等。

物流中心建筑物的载荷计算，主要包括地面承载能力、结构（如梁、柱、承重墙等）基础与地震动载等方面的强度刚度计算。由于结构基础和地震动载的计算，涉及固体力学、结构力学、建筑结构学和振动力学等学科的专业理论，这里不作介绍。这里只对地面承载的有关问题进行简单的介绍。

一般来说，地面载荷是指地面构造设计用的装载载荷，包括放置在地面上的货架、物品、各种搬运工具和车辆等。进行地板强度设计的载荷是指地板单位面积承受的载荷。

建筑规范规定的建筑物所能承受的装载载荷为法定载荷。建筑物用途不同，其法定地面载荷也不同。一般而言，办公场所为300kg/m²，服饰物品仓库为300～500kg/m²，杂货物品仓库为500～1000kg/m²，饮料物品仓库为2000kg/m²。营业性仓库的物品是变化的，根据经验，要求地面能承受400kg/m²以上的载荷。

1. 托盘堆积

托盘堆积是指装载后的托盘直接放置在地面上，并多层堆积的储存方式。设托盘长度为L_p，宽度为W_p，托盘堆积层数为N，每个托盘重量（包括托盘和物品）为p，则托盘堆积的地面载荷为：

$$P_1=\frac{p\times N}{W_p\times L_p} \tag{7-23}$$

2. 搬运设备

堆垛机、叉车和无人台车是物流中心内的重要运输工具之一。为使其顺利行车，要求地面精度在2000mm范围内误差不超过±20mm；此外，还要求地面有足够的承受搬运设备载荷能力，即承受车轮的压力。

$$\text{叉车轮压}(P_W)=\frac{\text{叉车自重}+\text{载荷}}{4}\times\text{安全系数}$$

一般叉车自重1.8～2.5t，这里取2t，物品重量为1t，安全系数取1.4，则

$$叉车轮压(P_W)=\left[\frac{(2+1)\times10^3}{4}\times1.4\right]\text{kg}=1\ 050\text{kg}$$

一般取轮压为 1000～1200kg。

3. 堆垛机

设堆垛机自重为 $P_1=3000\text{kg}$，最大货物重为 $P_{1\max}=1000\text{kg}$，在存取货物时，极端情况时只有两个车轮受力，若安全系数取为 1.2，则每个车轮所受垂直载荷为：

$$P_v=(P_1+P_{1\max})\times1.2/2=2400\text{kg}$$

4. 运输车辆

这种情况下，地面装载载荷取决于车辆的总重量，设车辆自重为 P_w，车辆最大装载重量为 P_f，安全系数取为 1.2，按 4 个车轮承重计算，则运输车辆每个车轮所受垂直载荷为：

$$P_v=(P_w+P_f)\times1.2/4$$

普通运输车辆总重量通常为 25t。

5. 载荷不定的情况

在规划设计阶段，由于保管空间、作业空间和通道均不能明确分开，所以载荷无法确定。在这种情况下，一般采用平均载荷来设计地面承载能力。根据经验，对于叉车通道，取 1000～1500 kg/m^2；对于非叉车通道，取 500～1000kg/m^2。

第 8 章　物流中心信息系统规划

8.1　物流中心信息系统概述

8.1.1　物流信息概述

1. 物流信息的概念

物流信息(Logistics information)是反映物流各种活动内容中有关的知识、资料、图像、数据、文件的总称。物流信息是伴随着企业物流活动的发生而产生的,企业如果希望对物流活动进行有效的控制,就必须及时掌握准确的物流信息的情况。由于物流信息贯穿于物流活动的整个过程中,并通过其自身对整体物流活动进行有效的控制,因此,我们称物流信息为现代物流的中枢神经。

2. 物流信息的主要内容

物流信息包括伴随物流活动而发生的信息和在物流活动以外发生的但对物流有影响的信息。开展物流活动涉及面很广。首先,是与商流的联系,由于货源来自商业购销业务部门,只有时刻掌握有关货源方面的信息,才能做出开展物流活动的安排;其次,是与交通运输部门的联系,因为除部分的汽车短途运输外,运输工具是由铁路、航运和港务等部门所掌握,只有随时了解车、船等运输信息,才能使商品流通顺利进行;再则,在改革开放的过程中出现运输市场和仓储市场,还得做到知己知彼,还要学习国内外在物流管理方面的有益经验。由此可见,物流信息不仅量大,而且来源分散,更多更广地掌握物流信息,是开展物流活动的必要条件。

(1)货源信息

货源的多少是决定物流活动规模大小的基本因素,它既是商流信息的主要内容,也是物流信息的主要内容。货源信息一般包括以下几方面的内容:

①商业购销部门的商品流转计划和供销合同,以及提出的委托运输和储存的计划和合同。

②工农业生产部门自己销售量的统计和分析,以及提出的委托运输和储存计划和合同。

③社会性物资的运输量和储存量分析,以及提出的委托运输及储存计划和合同。

(2)市场信息

市场信息是多方面的,就其反映的性质来看,主要有:

① 货源信息,包括货源的分布、结构、供应能力。

② 流通渠道的变化和竞争信息。

③ 价格信息。

④ 运输信息。

⑤ 管理信息。

从广义上看,市场信息还包括社会上各物流行业的信息,也就是通常所说的行业信息,随着改革的深化,运输市场和仓储市场的形成,物流行业有了很大的发展,如城郊农村仓库发展迅速,社会托运行业的兴起,加上铁路、港务部门直接受理面的扩大等,这些行业的发展,不可避免地要吸引一部分货源。因此,了解同行的信息,对争取货源,决定竞争对策,同样具有重要意义。

(3)运能信息

运输能力的大小,对物流活动能否顺利开展,有着十分密切的关系。运输条件的变化,如铁路、公路、航空运力适量的变化,会使物流系统对运输工具和运输路线的选择发生变化。这些会影响到交货的及时性及费用是否增加。在我国运输长期处于短线的情况下,尤其是如此。运能信息主要有以下几个方面:

①交通运输部门批准的运输月计划,包括追加、补充计划的可

能性。

②具体的装车、装船日期;对接运商品,着重掌握到达车、日期的预报和确认。

③运输业的运输能力,包括各地区地方船舶和车队的运输能力等。

运能信息对商品储存也有着直接的关系。有些待储商品是从外地运来的,要及时掌握到货的数量和日期,以利安排仓位;有些库存是待运商品,更要密切注意运能动态。

(4)企业物流信息

①单就商业企业物流系统来看,由于商品在系统内各环节流转,每个环节都会产生在本环节内有哪些商品,每种商品的性能、状态如何,每种商品有多少,在本环节内在某个时期可以向下一环节输出多少商品以及在本环节内某个时期需要上一个环节供应多少商品等信息。所以企业物流系统的各子系统都会产生商品的动态信息。

②批发企业产生的物流信息来自批发企业(或供应商)向零售企业物流系统发出的发货通知。发货通知表明有哪些商品、有多少商品将要进入物流系统,所以供应商也是物流信息产生的来源。

③零售企业产生的物流信息。

a. 零售企业营销决策部门下达采购计划向物流系统传递物流信息。这部分信息包括需要采购哪些原来没有采购的商品,采购多少;哪些商品不必再采购。这是零售企业在商品经营策略上发生变化时产生的物流信息。

b. 零售企业物流系统产生的物流信息。零售企业每种商品的库存量及需要由物流中心供应哪些商品、供应多少、什么时候供应。

(5)物流管理信息

加强物流管理,实现物流系统化,是一项繁重的任务,既要认真总结多年来物流活动的经验,又要虚心学习国内外同行对物流管理的研究成果。因此,要尽可能地多收集一些国内外有关物流管理方面的信息。包括物流企业、物流中心的配置、物流网络的组织，以及自动分拣系统、自动化仓库的使用情况等，以及借鉴国内外有益的经验，不断提高物流管理水平。

8.1.2　物流中心信息的分类

物流中心的信息通常可以按以下方法进行分类：

(1)按信息领域分类

①物流系统内信息。它是伴随着物流活动而发生的信息，包括物料流转信息、物料作业层信息、物流控制层信息和物流管理层信息四个部分。

②物流系统外信息。它是在物流活动以外发生，但提供给物流活动使用的信息，包括供货人信息、顾客信息、订货合同信息、交通运输信息、市场信息、政策信息，还有来自企业内生产、财务等部门的与物流相关的信息。

(2)按信息的作用不同分类

①计划信息。指尚未实现的且已当做目标确认的一类信息，如物流量计划、仓库吞吐量计划、车皮计划等。只要尚未进入具体业务操作的，都可以归入计划信息之中。它的特点是带有相对稳定性，信息更新速度较慢。计划信息对物流活动有非常重要的战略指导意义。

②控制及作业信息。是物流活动过程中发生的信息，带有很强的动态性，是掌握物流现实活动状况不可缺少的信息，如库存种类、库存量、运量、运输工具状况、物价、运费、投资在建情况、港口发到情况等。它的特点是，动态性非常强，更新速度很快，信息的时效性很强。主要作用是用以控制和调整正在发生的物流活动和指导即将发生的物流活动，以实现对过程的控制和对业务活动的微调。

③统计信息。是物流活动结束后，对整个物流活动一种总结性、归纳性的信息。这种信息是一种恒定不变的信息，有很强的资料性，如以前年度发生的物流量、物流种类、运输方式、运输工具等

信息。它的特点是信息所反映的物流活动已经发生了，再也不能改变了。主要作用是用于正确掌握过去的物流活动及规律，以指导物流战略发展和制定计划。

④支持信息。是指能对物流计划、业务、操作有影响或有关的文化、科技、产品、法律、教育、民俗等方面的信息，如物流技术革新、物流人才需求等。这些信息不仅对物流战略发展有价值，而且也对控制、操作能起到指导、启发的作用，可以从整体上提高物流水平。

(3)按信息的加工程度不同分类

①原始信息。指未加工的信息，是信息工作的基础，也是最有权威性的凭证性的信息，它是加工信息的来源和保障。

②加工信息。指对原始信息进行处理之后的信息。它是对原始信息的提炼、简化和综合，可大大缩小信息量，并将信息梳理成规律性的东西，便于使用。加工信息需要各种加工手段，如分类、汇编、汇总、精选、制档、制表、制音像资料、制文献资料、制数据库等，同时还要制成各种指导使用的资料。加工信息按加工程度的不同可以进一步分为一次信息、二次信息和三次信息等。

(4)按应用领域分类

由于物流活动性质存在差异，所以物流各分系统、各不同功能要素领域的信息也有所不同。这样就可以划分为运输信息、仓储信息、装卸搬运信息等。这些信息对物流各个领域活动起具体指导作用，是物流管理细化所不可缺少的。

8.1.3 物流中心信息的作用

对物流活动来说，物流信息承担着类似神经细胞的作用。在制订物流战略计划，进行物流管理，开展物流业务，制定物流方针等方面都不能缺少物流信息。

(1)物流信息在物流计划阶段中的作用

长期的物流战略计划和短期的物流战略计划的制定，关键在于是否有正确的内部信息和外部信息。如果缺乏必要的信息，或信息的准确性不高，计划就无法做出，甚至会做出脱离实际的计划决策。可以说由于信息不畅，会造成物流活动的混乱，对于整个物流计划的决策来说，缺乏信息或信息不可靠，都会造成全局性的失误。

物流信息在建立长期战略计划的模型和掌握本期实绩的计算中，以及计划和实绩的对比中发挥着重要作用。在物流预算方面，物流信息在预算的制定，以及通过预算和实绩的对比来控制预算等方面也起着重要作用。物流信息在订货、库存管理、进货、仓库管理、装卸、包装、运输、物流等具体物流环节的计划阶段，如安排物流据点，决定库存水平，确定运输手段，找出运输计划、发运计划的最佳搭配等方面都发挥着重要作用。

(2)物流信息在物流实施阶段中的作用

①物流信息是物流活动的基础

信息是商业企业组织物流活动的基础。商业物流系统中各子系统通过商品运输紧密联系在一起。一个子系统的输出就是另一个子系统的输入。要合理组织商业企业物流活动，使运输、储存、装卸、包装、物流等各个环节做到紧密衔接和协作配合，需要通过信息予以沟通，商业物流才能通达顺畅。在发运商品时，必须首先掌握货源的多少，了解运量、运能的大小，才能加强车船的衔接工作。离开了车船和运能的正确信息，就无法准确、及时地把商品发运出去。在安排商品储存时，也必须掌握进仓商品的数量、品种以及商品的重量、体积等信息，同时要了解各仓库间的空余仓位的情况，才能做到合理使用仓容，发挥仓库的使用效能。在组织装卸活动时，只有了解商品的品种、数量、到货方式以及商品的包装状况，才能做到及时装卸。如果缺乏这些方面的信息，不但不能做到及时装卸，还会因商品体积过大，装卸机构不能适应造成无法进仓、影响发运的被动局面。为了使商业企业的物流活动正常而又有秩序地进行，必须保证物流信息畅通。

②物流信息是进行物流调度指挥的手段

对物流的管理是动态的管理，联系面广，情况多变，因此在物流活动中，必须加强正确而又灵活机动的调度和指挥，而正确的调度和指挥，又在于正确有效地运用信息，使物流活动进行得更为顺利。同时还必须利用信息的反馈作用，通过利用执行过程中产生的信息反馈，及时进行调度或做出新的决策。

(3)物流信息在物流评价阶段的作用

物流信息在物流评价阶段的作用是很大的。物流评价就是对物流“实际效果”的把握。物流活动地域性广泛，活动内容也十分丰富多彩。为了把各种物流活动维持在合理的状态，就应该制定一个“范围”，即要形成系统和规定处理的标准。然而，只制定范围并不能保证维持其合理性，还需要经常检查计划和效果，对差距大的地方加以修正。正是这样反复循环，使物流进入更合理的状态。

8.1.4 物流系统与物流信息

1. 物流系统对信息的要求

物流信息是随企业的物流活动而同时发生的，是实现物流功能必不可少的条件。物流系统对信息的质量有很高的要求，主要表现在以下三个方面：

(1)信息充足

有效的物流系统需要充足的信息，提供的信息是否充足、是否能满足物流管理的需要至关重要。企业物流经理应了解信息系统，并懂得如何管理信息系统。而主管信息系统的管理者如果懂得商业管理、物流管理的需要，就能更好地开展工作，提供更有价值的信息。因此，这两方面的管理者应该扩大知识面，了解对方的工作情况，对对方的需要和能力水平作出迅速的反应。

(2)信息准确

信息必须准确，只有准确的信息才能为物流系统提供帮助。许多企业的可用信息非常少，并且模棱两可，导致物流决策不当，其原因主要是这些企业仍在使用过时的成本会计方法、管理控制系统，在当今竞争异常激烈的市场上，这些方法不能满足物流经理的决策需要。例如，许多物流经理投入大量的资金和设备来提高仓库、运输、库存控制的效率,大大降低这些领域的人力成本。物流经理进行决策的时候,并不考虑沉没成本,只要边际贡献大于零,方案就是可行的。但按照成本会计,成本中却包含了沉没成本,这样,会计提供的信息就不能很好地满足物流经理的决策需要。

(3)通信顺畅

管理需要及时准确的信息,就要求企业通信顺畅。通信的方式必须使人容易接收,否则就会产生误解,导致决策失误。人们常常有"选择性接收"的倾向,即事先进行预测,然后按照预测来理解接收的信息。信息的发出者应该清楚地知道接收者需要什么样的信息、最适合哪种通信方式及信息用途。

2. 物流信息对物流系统的作用

物流信息系统必须结合以下六条原理来满足管理信息的需要,并充分支持企业制定计划和运作。

(1)可得性

物流信息系统必须具有容易而始终如一的可得性,所需的信息包括订货和存货状况。一方面企业应能获得有关物流活动的重要信息,另一方面是存储所需的信息,例如订货信息的处理,无论是管理者的、消费者的,还是产品订货位置方面的信息。物流作业分散化的性质,要求信息具有存储能力,并且能从国内的任何地方得到更新。这样,信息的可得性就能减少作业上和制定计划上的不确定性。

(2)精确性

物流信息必须精确地反映当前状况和定期活动,以衡量顾客订货和存货水平。精确性可以解释为物流信息系统的报告与实物计数或实际状况相比所达到的程度。例如,平稳的物流作业要求实际的存货与物流信息系统报告的存货相吻合的精确性最好在99%以上。当实际存货水平和系统之间存在较低的一致性时,就有必要采取缓冲存货或安全存货的方式来适应这种不确定性。正如信息可得性那样,增加信息的精确性,也就减少了不确定性,并减少了存货需要量。

(3)及时性

信息系统及时性指系统状态(如存货水平)及管理控制的及时性(如每天或每周的功能记录)。及时的管理控制是在还有时间采取正确的行动或使损失减少到最低程度的时候提供信息。概括地说,及时的信息减少了不确定性并识别了种种问题,于是减少了存货需要量,增加了决策的精确性。

(4)以异常情况为基础

物流信息系统必须以异常情况为基础,突出问题和机会。物流作业通常与大量的顾客、产品、供应商和服务公司竞争。例如,必须定期检查每一个产品与选址组合的存货状况,以便于制定补充订货计划。另一个重复性活动是对非常突出补充订货状况的检查。表 8-1 是以异常情况为基础的存货管理报告。该样本报告详细推荐了多个品目,该列表鉴别了存货水平、行动时间、建议日期及未来的行动方式。这类异常情况信息报告可以使计划人员利用时间来提炼建议,而不是浪费时间去识别那些需要做出决策的产品。

表 8-1　以异常情况为基础的存货管理报告

产品	时间	水平	行动	订货	日期
A	立即	—	—	不公开 PO	—
B	立即	没有现货	发货	实盘 P0100	过期
C	有限期内	没有现货	发货	计划 M0100	628—71 到期
D	立即	使用安全存货	发货	实盘 M0200	过期
E	有限期内	—	—	系统订货 200	6 月 8 日
F	超出有限期内	没有现货	发货	实盘 PO100	628—75 到期
G	有限期内	没有现货	取消	计划 P0150	10 月 1 日
H	有限期内	没有现货	推迟	实盘 M0100	101.121 到期

Po:采购订货(Purchase Order,PO)　MO:制造订货(Manufacturing Order,MO)

(5)灵活性

物流信息系统必须具有灵活性,以满足系统用户和顾客两方面的需求。信息系统必须具有能力提供能迎合特定顾客需要的数据。例如,有些顾客也许想将订货发货票跨越地理或部门界限进行汇总发票。一个灵活的物流信息系统必须有能力适应这两方面的要求。从内部来讲,信息系统在满足未来企业需要的同时不削弱在金融投资及规划的时间上的能力。

(6)适当形式化

物流报告和显示屏应该具有适当的形式,这意味着它们要用正确的结构和顺序包含正确的信息。例如,物流信息系统往往包含一个物流中心存货状态显示屏,每一个显示屏列出一个产品和物流中心。这种形式要求一个物流顾客服务代表在试图给存货定位以满足某个特定顾客的订货时,检查每一个物流中心存货状况。如果有5个物流中心,就需要检查和比较这5个计算机显示屏。适当的形式会提供单独一个显示屏,包括所有这5个物流中心的存货状况。这种组合显示屏使顾客代表更容易识别产品最佳来源。

8.1.5 物流信息系统的结构

1. 物流信息系统的结构

按信息的作用、加工程度及使用的目的不同,物流信息系统可分为业务操作层、管理控制层、分析决策层、战略规划层。如图8-1所示。

(1)业务操作层

主要包括物流活动的日常经营和管理活动所必需的信息,一般来自具体的业务部门或操作现场,由基层管理者提供,供控制业务进度及进行作业计划调整时使用。

(2)管理控制层

主要包括系统内部管理人员进行经营活动、进行管理活动和控制过程所需要的信息,其目的是使物流业务活动符合经营目标要求,并监督、控制各分目标的实现。

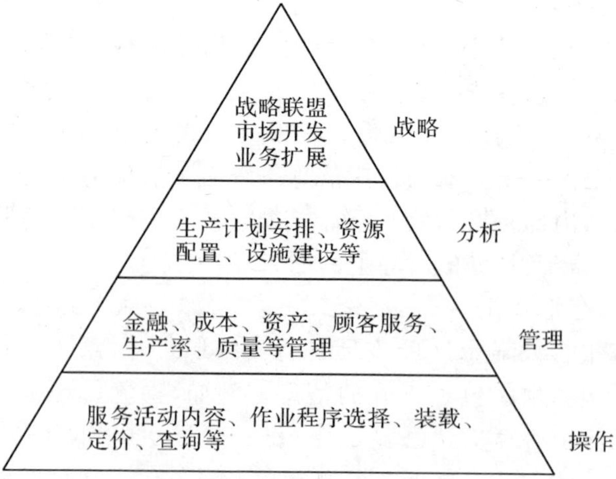

图 8-1 物流信息系统层次结构图

(3)分析决策层

该层的信息是经过加工、分析、提炼后,作为资源配置、设施建设等决策支持系统的基础数据。

(4)战略规划层

供企业管理决策层制定物流活动的目标、方针、计划、企业的发展战略等使用。

2. 物流信息系统的组成

物流信息系统的组成要素有硬件、软件、数据库和数据仓库、人员等。

(1)硬件

硬件包括计算机、网络通信设备等,例如计算机、服务器、通信设备。它是物流信息系统的物理设备和硬件资源,是实现物流信息系统的基础。它构成系统运行的硬件平台。

(2)软件

软件主要包括系统软件和应用软件两大类,其中系统软件主要用于系统的管理、维护、控制及程序的装入和编译等工作;而应用软件则是指挥计算机进行信息处理的程序或文件,它包括功能完备的数据库系统、实时的信息收集和处理系统、实时的信息检索系统、报告生成系统、经营预测规划系统、经营监测审计系统及资源调配系统等。

(3)数据库与数据仓库

数据库技术将多个用户、多种应用所涉及的数据，按一定数据模型进行组织、存储、使用、控制和维护管理，数据的独立性高、冗余度小、共享性好，能进行数据完整性、安全性、一致性的控制数据库系统面向一般的管理层的事务性处理。

数据仓库是面向主题的、集成的，稳定的、不同时间的数据集合，用以支持经营管理中的决策制定过程。基于主题而组织的数据便于面向主题分析决策。它所具有的集成性、稳定性及时间特征使其成为分析型数据，为决策层提供决策支持。数据仓库系统也是一个管理系统，它由三部分组成：数据仓库、数据仓库管理系统、数据库仓库工具。

(4)人员

人员包括系统分析人员、系统设计人员、系统实施和操作人员，以及系统维护人员，系统管理人员、数据准备人员与各层次管理机构的决策等。

3. 物流信息系统的主要功能模块

物流信息系统主要功能模块主要包括物品管理子系统，存储管理子系统、物流管理子系统、运输与调度子系统、客户服务子系统、财务管理子系统、质量管理子系统、人力资源管理子系统等(如图 8-2)。按照价值链概念，物流企业的主要活动有运输、仓储、装卸搬运、包装、物流、流通加工和物流信息。此处仅对物品管理子系统、存储管理子系统、物流管理子系统、运输与调度子系统、客户服务子系统进行分析。

(1)物品管理子系统

物品管理子系统是物流信息系统的重要组成部分，它可以使企业物品仓库的管理全面信息化，它覆盖的范围相当广泛，从物品的采购计划、审批、物品的国内采购合同、合同执行情况的跟踪反

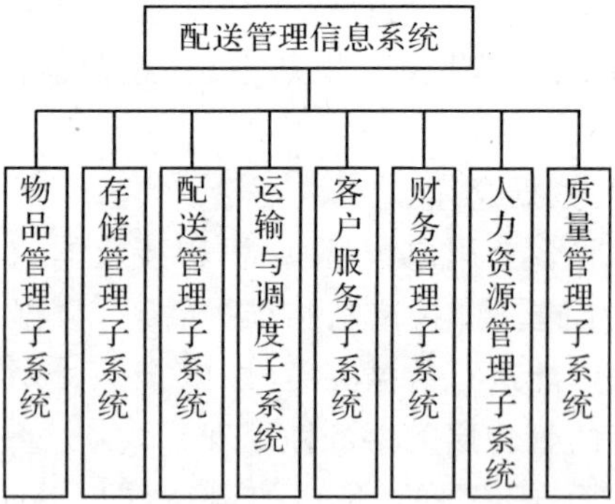

图 8-2　企业物流信息系统主要功能模块

馈到物品到货入库、物品发货、结算与统计，全部都要通过这个物品管理系统进行调度管理。

物品管理信息系统由下列四个部分组成：采购计划管理、采购合同管理、物品出入库管理、物品进销存查询。

①采购计划管理

采购计划管理主要任务是用来产生物品采购计划，供物品采购使用。主要功能有计划编制和计划读取、计划审核、查询修改及报表打印，根据需要对物品的采购进行合理安排，其中计划编制是辅助半结构化决策。

②采购合同管理

采购合同管理主要功能是用来产生备用物品及其他设备的采购合同，该模块的主要功能有：合同生成、合同录入、查询修改、合同审核、合同处理及报表打印，可以完成全部合同的产生、输入、修改、查询、审核及打印等任务，对于合同的处理执行情况、应付款、已付款和未完成合同的各项统计可以做到一目了然。

③物品出入库管理

物品出入库管理含有单据录入、查询、修改、调整、统计报表输出、打印、自检以及月结算等功能。在物品入库后可以根据不同的物品属性，以及出入库条件进行查询和修改，同时可以对不同的库存情况进行及时调整，并且可以根据需要产生一些报表供打印输出或浏览。

④物品进销存查询

物品进销存提供物品管理子系统所覆盖业务的信息查询，以及计划与完成情况的对比分析。

(2)存储管理子系统

一般的储存管理子系统从功能结构上可以分为四大功能：

①日常管理

日常管理包括物品凭单录入管理、冲账管理、查询管理、物品估价调整管理、材料修理管理。其中储存物品凭单一般有物品入库凭单、物品出库凭单、销售出库凭单、报废出库凭单、委托加工出库凭单、物品库存调整凭单组成等。

②账单管理

对仓库的使用资金账单进行管理，有利于领导和仓库管理人员了解并掌握仓库资金的调度

③统计报表

管理人员可统计各种物品的出入库及使用情况，并且有进一步了解仓库库存、仓库总账、损耗误差、物品活动及材料进货、以及统计各种材料的计划采购数量和实际库存数量及总的库存数量等操作功能，并可以完成相应的图形绘制和报表打印。

④数据查询

数据查询是对物品的消耗、库存数量和物品修理费支出的查询，可分别进行单一物品的消耗查询、各部门消耗物品的查询、各类物品消耗金额的查询、各类物品储备金额的查询、物品的明细库存查询、各部门支付物品修理费的查询，据此企业决策人员可以实时监控仓库的储备金额和各部门使用材料的情况，并及时、准确地对整个企业物品调度做出科学的决策。

(3)物流管理子系统

物流过程是指物流的工作过程，在实际的运作过程中，由于产品形态、企业状况及顾客要求存在着差异，因而物流过程也会有所不同，甚至会存在着较大的差异。但从一般意义上来考察，一个较

为完整的物流工作流程包括集货、储存、分拣、配货、配装、物流运输和送达服务以及按照客户需要进行的流通加工(如图 8-3 所示)。

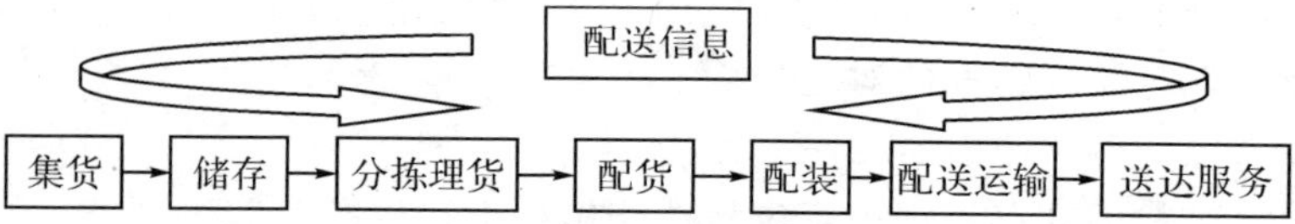

图 8-3　物流工作流程图

因此,物流管理子系统的主要功能有以下八个(如图 8-4 所示),依照其相应的作业流程可以知道每个功能的详细信息。

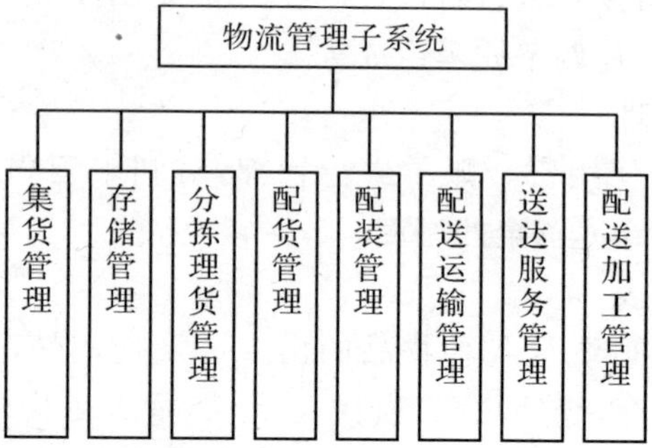

图 8-4　物流管理子系统的功能

①集货管理

集货是将分散的或小批量的物品集中起来,以便进行运输、物流的作业活动。集货是物流的重要环节,为了满足特定客户的物流要求,有时需要把从几家甚至数十家供应商处预订的物品集中,并将要求的物品分配到指定容器或场所。集货是物流的准备工作或基础工作,物流的优势之一就是可以集中客户的需求进行一定规模的集货。

②储存管理

储存是进行物流的第二环节,也是进行物流的一个重要而必要的环节。物流中的储存有储备及暂存两种形态。储备是按一定时期物流规模要求合理的储存数量,它形成了物流的资源保证;暂存是在进行物流过程中,为方便作业,在理货场所进行的货物贮存。一般来说,储备的结构相对稳定,而暂存的结构易于变化;储备的时间相对较长,而暂存的时间较短。

③分拣理货管理

分拣是将物品按品种、出入库先后顺序进行分门别类堆放的作业活动。理货是货物装卸中,对照货物运输票据进行的理(点)数、计量、检查残缺、指导装舱积载、核对标记、检查包装、分票、分标志和现场签证等工作。

分拣和理货是物流不同于其他物流形式的功能要素,也是物流成败的一项重要支持性工作。它是完善送货、支持送货准备性工作,是不同物流企业在送货时进行竞争和提高自身经济效益的必然延伸。所以,也可以说分拣是送货向高级形式发展的必然要求,有了分拣,就会大大提高送货服务水平。

④配货管理

配货是使用各种拣选设备和传输装置,将存放的物品按客户要求分拣出来,配备齐全,送入指定发货地点的作业活动。

⑤配装管理

在单个客户物流数量不能达到车辆的有效载运负荷时,就存在如何集中不同客户的物流货物,进行搭配装载以充分利用运能、运力的问题,这就需要配装。配装与一般送货不同之处在于,通过配装送货可以大大提高送货水平及降低送货成本,所以配装也是物流系统中有现代特点的功能要素,也是现代物流不同于以往送货的重要区别之一。

⑥物流运输管理

运输中的末端运输、支线运输,和一般运输形态的主要区别在于,物流运输是较短距离、较小规模、额度较高的运输形式,一般使用汽车做运输工具。与干线运输的另一个区别是,物流运输的路线选择问题是一般干线运输所没有的,干线运输的干线是唯一的运输线,而物流运输由于物流客户多,一般城市交通路线又较复杂,如何组合成最佳路线,如何使配装和路线有效搭配等,是物流运输的特点，也是难度较大的工作。

⑦送达服务管理

将配好的货运输到客户还不算物流工作的结束，这是因为送达货和客户接货往往还会出现不协调，使物流前功尽弃。因此，要圆满地实现运到之货的移交，并有效地、方便地处理相关手续并完成结算，还应讲究卸货地点、卸货方式等，如到交运管理部办理停车卸货证等。送达服务也是物流独具的特殊性。

⑧物流加工管理

物流加工是按照物流客户的要求所进行的流通加工。

在物流中，物流加工这一功能要素不具有普遍性，但往往是有重要作用的功能要素。这是因为通过物流加工，可以大大提高客户的满意程度。

物流加工是流通加工的一种，但物流加工有它不同于一般流通加工的特点，即物流加工一般只取决于客户要求，其加工的目的较为单一。

(4)运输与调度管理子系统

运输与调度管理子系统的功能主要有六个模块，见图 8-5。

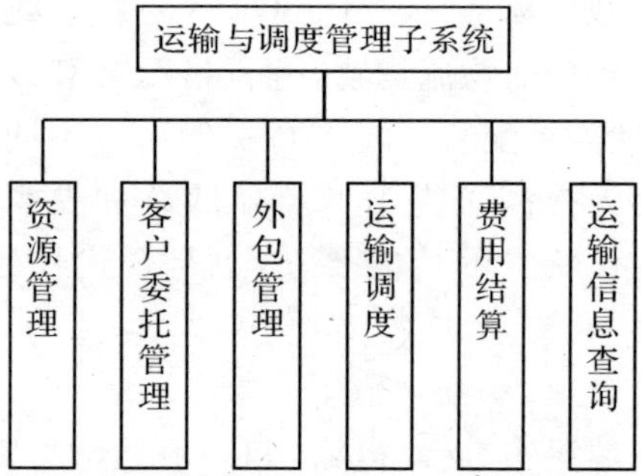

图 8-5 运输与调度系统的功能

①资源管理

运输管理系统中，参与作业中的人、财、物都是资源，资源的可用性、适用性是系统整体功能运行的基础。

②客户委托管理

接受托运人的委托，记录委托的内容，如发货人、收货人、货物的物理属性、各类地址信息等。

③外包管理

企业自有运能是有限的，因此，在实际作业中，需要采购运力，而为了满足企业对运输服务质量的要求，对分包方的管理与控制，是物流服务企业必须重视与关心的问题。外包管理是物流管理系统中针对分包方管理与控制的功能模块，包括分包方的资信、车辆资源等。

④运输调度

运输与调度子系统中调度是整个系统的核心，运输调度模块管理整体的资源，制定物流、运输计划，分配资源，控制在途车辆与货物，配载空间与运输路径。

⑤费用结算

对每一个托运人进行运费结算，生成结算报表。托运人通过 Internet 查询其运费的结算信息。

⑥运输信息查询

对所有的运输任务进行查询，包括该运输任务的货物细目、到达状态、签收情况、运费等情况。

(5)客户服务子系统

客户服务是物流公司和客户之间的接口和桥梁，也是物流公司进行采购、发货和运输的依据，它是现代物流的基本元素，也是物流企业提高服务水平和企业竞争能力的有效手段。客户服务子系统包括以下几个功能模块：

①网上下单

客户可以通过网络下单，将自己的物品需求品种、数量和时间发送给物流公司，同时物流公司也可以通过网络向供应商发出订货请求。

②货物跟踪

客户可以通过物流公司的网络实时跟踪自己的货物状态。

③合同更改

客户可以通过网络及时更改合同的内容，物流公司根据客户更改后的合同及时调整采购和运输计划，承运公司通过 Internet 对承运的运输任务进行状态更新。

④网上支付

物流公司可以通过网络与客户和供应商进行网上支付，客户也可以在网上查询其费用。当然，网上支付还需要银行的配合和相应的法律、法规的支持，虽然目前我国网上支付的条件还不是很成熟，但网上支付肯定是未来的发展方向。

8.2 物流中心信息系统规划

8.2.1 物流中心信息系统概述

物流中心其实是一种场所或组织，对商品的实体配销进行着整体分配，它具有订单处理、仓储管理、流通加工、拣货物流的功能，甚至还能寻找客源、拥有最终渠道、采购、产品设计及开发品牌等。在产销垂直整合方面，物流中心具有缩短上、下游产业流通过程、减少产销差距的中介机能，还可对处于水平关系的同行业及不同行业间的交流进行整合支持，以合理降低成本。物流中心这些功能的实现，其核心是信息系统的建立。因此可以说，物流信息系统是物流中心的灵魂，一个物流信息系统构建是物流中心能否发挥作用的关键。

一个典型的物流中心对客户企业主要有两个方面作用：

(1)通过物流中心可以及时地了解产品市场销售信息和产品的销售渠道，帮助企业开拓市场和搜集信息。

(2)及时掌握商品的库存流通情况，进而达到企业产销平衡。

这两个作用实际上就是通过信息的传递与交换而发生的。因此，信息系统在物流中心的作用显而易见，具体体现以下几个方面：

(1)信息系统是物流中心的神经中枢,如果没有先进的信息系统来支持,物流中心的功能就不能体现出来。物流中心作为面向社会服务,为企业提供功能健全的物流服务,面对众多的企业和零售商甚至是客户,如此庞杂的服务,只有在一个完善的信息系统基础上才可能实现。

(2)信息系统的建立有效地节约企业的运营成本,通过规模化的、少品种、业务统一管理节约企业的物流运作成本。生产企业只要通过物流中心的信息系统就能够及时地了解产品销售情况,及时地调整生产,并可以通过信息系统完成企业的一系列活动,如报关、订单处理、库存管理、采购管理、需求计划、销售预测等。

(3)信息系统的建立使物流中心的服务功能大大拓展。一个完善信息系统使企业能够把物流过程与企业内部管理系统有机地结合起来,如与 ERP 软件结合,可以使企业管理更加有效。

如何构造物流中心管理信息系统,是一个复杂的系统工程。为了实现物流中心的信息化,必须从物流标识编码入手,确定物流信息采集系统技术方案,建立完善的信息化体系。结合物流中心区域规划,配备内部作业设备设施,并根据业务流程及作业流程需求,对计算机网络及管理信息系统软件等方面进行全面系统的规划。

8.2.2　物流中心信息系统规划要点

物流中心处于连接供应商和客户物流的中间位置。它要面对众多消费者的需求,而这些客户的企业战略、企业环境和规模具有各自不同的形态,因此从进货到发货物料搬运和信息系统等都需要从企业的具体情况出发制订规划。物流中心的形态也很复杂,对于从事物流中心的规划人员来说需要考虑的要点是能处理大量的多品种货物,高效、正确、方便地进行入出库作业等。作为信息系统应保证所有作业的顺利进行。

物流中心信息系统应该能够保证顺利接纳多品种、大批量的送货,用立体仓库或平面库进行储存保管,并具有与各种发货作业相适应的从拣货作业到发货作业的完整系统，进行物流中心信息系统功能规划应该重视下列问题：

(1)物流中心是更大系统的一个环节

规划物流中心信息系统只了解本身内部流程是不够的，还要了解物流中心所处环节及其位置，也要了解主计算机(上级计算机)的功能。目前由当日接单次日发货变为当日接单当日发货的趋向在逐步加强，因此和主计算机之间的数据实时传递更显得尤为重要，从订货到发货为止的工艺流程有必要和客户充分协商。

(2)应具有对多品种货物的库存管理系统

物流中心几乎都具有多个保管和存储场所，加上保管货物的形态和管理方式不同。因此，库存管理系统必须具有不同功能，如品种别、位置别的管理，补充订货管理，在库时间管理，特殊管理等。

(3)进货到出货的作业管理系统应形成整体

物流中心的作业者大量是非专业人员，作业简单化、省力化要求很高，特别是劳动密集型的入库、出库作业和分拣作业等。如何提高效率，重视操作环境是系统设计的注意点，在信息系统方面人参与的作业必须考虑操作简单化，保证输入精度以及输出形式明了的要求。

8.2.3 信息系统功能模型

尽管现代物流中心日益趋向多样化和全面化发展，但构成其核心竞争能力或有助于其获取竞争优势的还是其核心业务，如汇集客户的订货信息、从供应商处采购货物、组织货物的入库、配货、分拣、储存、出库、物流等。物流中心的信息系统模型，也应依照其核心业务流程来进行设计和规划。

这就需要物流中心在自身的硬件和软件建设上进行一定的投资和做相应的调整，如采用自动化的分拣系统、扫描系统，配备高效率的货物传送、储存及包装等系统。

物流中心信息系统的功能设计如下：

(1)业务主系统

业务主系统是信息系统的核心部分,主要具有订货管理、入库管理、配货管理、在库管理、出库管理和物流管理等信息处理和作业指示等功能。

①订货管理:订货管理主要包含客户订单接受与处理、客户订货确认两个功能模块。

a.客户订单接受与处理:物流中心应要求客户逐步采取网上订货和进行在线实时信息传递。这样,物流中心不仅可以有效克服以前通过电话、传真等订货方式所造成订货成本较高的弊端,而且还可以使客户的订单信息自动地转入物流中心的信息系统,从而减少员工定单输入的工作量,并防止订单输入错误的发生。

在设计客户订单接受与处理功能模块时,物流中心要把握好两点:一是要让接受订货的信息尽可能充分全面,应当包含客户名称、客户代码、客户资信等级、订货时间、订货商品名称、数量,客户期望的到货时间、地点、商品属性、包装形态等信息;二是要坚持 20/80 原则,即确保对重要客户进行特殊化服务,如优先物流、提供增值服务等。对重要客户的确认可通过对客户资信等级进行检查和分析客户的历史记录得出。

b.客户订货确认:物流中心可通过采用 GPS、GIS 等信息监控技术,更好地掌握客户订货商品的物流运动状态,尽量使客户的订货商品在入库时就处于随时待发的准备状态。

②入库管理:其主要功能应当包括接受货物入库、货物储存计划及储存确认、数据库系统的数据更新、入库确认、生成相应的财务数据信息等。在这一环节,更多的属于业务操作工作。物流中心应通过采用条码技术、RF 技术、智能卡等提高员工入库操作的准确度和工作效率。在入库货物的货位选择方面,还应当考虑货物出库和保管的效率和便利性。

③配货管理:配货作业是物流中心在员工对客户订单的相关信息(如商品名称、数量、到货时间等)进行与配货有关的处理时作出相关的作业指示。例如,每一个货位上设置一个配货提示器,在

提示器亮灯并显示数量下，员工进行商品寻找作业，这样可提高配货的效率并减少差错。

④在库管理：其核心工作在于确定货物的保管位置、数量和入库日期，使在库数据与实际货物保持一致。从不同货物接受订货处理到做出货物出库指示，应保证货物快进快出和先进先出。

a. 接受货物：该环节主要确认客户的订货是否到货或入库。系统管理人员可首先对当天未到订货清单或当天计划到货的订货清单进行详细查核，然后将订货清单打印并交给验货人员进行核对。验货人员可采用手持条码输入终端进行验货确认。

b. 入库保管：对货物的入库保管作业来说，信息系统的应用，不仅在于提高作业效率和精度，而且在于最大限度地利用有限的商品储存空间，尽量避免缺货或货物出库后货位空闲所造成的巨大损失和资源浪费。例如，库存管理系统可随时对货物的保管存放货位进行恰当安排，库存操作人员只要按照系统所指示的位置进行商品存放就可以了。操作人员可从存取货物较方便的近距离货位开始存放，因而存货效率较高。

c. 货物盘点：货物盘点是指作业人员对在库货物实数与信息系统的在库数据进行核实并作相应更正。货物盘点工作主要是为了防止由于作业人员在出库操作时出现差错以及货物损坏等原因造成实际在库货物数据与信息系统数据不吻合等情况发生。

⑤出库管理：货物出库管理包含出库计划、出库指示和未能出库等内容。其中，出库计划包括出库日的指示、每个客户的订货数据汇总、分批发货和完成发货等内容；出库指示包括出库部门输出各种出库用的票据；未能出库是掌握出库的实态，对预定出库但还未出库情况的管理。

⑥物流管理：物流管理既是最后一个主要环节，也是全部物流工作中的核心业务。要想合理、经济地进行货物物流，必须尽可能地实现“六个最”，即最少环节、最短距离、最低费用、最高效率、最大效益和最佳服务。物流管理中的物流路线选择和物流车辆安排都要紧紧围绕上述目标来展开工作。

a.物流路线选择。物流中心应在利用计算机系统进行货物物流路线的大量模拟基础上，选择适宜的物流路线。物流路线的选择要避免迂回运输、相向运输、空车往返等不经济的现象。

b.物流车辆安排。可利用一些车辆物流安排的软件模型作为决策的参考依据。要立足于对车辆实行单车经济核算，提高物流车辆的装载使用效率。

(2)业务支持系统

物流中心的业务支持系统为信息系统提供了一个完备的后台支持和保证系统正常运转的信息平台。它主要由物流中心的自动技术系统、互联网络系统和数据库系统三部分组成。

①自动技术系统。主要包括自动扫描系统、条码系统、RF 系统、计算机辅助分拣系统、全程控制系统、GPS 卫星定位系统、GIS 地理信息系统等。这些自动技术系统的应用，主要是为了更好地配合信息系统管理效用的发挥。没有上述先进技术手段的应用，信息系统的优势很难发挥出来，这也是物流中心在建设信息系统之前应当解决的主要问题。

②互联网络系统。物流中心应充分利用低廉的互联网络技术，以自己为系统枢纽，上游至供应商，下游至零售商，实行计算机联网，以便进行实时、快捷的信息交流和传递。物流中心所处理的联网业务应包括下列内容：

a.接受订货业务。快速处理数据并进行信息传递。

b.配货作业。

c.在库管理。保证先进先出，依据货物出库情况及时更新货物在库信息。

d.业务查询。在库确认和出库确认，以及价格变动和货物销售的时期等是客户经常需要查询的重要内容。为满足客户的需求，物流中心应及时更新货物信息并确保信息的准确性。

③数据库系统。

a.数据文件管理。主要对商品主文件、作业人员主文件、客户主文件、入出库主文件等进行管理。

b. 订单输出管理。包括订单查询处理、订单查询时间、订单清单等。

c. 入出库管理的输入输出。入出库管理的输入内容包括入库、即时出库、出库指示、实际出库、入出库变更等;入出库管理的输出内容则包括入出库变更查询、出库指示查询、历史查询、货标签、入出库票据、配货清单、入库流通加工清单、入出库日报、历史清单等。

d. 货物在库的输入与输出。货物在库的输入内容包括在库变更等;输出内容包括不同货物的在库查询、货位使用情况查询、盘点清单、在库报告书等。

e. 货物物流的输入输出。货物物流的输入包含物流指示、货物明细表、实际物流一览表等内容;货物物流的输出则包括物流查询浏览、物流指示查询、物流货物量一览表等要素。建立良好的物流中心信息系统的关键是高效率、正确、良好的操作环境。

8.2.4 物流中心信息系统功能结构

为了满足业务功能与流程要求,信息系统总体功能模块如表 8-2 所示,总体功能结构如图 8-6。物流中心的信息系统是经营(ERP)系统的一个重要执行系统,要求与 ERP 系统无缝对接。而物流中心内部配备了 AS/RS 系统、电子标签数字拣选系统、RF 系统。为了满足订单处理业务需要,仓库管理(WMS)系统由订单处理系统、库存查询系统、内部作业系统、决策支持系统及接口系统组成。

以商业物流中心为例,物流订单处理流程如图 8-7 所示。

信息系统的详细功能模块组成见表 8-2 所示。

表 8-2 信息系统功能模块

子系统	模 块	功 能	备注
订单处理系统	接货入库	接收经营 ERP 系统的采购订单,生成入库计划	
	出库发货	接收经营 ERP 系统的销售订单,发货出库	
	退货处理	协助经营 ERP 系统,实现无障碍退货	
库存查询与报表系统	库存查询系统	向经营 ERP 系统相关子模块提供库存查询功能,包括储位查询、库存货物品项查询、订单查询等	
	报表打印模块	按货物品项、按储位、按订单序号、按日期等各种方式打印报表	
作业管理系统	接货模块	交验送货单据,查验入库计划	
	入库模块	理货、分类、码盘、入库等环节信息采集,控制完成各个储存区域的入库操作	
	补货模块	根据补货策略,自动补货	
	分拣模块	根据拣选策略,控制拣选作业	
	流通加工模块	根据流通加工流程,配置零部件品项、数量	
	打包、集货模块	装箱单打印、出库清单打印	
	出货模块	根据销售订单,控制出库	
	装车模块	根据物流路线,控制装车顺序	
	物流模块	按照物流顺序打印物流清单	
	盘点模块	生成盘点清单、盘盈/盘亏处理、盘点报表输出	
	X-Docking 模块	处理直接分拨作业	

续 表

子系统	模 块	功 能	备注
决策支持系统	入库计划模块	根据经营 ERP 采购计划，生成入库计划	
	码盘策略规划模块	根据货物形态，规划货物码盘方案	
	储位规划模块	根据货物周转速度，动态分配储位	
	补货策略规划模块	根据分拣区货物储量以及货物周转速度，制定补货策略	
	流通加工流程规划模块	制定流通加工流程	
	物流策略规划模块	配车、配载、装车、物流路线优化	
管理系统	货物管理模块	货物数据、形态记录、查询	
	搬运设备管理模块	搬运设备管理	
	托盘管理模块	托盘管理	
	人员管理模块	人员管理	
	运输车辆管理模块	运输车辆管理	
	入库单据管理模块	入库单据统计、查询	
	出库单据管理模块	出库单据统计、查询	
	退货单据管理	退货单据统计、查询	
接口系统	经营 ERP 接口模块	本系统采用中间件构成接口系统，实现与经营 ERP 系统的无缝对接	
	AS/RS 接口模块	与 AS/RS 系统的接口	
	Picking to Light 接口模块	与 Picking to Light 系统的接口	
	RF 接口模块	与 RF 系统的接口	

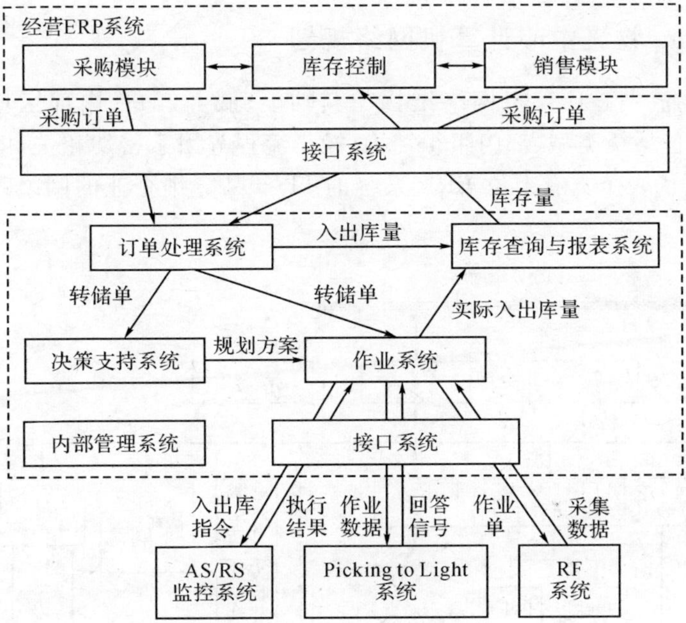

图 8-6　信息系统功能框架图

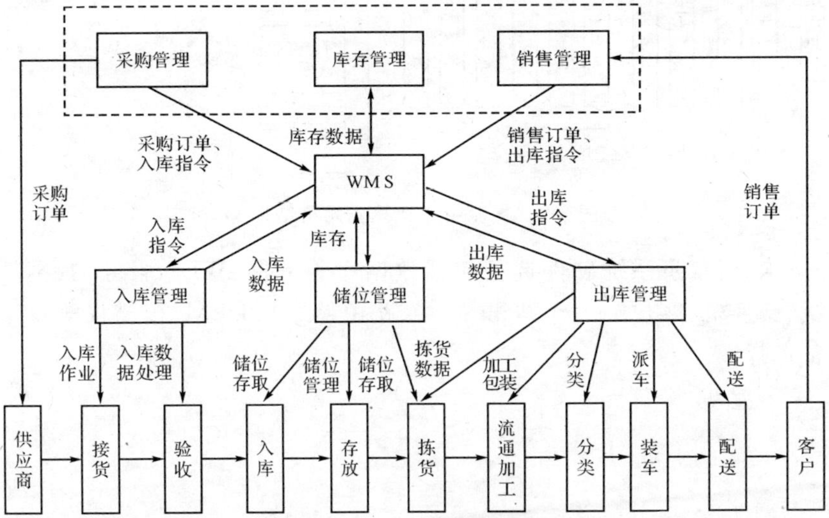

图 8-7　订单处理流程图

8.2.5 物流中心计算机网络规划

物流中心计算机网络结构与其功能、服务客户、内部区域设置、设备系统类型、部门组织结构、操作流程等因素密切相关，图8-8给出了一个具有上位ERP系统的IT产品分销企业的网络系统结构。

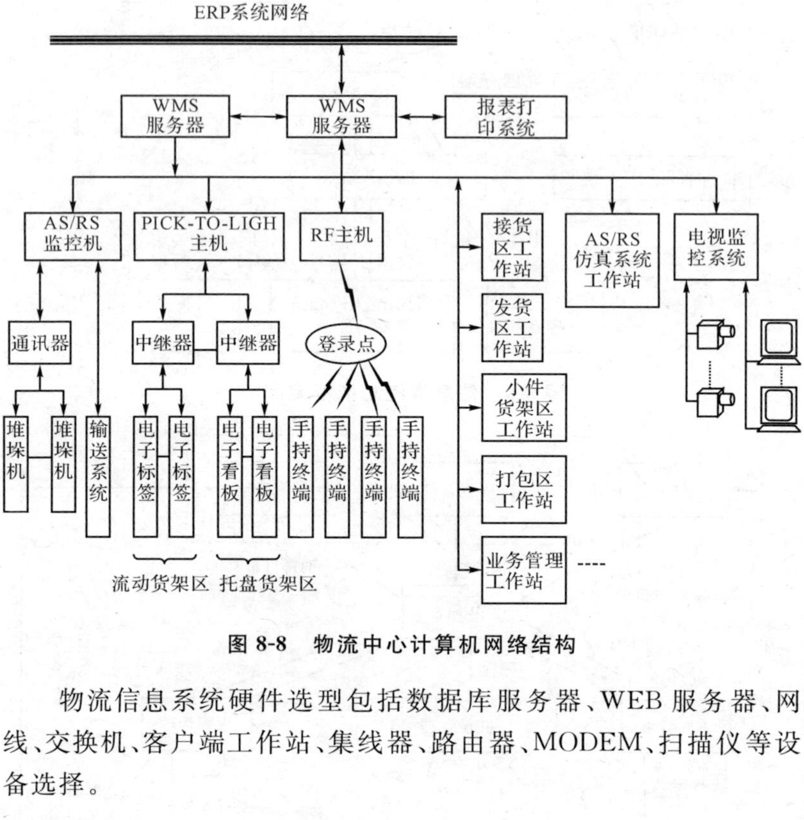

图8-8 物流中心计算机网络结构

物流信息系统硬件选型包括数据库服务器、WEB服务器、网线、交换机、客户端工作站、集线器、路由器、MODEM、扫描仪等设备选择。

8.3　物流中心信息系统开发

8.3.1　开发原则

(1)可用性

信息系统所储存的信息,例如订货和存货在库或出库状况的信息,必须具有可用性,也就是信息系统应能够在第一时间内向其供应商和客户提供最新的电子信息,应能向信息需求方提供简易快捷获取信息的方式,而不受时空的限制。

(2)精确性

信息系统提供的信息能否精确地反映物流中心处理货物的当前状况,将衡量物流中心的整体业务运作水平。精确性可以解释为信息系统的报告与物流中心的实际业务运作状况相吻合的程度。例如,平稳的物流作业要求实际的存货与物流信息系统报告的存货相吻合的精确度最好在 99%以上。当实际存货和信息系统之间存在较低的一致性时,就有必要采取安全的方式来适应这种不确定性。

(3)及时性

信息系统必须提供及时、快速的信息反馈。及时性指一种活动发生时与该活动在信息系统内体现时的时间差。例如,在某些情况下,系统要经过几个小时或几天才能将一个新订货看做实际需求,因为该订货不一定会直接进入现行的需求量数据库。结果,在认识实际需求量时就出现了耽搁,这种耽搁会使计划制定的有效性减少,而使存货量增加。信息系统的存货状况也许是按每小时、每工班或每天进行更新的。显然,实时更新或立即更新更具及时性,但是这会导致增加工作量。

(4)处理异常情况的能动性和主动性

信息系统应能帮助物流中心的管理者识别需要引起注意的决策,使得管理人员能够把精力集中在最需要引起注意的问题,或者能提供最佳机会来改善物流服务或降低运营成本的问题。

(5)灵活性

信息系统必须有能力提供能迎合特定客户需要的数据。例如,有些客户想把订货发货票跨越地理或部门界限进行汇总,有些客户想要每一种商品的发票,而另外一些客户却可能需要所有商品的总发票。这就要求信息系统要有持续不断地快速更新和升级能力。

(6)易操作性

信息系统必须友善和容易操作。适当的系统界面要求提供的信息要有正确的结构和顺序,能有效地向管理人员和客户提供相关的信息。

8.3.2 系统结构选型

管理信息系统有两种典型结构:一种是 C/S 结构,另一种是 B/S 结构。随着因特网(Internet)的发展,目前更趋向于采用 B/S 结构。

两层结构的 C/S(客户端/服务器)系统典型结构如图 8-9 所示。

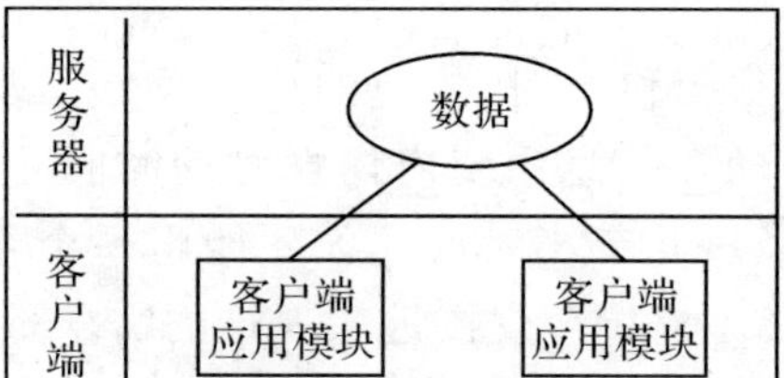

图 8-9 C/S 系统结构图

其中,第一层为客户应用程序,主要包括用户开发工具软件如 VC、VB、Dephi 等开发的窗体、功能、逻辑运算,是用户输入输出数据的界面。第二层为服务器应用层,主要提供数据库的存储和连接处理。

这种两层的 C/S 结构存在很大局限，两层结构一般用于单一服务器且以局域网为中心的结构，难以扩展至广域网或 Internet 网。这是因为，软、硬件的组合及集成能力有限，并且难以管理大量客户。

基于 Internet 集成环境下的 WWW 的 B/S 体系实际上就是三层结构的 C/S 系统，来实现供应链企业之间分布数据库的连接。其结构如图 8-10 所示。

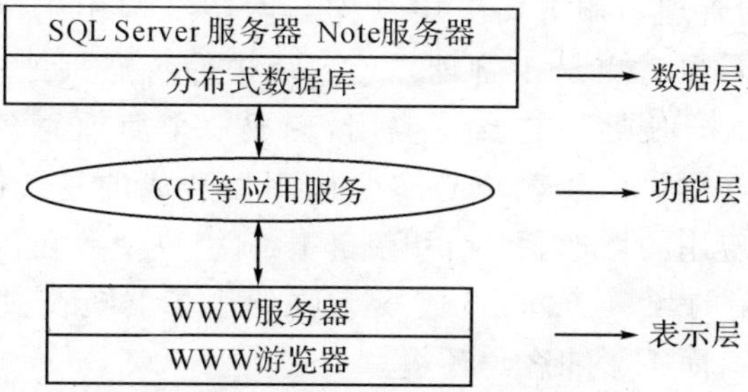

图 8-10　基于 WWW 的 B/S 结构图

第一层是表示层。表示层通过 WWW 浏览器实现信息浏览的功能。在客户端，向由 URL(Uniform Resource Locator)所指定的 Web 服务器提出服务申请。在 Web 服务器对用户进行身份验证后，用 HTTP 协议把所需的文件资料传送给用户，客户端只是接受文件资料，并显示在 WWW 浏览器上，这样使客户端真正成为“瘦”客户机。

第二层是功能层。功能层是在具有 CGI(Common Gateway Interface，公共网关接口)的 Web 服务器上实现的。Web 服务器接受客户申请，首先需要执行 CGI 程序，以与数据库连接，进行申请处理。而后将处理结果返回 Web 服务器，再由 Web 服务器传至客户端。

第三层是数据库。它采用 B/S 结构，综合了浏览器、信息服务和 Web 等多项技术。通过一个浏览器可以访问多个应用服务器，形成点到多点、多点到多点的结构模式。使用浏览器就可以与某一台主机或系统进行连接，并不需要更换软件，或是再启动另一套程序。B/S 的一点到多点、多点到多点应用软件结构可以使得开发人员在前端的浏览器方面减少很多工作量，而把注意力转移到怎样更合理组织信息、提供对用户的服务上来。

三层结构模式在两层结构的基础上增加了基于组件方式的中间层软件。客户应用层包括与用户交流的表达逻辑；中间软件层主要是业务逻辑控制层，提供对客户应用层的控制；后台服务层提供数据库的管理与服务。三层结构与两层结构相比，系统的逻辑结构更清晰，也就更易于管理。B/S 结构的特点是把应用从客户机中分离出来，使之不再支持应用，变成一个简单的客户机；系统维护简单，摆脱了由于客户有多个应用而造成的复杂运行环境的维护情况；应用的增加、删除、更新不影响用户个数和执行环境；当来自客户端的频繁访问，造成第三层的服务器负荷过重时，可分散、均匀负荷而不影响客户环境。

三层结构与传统的客户端/服务器结构的区别是在两层计算模式中，用户将实际的业务逻辑控制放置到客户端(作为对表达逻辑的补充)或放置到后端数据库(作为数据逻辑的一部分包含在存储过程中)。在多层计算模式中，用户将业务逻辑放到中间层上。这种模块化方法明确地划分了表达逻辑、业务逻辑和数据存储。

这种基于组件的三层结构可以满足企业分布式的计算需求。

采用 B/S 结构实现软件系统，给企业带来的最大好处就是：

(1)大大降低企业对系统的维护成本，因为只要使用者的计算机上装有网络浏览器，它就能运行系统，从而结束了 C/S 结构按点安装和维护的时代。

(2)大大增加了系统对企业业务发展的适应性，因为一个企业随着业务的发展，可能要增加或改变系统中的功能。在 C/S 结构模式下的软件系统对客户的这种变化，表现在反应迟钝，而且升级将对客户日常的工作带来很大的影响。在 B/S 结构模式下的系统，将可以对客户的变化，做出快速的反应，而且系统的升级对使用者来说是透明的，很少会对客户企业的日常工作带来很大的影响。

(3)无缝的向电子商务企业信息化过渡，只要客户想在原有的B/S结构的系统之上，建立自己企业电子商务平台，那只是整个企业信息化系统的扩充，而不是整个企业系统的改造，从而使企业以最低的成本、最短的时间实现企业电子商务化。

总之，随着计算机网络技术的发展，物流中心信息系统越来越多地采用B/S结构。

8.3.3　开发步骤

(1)计划

确定要开发的系统的总目标，给出系统的功能、性能、可靠性以及所需的接口等方面的设想。研究完成该项软件的可行性分析，探讨解决问题的方案，并且对可供使用的资源(如计算机硬、软件，人力等)、成本、可取得的效益和开发的进度作出估计，制定完成开发任务的实施计划。

(2)需求分析

需求分析主要是对开发的软件进行详细的调查和分析，充分理解用户的需求，确定哪些需求是可以满足的，明确这些需求的逻辑结构，并加以确切地描述。写出软件需求说明书或功能说明书及初步的系统用户手册。

(3)软件设计

设计是软件工程的技术核心，其基本任务是将用户要求转换成一个具体的软件系统的设计方案。该阶段包括概要设计(或称总体设计)、详细设计等步骤，每一个步骤考虑的详细程度有所不同。概要设计是在软件需求说明书的基础上建立软件的系统结构，包括数据结构和模块结构。模块结构中的每个模块意义明确且和某些用户需求相对应，进而进行详细设计，对每个模块进行具体的描述，确定模块的功能、接口和实现方法，以便为程序编写打下基础。所有设计中的考虑都应以设计说明书的形式加以详细描述。

物流中心信息系统的设计可从不同的角度进行。

①数据库设计

数据库设计是物流管理信息系统设计的很重要的部分，将影响到系统以后数据的质量、数据库的可扩展性、数据运行的效率等。数据库存设计又分逻辑结构和物理结构两部分。

逻辑结构是系统处理的事件和数据之间的关系、分类、结构。这种结构是从用户的角度来看待数据，是面向用户的。逻辑结构的设计影响到数据库的冗余程度及可扩展性。

物理结构是数据在存储设备（如磁带机、硬盘等硬件设施）上的分布，是面向机器的。物理结构的设计将对数据的存储速度、效率、数据的可恢复性产生影响。

关系型数据库是目前广泛应用于管理信息系统开发的一种数据库。关系型数据库是一种通过建立数据之间的关系来减少数据的冗余，减少对数据的操作，从而减少误操作，提高效率。关系型数据库可通过建立数据的关系将物流过程的各环节的数据整合起来。

关系型数据库是由许多表作为基础，每一个表代表某一组独立的可以描述某一事务的不重复的信息，数据库的设计将各表描述出来，然后定义各表之间的关联。数据库的设计须符合低冗余度、结构清晰、易于管理的原则。冗余度是指同样的信息在不同的表中重复储存或存储不必要的信息。

②窗体与报表设计

窗体与报表是系统与用户进行信息的输入与输出的界面。窗体与报表的设计是以强大的数据库作为支持的。对窗体与报表进行设计时可根据用户部门的功能划分对窗体与报表进行归类，窗体与报表应尽量包含用户所需的内容和功能，界面设计要做到简洁明了和美观，菜单的提示问答要直观并可提供帮助功能。

③运算过程及逻辑功能设计

运算过程及逻辑功能是为减少人工运算和实施数据进出的控制而进行设计的模块。模块化的设计和可重用的构件技术的应用使程序设计更为方便。

④网络及通讯设计

网络的结构和通讯方式的使用关系到网络通讯的速度、效率和成本。局域网将企业本地的数据库、打印机、传真等资源连接起来；广域网将供应链上的各环节连接起来，以共享资源，节约成本。网络的设计通过对硬件的配置、布局的规划、数据传输方式的设置，将对网络的安装、维护、成本、数据安全性、传输数据的质量产生影响。

(4)程序编写

把软件设计转换成计算机可以接受的程序，即写成以某一程序设计语言表示的"源程序清单"。这步工作也称为编码。自然，写出来的程序应该是结构良好、清晰易读的，且与设计相一致的。

(5)系统测试

测试是保证软件质量的重要手段，其任务是发现并排除错误。系统测试通常又可分为单元测试(或称模块测试)、组装测试、确认测试等步骤。测试最好由另一个独立的部门(不参加该软件系统的设计和编写的人员)来完成，这样可以提高测试的效率。经过测试修改就得到了可运行的软件系统，交付用户使用。

(6)系统运行与维护

已交付的软件投入正式使用便进入运行阶段。在运行阶段，需要对软件系统进行修改，其原因可能有：运行中发现了错误需要修正；为了适应变化了的软件工作环境，需作适当变更；为了增强软件功能需作变更。每一项维护活动都应该准确记录下来，作为正式的文档资料加以保存。

第9章 物流中心业务组织与绩效评价

9.1 物流中心的业务组织

9.1.1 组织管理体系建设原则

在物流中心组织管理体系的建设上，应坚持如下的原则：

(1)客户服务原则

客户开发、客户管理、客户服务是物流中心业务发展的龙头，应该从组织体系建设上强化这项工作的落实。应该设立专门的客户服务与管理部门和岗位，负责客户开发、服务和客户档案管理、资料查询工作，包括合同的签订、管理，客户的联系、访问、开发、服务，市场信息的采集、整理、分析，客户档案资料的建立和管理，受理客户投诉等业务。

(2)流程控制原则

应该坚持流程控制原则，改变长期以来我国许多单位一直沿用的仓库保管从收货到发货一人全程负责以及各管一摊、相互独立封闭的传统管理方式。将对外业务受理、单证、资料及账务管理同货物的现场作业、管理业务分开，分别设置业务受理员和理货员岗位进行管理，明确各自的分工范围和岗位职责，实现相互监督、相互制约，发送服务功能如减少客户提货、办事、来回找人和等候的时间，提高作业效率，进而从根本上克服以往流程当中保管员“一竿子插到底”的弊端。进行这种改变后，为了确保库存货物账面与实物相符，岗位之间的清点、交接、记录和动态盘点、定期盘点工作就显得尤为重要。

9.1.2　组织管理体系设置

根据上述原则，物流中心典型的组织管理体系和岗位设置如图 9-1 所示。

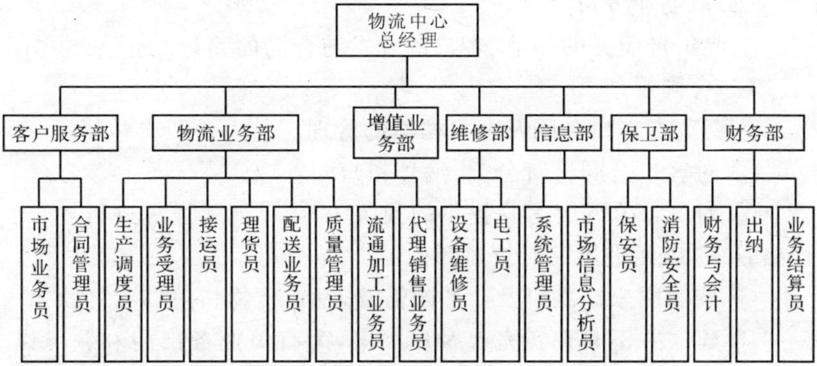

图 9-1　物流中心部门、岗位设置图

如果物流中心吞吐量大，岗位划分相对要细致一些；若吞吐量小也可以将有关岗位合并起来，减少人员使用，降低成本。

9.1.3　岗位人员设置及其职能

(1)物流中心总经理

负责物流中心整个业务和生产的指挥、管理与协调工作。其职责主要包括如下几个方面：

① 制定物流中心年度、月度生产经营工作计划，并负责组织实施与督促、检查。

② 组织协调各生产经营环节和各业务部门间的关系。定期召开生产经营分析会，掌握物流中心的生产经营动态，及时有效地发现、处理和协调生产经营中出现的各类问题，并检查、督促具体落实的情况和效果。

③ 负责业务的开发和客户的管理与协调，了解和掌握存货、仓

容、客户以及市场的动态变化。

④ 负责物流中心的安全生产和业务质量管理。强化内部管理,杜绝和减少各类事故和差错的发生。

⑤ 负责审核、签发、授权业务部门提交的业务单证、资料及其变更申请。

(2)市场业务员

主要负责业务的接洽、客户的开发与合同的签订。

(3)合同管理员

主要负责客户合同及客户档案的管理。其主要职责包括:

① 对客户合同进行分类、编号和归档管理。

② 对签订合同时客户提供的预留印鉴、单证式样等进行妥善、严格管理,以便进出库时核对和验证。

③ 按照国家标准以及业务的需要,制定货物、客户等编码。

④ 建立并不断充实完善客户档案,为有关业务部门和领导以及系统内其他单位提供各种客户信息、资料的查询服务。

(4)生产调度员

主要负责物流业务部门内部各业务岗位间的组织、协调、指挥和收发货业务当中各种问题的处理。其主要职责包括:

① 负责对各业务岗位进行管理、指导和协调。

② 及时、妥善地处理、解决收发货业务中出现的各种特殊情况和问题,经常了解和掌握库存货物的储存、保管情况和质量状况,遇到问题指导和配合理货员及时、妥善处理。

③ 根据业务量大小和缓急合理组织和调配人力、设备。

④ 负责掌握仓容情况,合理安排货物储存和规划。

⑤ 负责货物储存、保管、装卸、运输中有关技术问题的处理,并提供相应的技术指导。

(5)业务受理员

主要负责受理客户的收、发货请求,对由物流中心出具的有关业务单据进行验证、复核以及打印提供。其主要职责包括:

① 负责受理客户的收、发货业务。

② 完成有关业务单证与资料的验证、审核、填制、建档、保管。

③ 主要负责进出库数量的统计、建账和出具各类业务报表。

④ 向有关业务部门以及客户提供所管货物的相关资料和信息查询、咨询。

(6)接运员

在货物到达仓储区后，主要负责对货物装载工具封装情况等进行检验，以及完成卸货、收货、发货、代运和货物中转的工作。其主要职责包括：

① 负责与铁路运输部门(车站)的业务联系(包括有关单据、资料的送取、运输费用结算等)，负责经由铁路专用线到达货物的接收与货物发运以及专用线营运与管理工作。

② 负责由汽车运输(包括铁路、公路、水运、航空、邮件等运输形式)到库货物的接收(包括到承运单位或供货单位提货)和出库货物的发运(包括送货到承运单位或直接为客户送货)工作。

③ 负责现场的监督装卸和作业组织。

④ 负责到、发货物的交接及向有关部门索取、出具有关记录。

⑤ 负责专用线中转运输业务、专用线的营运与管理工作。

(7)理货员

负责完成货物检验和复核，进行仓储区、货位安排、码放、备货，并负责完成货物在库保管维护工作。其主要职责包括：

① 负责货物的现场收、发、保管、清点、交接工作。

② 熟悉和掌握库存与仓容情况，合理安排货物存储与堆码。

③ 经常了解和掌握库存货物的保管情况和质量状况，遇到问题要及时通知业务受理员或存货人，并积极配合、妥善处理。

④ 负责库存货物的定期或动态清查、盘点。

⑤ 负责库房、货场、货区、货位的现场管理，如作业现场的清理，货物标志、货牌的制作等。

⑥ 负责收发货业务中货物检斤(过磅)、检尺工作，记录和出具计量的结果与凭证。

(8)配送业务员

负责处理货物从仓库运往目的地时,运输工具的组织、运输时间安排等事务。其主要职责包括:

① 主要负责客户委托代运货物的运输计划安排和组织,为客户设计和提供科学合理的物流组织方案。

② 负责与承运部门、客户间的提、送货等业务联系及有关问题的协调与处理。

③ 负责到车站、码头、机场、邮局提取货物的到货凭证、发货运单、结算单据等单证、资料交业务受理员。

④ 熟悉和掌握各种运输方式的业务规程和要求,了解和掌握社会运输资源、有关信息、收费标准、交通路况等,熟悉和掌握本单位自有运输能力和车辆、设备状况。

(9)质量管理员

主要负责对物流中心内部货物收发、储存保管、作业和配送运输等各业务环节的工作质量、安全生产等进行监督、检查和考核。其主要职责包括:

① 制定质量管理计划及质量考核、奖惩办法。

② 深入作业现场,对货物装卸、搬运、堆码等作业质量进行检查、监督、指导。发现不符合有关质量要求和安全生产规定的,有权当即提出纠正和制止。

③ 负责账物相符(或账卡物三相符)率的检查与考核工作。填制自查、互查考核表,建立质量检查考核档案。

④ 负责处理货损货差事故和货物损溢情况。

⑤ 受理客户提出的有关质量与服务方面的意见和建议,进行跟踪、处理,出具质量事故处理报告。

⑥ 主动向主管领导提供质量分析报告和建议,积极配合有关部门和岗位,共同改进业务质量。

(10)流通加工业务员

负责为客户提供所需的包装或拆箱重装等流通加工作业,进一步提高物流的附加价值。其主要职责包括:

① 本着节约能源、节约设备、节约人力、节约耗费的原则，根据客户配送的需要进行合理包装和加工。

② 根据合理运输的需要，进行货物拼装、裁减等操作。

③ 根据客户的需要，进行简单改变包装等措施，形成方便的购买量。

(11)代理销售业务员

负责向物流中心客户提供销售增值服务，具体完成有关存储货物的销售策划和直销工作。其主要职责包括：

① 针对物流中心储存货物的特点和区域范围，制定合理有效的营销策略。

② 具体负责储存货物的销售工作。

③ 负责客户的筛选、客户资料的整理与归类和客户关系维护工作。

④ 负责与客户的资金结算。

(12)设备维修员

负责物流中心各作业设备的维护和保养，确保其正常运行。其主要职责包括：

① 了解和遵守设备使用方面的有关制度与规定，熟练和正确掌握各类设备的使用和养护方法。

② 随时掌握设备的使用状况，进行设备的日常检测和保养，确保设备正常运行。

③ 发现未经法定检定机构检定或超过检定使用期限的设备，有权向主管领导反映和拒绝使用。

(13)电工员

负责物流中心电路、电气设施的正常运行。其主要职责包括：

① 了解并宣传电路安全知识，熟练掌握电力维修工作。

② 严格按照电力操作规程操作，杜绝野蛮作业。

③ 保证日常巡查工作，督促整改电力隐患，预防电力事故的发生。

④ 保持与当地供电局的良好关系，保障中心用电。

⑤ 参加建筑工程有关电力设施的审核验收。

(14)系统管理员

负责物流中心内部计算机系统的维护和正常运行。其主要职责包括:

① 认真做好系统运行环境的建立与维护。

② 维护机器设备等硬件设施的正常运行,及时发现和处理各类机器设备故障。

③ 负责软件系统设置、运行维护和技术管理,监控软件和数据库管理系统运行状态,并通过适当的干预手段确保整个软件系统稳定、高效运行。

④ 做好微机使用人员操作应用辅导,监督操作员按程序操作微机,及时处理计算机系统运行过程中的异常情况。

⑤ 按时做好软件维护与数据备份。确保数据库数据的安全性、完整性和一致性,及时清理数据库中的"脏数据"。

⑥ 负责系统的安全保密工作,根据领导的决定,为各部门、各操作员分配相应的系统操作权限,并根据其工作岗位、职能变动情况及时做出调整。

(15)市场信息分析员

负责市场、政策等信息的收集、整理和分析,为各相关部门决策提供支持。其主要职责包括:

① 完成市场信息的调查和收集工作,负责市场信息数据库的建立和维护。

② 负责市场调查数据和信息的处理、分析和整理。

③ 负责市场调查报告的撰写,为各级管理人员提供信息服务。

(16)保安员

负责物流中心库区大门值班、警卫和进出库人员、车辆的登记、查验、管理,确保库区安全。其主要职责包括:

① 严格执行进出库人员、车辆登记制度,对所有进库人员和车辆进行登记、验证,包括人员、事由、时间、有效证件、车辆牌照号、货物名称、数量、随车物品等。

② 负责检查进库车辆及随车物品是否符合仓库关于安全与消

防方面的规定和要求。

③ 根据发货单或出门证和进库登记内容，检查单证有无涂改、伪造；有关印鉴和经办岗位人员签字是否齐全；核对出库车辆装载货物品名、件数、车辆牌照号、随车物品等是否与之相符。发现不符或可疑之处，应当即与有关部门联系、核实。经确认无误后，方可放行出库。

④ 负责库区的安全保卫、交通疏导、特殊情况的处理与报警等。

(17)消防安全员

负责物流中心消防安全工作。其主要职责包括：

① 认真贯彻执行国家消防安全法规。

② 建立健全各项安全防火制度，遵照“预防为主、防消结合”的原则，加强防范，抓好落实。

③ 加强防火知识教育，做好防火宣传、演练。

④ 坚持经常性的安全监督检查，督促整改火险隐患。

⑤ 搞好义务消防队的组织建设和业务培训。

⑥ 负责中心灭火器材的购置、配备、维修、保养，做到器材设备底数清、情况明、档案全。

⑦ 参加建筑工程有关消防安全设施的审核验收。

⑧ 参加火警、火灾事故的扑救，查明原因，提出处理意见。

(18)财务与会计

负责物流中心的财务与会计工作。其主要职责包括：

① 主要参与公司财务、会计制度的制定、修改和完善。

② 负责公司账务处理，外报报表的编撰，以及内部管理报表的编撰与分析工作。

③ 负责公司短期和长期预算的编制与控制。

④ 负责设计公司税务方案，并处理公司的日常税务问题。

⑤ 负责分析公司投资项目的运作情况，为公司的项目投资提供参考意见。

⑥ 审阅公司的经营合同。

⑦ 妥善保管会计凭证、账簿、报表和其他会计资料。

⑧ 审核并指导出纳的工作。

(19)出纳

负责物流中心的出纳工作。其主要职责包括：

① 认真执行现金管理制度。

② 严格审核收付凭证，据以收付款项，并记录现金、银行存款日记账。

③ 严格支票管理制度，遵守支票使用手续。

④ 每日清查借款凭证，及时对拖欠借款者进行例行催报。

⑤ 编制银行存款余额调节表，做好银行对账、报账工作。

⑥ 配合会计做好各种账务处理。

(20)业务结算员

负责收发货业务中各项费用的结算、收费，向客户出具结算和相关的收费凭证等。其主要职责包括：

① 根据业务受理员转来的收货单、发货单等，按照实际收发货数量和有关收费标准，进行结算和收取费用，同时向客户出具发票或收款凭证。

② 查验客户交付钱币、转账支票、汇票的真伪。

9.2 物流中心的绩效评价

20 世纪 80 年代以来，经济全球化的步伐越来越快，市场竞争日趋激烈。在这种竞争中，一个企业要想取得竞争优势，必须不断提高其整体效能和绩效。绩效管理是对产生绩效的员工进行管理。实践证明，提高绩效的有效途径是进行绩效管理。绩效管理是一种提高企业员工的绩效和开发团队、个体的潜能，使企业不断获得成功的管理思想和具有战略意义的、整体的管理方法。通过绩效管理，可以帮助企业实现其绩效的持续发展；促进形成一个以绩效为导向的企业文化；激励员工，使他们的工作更加投入，促使员工开发自身的潜能，提高他们的工作满意感；增强团队凝聚力，改善团队绩效；通过不断的沟通和交流，发展员工与管理者之间的建设性的、开放的关系；给员工提供表达自己的工作愿望和期望的机会。

9.2.1　物流中心建立绩效评价体系的原则

(1)客观公正

坚持定量与定性相结合的原则，建立科学、适用、规范的评价指标体系及标准，避免主观臆断。以客观的立场评价优劣，公平的态度评价得失，合理的方法评价业绩，严密的计算评价效益。

(2)责、权、利相结合

物流中心的绩效评价结果产生后，应分析责任的归属。在确定责任时，要明确是否在当事人责权范围内。评价的目的主要是改革绩效，不能为评价而评价，为奖惩而评价，为晋升而评价。此外应该注意评价指标包括的是否为当事人可控事项，只有这样奖惩才能公平合理。

(3)目标与激励

物流中心绩效评价体系的目标设计和激励是必不可少的，目标的实现是很重要的激励机制；另一方面以报酬作为激励也是现代化物流中心不可缺少的有效管理机制。

(4)多层次、多渠道、全方位评价

多方收集信息，实行多层次、多渠道、全方位评价。在实际工作中，可综合运用上级考核、同级评价、下级评价、职员评价等多种形式。

(5)时效与比较

在评价绩效时，数据是最佳的衡量工具，但是如果没有比较的基准数据，再及时的评价也是徒劳的。因此物流中心的盈余或亏损，必须同过去的记录、预算目标、同行业水准、国际水平等进行比较，才能鉴别其优劣。只有将一定的基准数据同被评价企业的经营结果进行比较及分析，物流中心绩效评价才具有实际意义。为了及时了解物流中心营运的效益与业绩，应该及时进行评价。

(6)连贯性

物流中心绩效评价体系的建立要依据连贯性原则。避免设定指标的大起大落和指标定义的变动。

(7)经常化、制度化的评价

物流中心必须明确评价的原则、程序、方法、内容及标准,建立科学合理的绩效评价制度,将正式评价与非正式评价相结合,形成经常化、制度化的评价体系。

9.2.2 物流中心绩效评价体系的设计要求

(1)现行的绩效评价指标的特点

现行的绩效评价指标侧重于对单个企业的评价,评价的对象是某个具体物流中心的内部职能部门或者员工个人。其评价指标在设计上有如下一些特点:

①现行绩效评价指标的数据来源于财务结果,在时间上略为滞后,不能反映物流中心的动态营运情况。

②现行绩效评价主要是评价物流中心职能部门工作的完成情况,不能对物流中心的业务流程进行评价。更不能科学、客观地评价整个物流中心的营运情况。

③现行绩效评价指标不能对物流中心的业务流程进行实时评价和分析,而是侧重于事后分析。因此,当发现偏差时,偏差已成为事实,其危害和损失已经造成,并且往往很难弥补。

因此,为衡量物流中心整体运作绩效,以便决策者能够及时了解物流中心的整体状况,应该设计出更适合于度量物流中心绩效的指标和评价方法。

(2)物流中心绩效评价体系的设计要求

任何一个体系的设计都同企业结构有着密不可分的关系。物流中心绩效评价体系是在整个组织结构之内设计的,适应物流中心经营的组织结构,有助于实施适当控制,同时组织结构也影响信息的流向与流量。总体而言,这个体系的设计必须满足以下要求。

①及时。只有及时获取有价值的信息,才能及时评价,及时分

析，迟到的信息会使评价失真或无效。因此，何时计量及以什么样的速度将计量结果予以报告，是物流中心绩效评价体系的关键。

②准确。要想使评价结果具有准确性，与绩效相关的信息必须准确。在评价过程中，计量什么、如何计量，都必须十分清楚。

③可理解。能够理解的信息才是有价值的信息。难以理解的信息会导致各种各样的错误，所以确保信息的可理解是设计物流中心绩效评价体系的一个重要方面。

④可接受。物流中心绩效评价体系，只有被接受才能发挥作用。不被接受或者被不情愿地接受下来，就称不上有价值的体系。勉强被接受，可能导致信息不准确、不及时、不客观，所以在体系设计时必须满足使用者的需求。

⑤目标一致。有效的物流中心绩效评价体系，其评价指标与发展战略目标应该是一致的。

⑥指标的可控性与激励性。对管理者的评价必须限制在其可控范围之内，只有这样，他才能接受，对管理者也公平。即使某项指标与战略目标非常相关，只要评价对象无法实施控制，他就没有能力对该项指标的完成情况负责，非可控指标应尽量避免。另外，指标水平应具有一定的先进性、挑战性，这样才能激发被评价者的工作潜能。

⑦及时的应变性。良好的绩效评价体系，应对物流中心战略调整及内外部的变化非常敏感，并且体系自身能够相应做出较快的调整，以适应变化要求。

⑧反映企业的特性。一个有效的物流中心绩效评价体系，必须能够反映企业的特性。从控制的观点出发，绩效评价的焦点一般集中在公司及经理上，以确定被评价的物流中心的业绩及效益。

(3)设计物流中心绩效评价体系时需注意的问题

物流中心在设计绩效评价体系时，除必须满足上述八项要求的大部分外，还应注意下列问题：

①经济效益指标不可过高或过低。物流中心是服务性企业，特别是本公司的物流中心，其经营战略是使整体利益最大化，经济

效益指标过高,企业无法接受。但是也不能过低,过低会失去评价的意义。

②不可过分注重财务性评价。非财务性的绩效评价不能忽视,因为它能更好地反映物流中心的营运状况,如客户满意程度、交货效率和及时性、订货周期等。

③以客户为中心。物流中心的绩效指标最好能有客户参与的空间,让客户直接选定他们关心的某些项目,这样会产生较好的效果。

④如果物流中心的价格有较强的竞争力,然而客户不多,在利用评价结果与同行业进行比较性分析以及在体系设计时,应注意可比性。

⑤若上市公司物流中心的财务绩效评价结果较好,而股票价格毫无起色,则需要审查体系设计的指标和标准是否合适。

⑥评价体系应兼顾眼前财富最大化和长远财富最大化,能实现物流企业的可持续发展,使企业获取长期利益。

9.2.3 物流中心的评价要素

在物流中心的运作中,几乎每一作业都有其不同的人力与设备,且每一作业重点考虑的问题均不相同,有些作业集中在劳力的付出,有些作业取决于管理决策,而有些作业则与设备的多少、设施的大小有密切关系。虽然特性或规模不同的物流中心,其经营的作业管理方式不完全相同,但大致可将物流中心的活动划分为前面所讲的进货、储存、搬运、盘点、订单处理、拣货、补货、出货、配送等九项作业。因此,针对每一项作业,究竟应集中哪些资源?哪些资源才是此项作业的评价重点?这些将涉及选择评价要素的问题。对大多数物流中心的营运作业而言,评价要素不外乎以下几点:

①设施空间:衡量整个厂房空间设施是否已充分利用。

②人员:衡量每一人员有无发挥自己最大能力。

③设备:衡量资产设备有无发挥最大产能。

④货物、订单效益：衡量货物流动是否达到预定目标。

⑤作业规划管理：衡量目前管理阶层所做的决策规划是否适合。

⑥时间：衡量每一作业有无掌握最佳时间。

⑦成本：衡量此项作业的成本费用是否最低。

⑧质量：衡量货物及服务质量是否达到客户满意的水准。

一个物流中心必须先有设施空间、人员、设备、货物才能准备营运，而后管理者对这些资源进行规划管理，经过营运后，由营运结果才产生时间、成本、质量三个评价要素。

9.2.4　物流中心评价要素的特性分析

(1)设施空间

就物流中心而言，设施可指除人员、设备外的一切硬件，包括办公室、休息室、储存区、拣货区、出货区等区域空间的安排及一些消防安全设施等外围硬件。因此，设施空间方面应针对空间利用是否有效、合理来进行综合考虑。尤其在地少人多、土地资源利用有限的地区，提高单位土地面积的使用效率刻不容缓，而对于货架、作业区的保管量、保管种类、保管面积与容积等的了解，也变成物流中心设施配置的重要课题。

(2)人员

人是构成企业最主要的因素，公司的每位员工能坚守岗位、尽职尽责，发挥所长，将全部精力投入工作，方能维持企业的成长与进步。因而对于人员的考核分析，是每一个企业经营评价的重要项目，在衡量各种企业的绩效时，它是最为常见的组成部分。尤其在物流中心，作业人员的绩效更是关键，不容忽视。一般来说，对于人员的绩效评价，可从人员编制、员工待遇和人员效率三方面着手。

左右物流中心劳动生产率水平的是作业人员的工作方法。但奇怪的是，在物流中心内进行作业的时候，很少讨论应该如何来更好地配置作业人员这个问题，特别是当工厂的生产现场已经在以秒为单位对作业进行管理的时代，物流中心却依然采取充其量是以小时为单位的粗放管理的方式。

在系统的重新构筑完成之后，应将注意力集中于如何才能更大地发挥作业人员的潜力。例如，采取让每个作业人员拿上卡片，记录作业开始和结束时间的方法；通过终端机器对时间和处理量进行检测等。

另一方面，要想将临时作业人员的工作潜能发挥到100%，连锁店的作业管理可成为我们的参考，其中以人工计划表程序（LSP，labor schedule program）的做法更具参考价值，如图9-2所示。这种程序原本是美国的零售连锁店用来进行作业管理的，是以追求"对作业进行单位管理"为目标而设立的。这一程序的基本理念在于"不是将作业分配到单个作业人员，而是将人按计划分配到作业上去"。

简单地说明一下具体的操作程序：首先对每一个作业范围、作业程序、作业技巧等进行充分的研究，对作业本身进行定义。如果在该时间段出现了无效的作业或者活动，就应彻底地对作业程序本身进行认真的改善。然后，针对每一个作业单位，通过研究比较优秀作业者的操作，把握作业所需要的时间。之后基于对以上信息的把握，通过对销售额等的预测，推算出单个的作业时间，拟订作业人员的分配计划。最后，根据所掌握的作业时间，对在实际工作中出现误差的部分，在分析、评价的基础上作出修正。这是一套完整的运作体系，这种体系不是把对作业人员数量的削减作为目标，而是始终都将有计划地进行控制管理放在重要的位置。

在许多物流中心，进入高峰作业期，经常可以看到管理人员亲自参与作业的情景。其实，这既不是管理者本来应该从事的业务，也会使作业需要的人手、时间变得不透明。对作业进行有效的控制，以及考虑应该如何对作业进行评价，这才是管理者需要做的工作。

（3）设备

虽然机械设备不像人员情绪那样难以捉摸，但在作业中可能

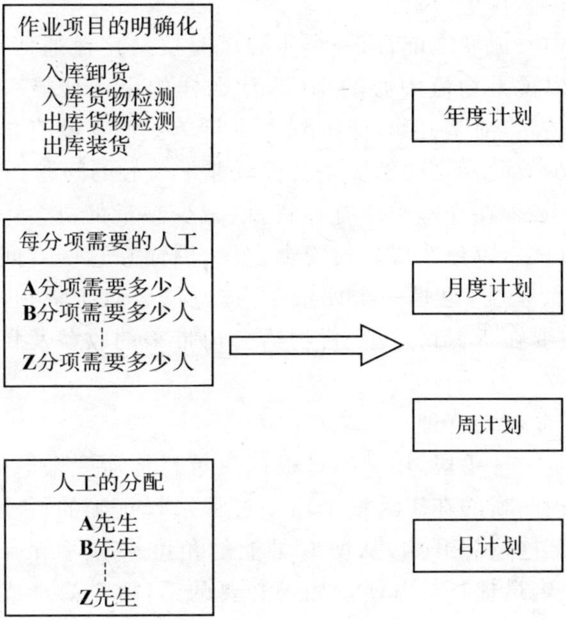

图 9-2　人工计划表程序图

发生的故障和设备闲置等现象，很容易造成交货延迟、货物质量受损、工作中断等重大损失，因此不应忽视。前面已提及，物流中心不同于生产制造厂，机器设备的比例并不高，多指保管、搬运、存取、装卸、配送而使用的设备；由于各作业有一定的时间性，设备工时不太容易计算，因而除以机械运转时间来评价设备运用情况外，还应着重掌握单位期间内机械设备的产出量、产出金额、作业单元数（托盘、纸箱）、操作速率与故障率等，以提升设备使用效率。

应当注意的是，在使用机械的作业过程中，增加生产量必须增加设备运转时间或是增大每单位操作时间内的生产量。前者是增加作业量最直接的做法，而后者则是借由改良机器性能或改善设备操作方式来达到增加生产量的目的。除此之外，人员与设备是否能密切配合亦是关键问题，设备效率与人员效率是两个相辅相成的因素。

(4)货物、订单效益

物流中心成立之前,第一个步骤就是要决定流通何种货物,因此货物可以说是物流中心的果实,什么样的果实最能引起客户的注意,吸引客户前来订购,能得到多少订单?而这些订单又能为公司带来多少效益?这些都应是管理者非常关心的问题。

此外,必须在仓库中留有存货,以减少缺货的机会。但这些存货又不能过多,以免造成公司资金占用,因而在这两者间公司究竟已做到什么程度,也是一个评价重点。所以,对于货物、订单效益的衡量,主要在于探讨订单、货物给公司带来的收益及目前对存货的控制绩效。

(5)作业规划管理

规划是一种手段,用来拟订根据决策目标所要采取的行动,因此规划管理的目的在于为整个活动过程选择正确的行动方向。从所要求的某些构想开始,从所有可能的角度来思考所有的作业方式,然后决定最佳行动方向。如果必要的话,可再修正或改变原先的决定等,这些都是规划管理包含的范围。在良好的管理下,一旦公司规划出最佳的作业方式,将能使整个公司的生产力及效率大幅提升;反之,若规划的方式不适当,则经营后必会显现弊端,达不到预期的效果。

因此,要达到最佳的产出效果,规划管理人员必须先决定作业过程中最有效的资源组合,才能配合操作环境。设计出最好的作业方式,来执行营运过程中每一环节的工作。而这些规划出的行动在执行后,若可加以量化,其结果就可作为规划管理好坏的一项评价标准;如果评价的结果为主管部门所无法接受,则必须修正当前所采取的规划方式。所以对于作业规划管理方面的评价,主要是为了掌握公司的投资状况及规划效果。

(6)时间

缩短作业时间,一方面可使工作效率提高,另一方面可使交货期限提前。因此,物流中心对缩短作业时间很重视。此外,时间是衡量效率最直接的数据,最容易看出整体作业能力是否降低。但单凭时间无法探讨问题的成因，仍必须深入人员或设备等方面去发现问题。例如，某段时间生产了多少，平均一小时处理了多少，平均一天中赚了多少等，这些数据很容易让人了解公司整体经营运作的优劣。虽不能由此得到其他信息，但能促使管理人员去寻求问题的症结，尤其是一旦存在某些活动无法以人员或设备等来衡量生产率时，便可考虑使用时间作为评价的因素。整体而言，评价时间效益，就是掌握单位时间内的收入、产出量，作业单元数及各作业时间比率等情况。

(7)成本

物流中心的成本是指直接或间接消耗于有关保管及销售活动的经济价值。而被消耗的经济价值则是指将财物或劳动力的消耗以货币价值来表示的形式，一般称为费用或成本。

(8)质量

质量两字的意义不仅包括质量的优劣、质量的一致性，而且还包括各项作业过程的特性，如耗损、缺货、水利、维修、退货、延迟交货、事故、误差等状况。

对于质量管理，除建立合理的质量标准外，还需重视对存货管理及作业过程的监督，尽量避免不必要的损耗、缺货、不良率等，以降低成本，提高服务质量。

维持质量标准的对策不外乎从人员、物料、机器设备和作业方法四方面着手。而有关质量的改善研究，已有许多研究成果可资借鉴，如今也有多种提高效率的方法可供使用。

9.2.5　物流中心绩效评价体系的实施步骤

物流中心绩效评价既包括物流企业内部的运作评价，又包括企业外部对企业经营管理的评价。企业内部的运作评价是建立在员工考核基础之上的，是企业日常管理的一部分。而企业外部进行的评价是对企业的管理水平，市场竞争地位的核查。一般要按照正规的评价过程逐步实施，主要包括以下几项内容。

一、确定评价工作实施机构

1. 评价组织机构

由评价组织机构直接实施评价，评价组织机构将负责成立评价工作组，并选聘有关专家组成专家咨询组。如果委托社会中介机构实施评价，应与选定的中介机构签订委托书，然后由中介机构成立评价工作组及专家咨询组。无论由谁来组织实施评价，对工作组及专家咨询组的任务和要求都应明确。

2. 参加评价工作的成员应具备的基本条件

(1)熟悉物流中心绩效评价业务，有较强的综合分析判断能力。

(2)具有较丰富的物流管理、财务会计、资产管理及法律等方面的专业知识。专家咨询组的专家还应具有一定的工程技术方面的知识。

(3)专家咨询组的专家应在物流领域中具有高级技术职称，有一定的知名度和相关专业的技术资格。

(4)评价工作主持人员应有长期的经济管理工作经历，并能坚持原则，秉公办事。

二、制订评价工作方案

由评价工作组根据有关规定制订物流中心评价工作方案经评价组织机构批准后开始实施，并送专家咨询组的每位专家审核。

三、收集并整理基础资料和数据

根据评价工作方案的要求及评分的需要来收集、核实及整理基础资料和数据。收集的数据包括：

(1)选择物流行业同等规模的评价方法及评价标准值；

(2)收集连续三年的会计决算报表、有关统计数据及定性评价的基础材料，并确保资料的真实性、准确性和全面性。

四、评价计分

运用计算机软件计算评价指标的实际分数，这是物流中心绩效评价的关键步骤。

(1)核实会计决算报表及统计数据，计算定量评价指标的实际值。

(2)根据选定的评价标准，计算出各项基本指标的得分，形成“物流中心绩效初步评价计分表”。

(3)利用修正指标对初步评价结果进行修正，形成“物流中心绩效基本评价计分表”。

(4)根据已核实的定性评价基础材料。参照绩效评价指标参考标准进行指标评价和打分，形成“物流中心绩效评价计分汇总表”。

(5)将“物流中心绩效基本评价计分表”和“物流中心绩效评价计分汇总表”进行校正、汇总。得出综合评价的实际分数，形成“物流企业绩效得分总表”。

(6)根据基本评价的四部分(财务效益、资产营运能力、偿债能力、发展能力)得分情况计算各部分的分析系数。

(7)对评价的分数和计分过程进行复核。为了确保计分准确无误，必要时用手工计算校验。

五、评价结论

将绩效基本评价得分与物流产业中相同行业及相同规模的最高分数进行比较，将财务效益、资产营运能力、偿债能力、发展能力这四部分内容的分析系数与相同行业的系数进行对比，对物流中心绩效进行分析判断，形成综合评价结论，并听取物流中心有关方面负责人的意见，进行适当的修正和调整。